Knaurs Kulturführer
in Farbe
Schwarzwald

Die schönsten Städte Europas

Ägypten

Knaurs Kulturführer
in Farbe
Belgien und Luxemburg

Knaurs Kulturführer
in Farbe
China

Knaurs Kulturführer
in Farbe
Dänemark

Knaurs Kulturführer
in Farbe
DDR

Knaurs Kulturführer
in Farbe
Finnland

Knaurs Kulturführer
in Farbe
Frankreich

Knaurs Kulturführer
in Farbe
Bretagne

Knaurs Kulturführer
in Farbe
Elsaß

Knaurs Kulturführer
in Farbe
Paris
und Ile de France

Knaurs Kulturführer
in Farbe
Provence
und die Côte d'Azur

Knaurs Kulturführer
in Farbe
Tal der Loire

Droemer
Knaur

Marianne Mehling (Hg.)

KNAURS KULTURFÜHRER IN FARBE NORWEGEN

Über 250 farbige Fotos und Grundrisse
sowie 14 Seiten Karten

Droemer Knaur

Autor: Holger Wolandt
Fotos: Norbert Dallinger, Sjur Fedje, Ernst Höhne, Mittet Foto A/S, NORDIS picture pool (Arendal R. L., Behling, Bünte, Kreuzenbeck, Marschel, Puntschuh, Trobitzsch, Witek), Nortra, Oldsaksamlingen, Rolf Rasch-Engh, Riksantikvaren, Holger Wolandt

CIP-Titelaufnahme der Deutschen Bibliothek

Knaurs Kulturführer in Farbe Norwegen / Marianne Mehling (Hg.). - München : Droemer Knaur, 1989
ISBN 3-426-26246-0
NE: Mehling, Marianne [Hrsg.]

Für Hinweise auf Veränderungen und Ergänzungen ist die Redaktion dankbar
Zuschriften an Droemer Knaur Verlag, Postfach 800480, 8000 München 80
Idee: Redaktionsbüro Harenberg (Schwerte)
Gestaltung und Herstellung: von Delbrück, München
Karten: Herbert Winkler, München
Stadtplan: Huber Kartographie, München
Grundrisse: Karl Schneider, Solms
Reproduktion: Repro Ludwig, Zell am See
Einbandgestaltung: Franz Wöllzenmüller
Umschlagabbildung: Stabkirche von Hopperstad (Foto: Norbert Dallinger).
Satz und Druck: Appl, Wemding
Aufbindung: Großbuchbinderei Sigloch, Künzelsau
Printed in Germany
ISBN 3-426-26246-0

5 4 3 2 1

VORWORT

»Alte graue Tempelmauern unter schneebedeckten Gipfeln.« In dem Gedicht »Landkjenning« (Landberührung), das Edvard Grieg vertont hat, sieht der Dichter Bjørnstjerne Bjørnson den Sagenkönig Olav Tryggvason vor sich, wie er in seinem Wikingerschiff Ormen Lange auf die gebirgige norwegische Westküste zuhält. Jedoch schon mindestens 8000 Jahre früher kamen die ersten Menschen nach Norwegen. Wie die Rentiere, die ihre Existenzgrundlage bildeten, folgten sie dem schmelzenden Riesengletscher nach Norden. Er hatte das ganze Land unter Schnee- und Eismassen von bis zu 3000 m Dicke begraben. Der Gletscher grub tiefe U-förmige Täler, die sich größtenteils mit graugrünem Wasser füllten. Die in Europa einzigartigen Fjorde und Seen entstanden. Gletscher gibt es noch heute: Den Jostedalsbre, den größten auf dem europäischen Festland, und 1600 weitere. Hoch im Norden werden sie im Sommer von der Mitternachtssonne vergoldet. Sie spiegelt sich auch in den zahllosen Fjorden und fischreichen Flüssen. Ganz im Norden bricht sich das Eismeer an einer felszerklüfteten Küste. Ein Gedränge von steilen Gipfeln steigt aus den Nebeln. Innen an den Fjorden ist das Gras grüner als sonst auf der Welt – eine zauberhafte Natur voll von Gegensätzen.
An der Süd- und Westküste des Landes ließen sich die Fischer und Jäger der Steinzeit nieder, oft in Höhlen oder Felsspalten. Sie waren die ersten Künstler in Norwegen. Ihre Felszeichnungen finden sich an vielen Stellen auf vom Meer glattpolierten Felsblöcken.
Im Verlauf von Jahrtausenden begannen die Norweger zu roden, sie wurden Bauern. In den Tälern an den Flüssen und Seen und auf den Ebenen kam ein Hof zum anderen. Die Wälder im Südosten lieferten das Holz zum Haus- und Schiffbau. So bildete sich nach und nach eine geordnete und geschäftige Gesellschaft. Beim Ausbau der Bauernhöfe schuf man eine vielseitige Holzarchitektur, die einen wichtigen Teil der norwegischen Kultur darstellt. Die »Raulandstue« aus dem Bergdorf Úvdal im Numedal ist eines der ältesten bewahrten Wohngebäude aus Holz, ein Blockhaus mit offener Feuerstelle von ca. 1250 (heute im Norsk Folkemuseum in Oslo). Die Feuerstelle (åre) war mitten auf dem Fußboden aus Erde, der Rauchabzug (ljore) im Torfdach darüber. Das Feuer gab Licht und Wärme. Über dem Eingang der Raulandstue finden sich Runen; die kräftigen säulenähnlichen Türpfosten sind mit geschnitzten romanischen Ranken geschmückt. Solche Holzhäuser wurden auf dem Land bis ins 18. Jahrhundert gebaut.
Die Stabkirchen aus dem frühen Mittelalter sind in Europa einzigartige Beispiele norwegischer Holzarchitektur und -schnitzerei. Von den etwa 750, die vor 800 bis 900 Jahren gebaut wurden, sind noch ca. 30 erhalten. Gleichzeitig baute man über 400 Steinkirchen nach englischen Vorbildern.
Die norwegische Küste mit ihrer Unzahl an Fjorden und vielleicht 55000 Inseln ist sehr lang. Dieser Umstand machte die Norweger zu einer Nation von Seefahrern und Schiffsbauern. Die Kulturzeugnisse aus der Wikingerzeit, die einem am meisten imponieren, sind das Gokstadschiff und das Osebergschiff, beide aus Eiche und über 20 m lang. Das Osebergschiff ist wegen seiner prächtigen Schnitzereien ein nationales Kleinod. Die eigentlichen Wikingerschiffe, die Langschiffe, waren seetüchtige Fahrzeuge mit Segeln. Eine Flotte, die aus 67 solchen Schiffen bestand, segelte um 840 Frankreichs längsten Fluß, die Loire, hinauf. Wikingerschiffe kamen nach England und Irland und bis auf das Mittelmeer. Erik der Rote entdeckte mit ihnen Grönland, und sein Sohn Leif Erikson war der erste Weiße auf amerikanischem Boden.

Die Norweger waren immer ein seefahrendes Volk. Besonders ab dem 17. Jahrhundert führte die Seefahrt, jedoch auch Handel, Bergbau und Fischerei, zu einer wesentlichen Verbesserung der Lebensumstände. Das war nach einer Rezession von fast 300 Jahren, die auch auf den kulturellen Bereich Auswirkungen hatte. Hauptursache war die Pest im 14. Jahrhundert, die über ein Drittel der Bevölkerung hinwegraffte. Die Blütezeit der norwegischen Seefahrt war zwischen 1860 und 1880, der Übergangsperiode zwischen Segel- und Dampfschiffahrt. »Unsre Ehre, unsre Macht haben uns weiße Segel gebracht«, schrieb Bjørnson. Die Polarexpeditionen von Fridtjof Nansen und Roald Amundsen hatten globale Bedeutung. Sie erweiterten den Horizont der Welt. Aber auch der Horizont der einfachen Bevölkerung erweiterte sich allmählich durch die Seefahrt und die vielfältigen Kontakte mit anderen Ländern. Das zeigt sich auf kulturellem Gebiet, in Architektur und Kunst. Mitte des 20. Jahrhunderts hatte Norwegen die drittgrößte Handelsflotte nach den USA und Großbritannien.
Nicht nur in der Schiffahrt erlebte Norwegen im späten 19. Jahrhundert eine Blütezeit. Die Bauern gingen dazu über, nicht nur für den eigenen Bedarf zu produzieren. Es entstand eine weiterverarbeitende Industrie für Holz, Fisch und Erz. Im ganzen Land wurde gebaut, u.a. auch Straßen und Eisenbahnen. Große Veränderungen sind auch auf kulturellem Gebiet sichtbar, in Literatur, bildender Kunst und Theater. Schule und Bildung machten große Fortschritte. Die freie Verfassung von 1814, demokratische Einrichtungen und das reiche kulturelle Leben führten zu einem so starken Selbstbewußtsein der Bevölkerung, das schließlich 1905 einen Bruch der Union mit Schweden heraufbeschwor. Die Entwicklung damals, besonders nach 1945, führte dazu, daß Norwegen heute einer der am weitesten entwickelten Wohlfahrtsstaaten der Welt ist. In den letzten 10 bis 15 Jahren hat die Ölförderung in der Nordsee – eine einzigartige Ingenieurleistung sowie Beispiel für großes seemännisches Können – Norwegen bedeutende Einnahmen gebracht.
Der Historiker Sverre Steen hat in seinem Buch mit dem treffenden Titel »Langsomt ble landet vårt egen (Langsam machten wir uns das Land zu eigen)« gesagt: »Zu gewissen Zeiten kann das Volk eines Landes schöpferisch, siegreich und produktiv sein und das Reich mächtig, zu anderen Zeiten verzweifelt, unselbständig und abhängig von anderen, und das Reich schwach. Eine solche Wellenbewegung kennzeichnet auch die Geschichte Norwegens.«

Wie in den übrigen Bänden der Reihe stehen auch hier die Farbabbildungen gleichrangig neben dem Text. Von mehr als 600 beschriebenen Orten werden Burgen , Kirchen, Schlösser, Theater, Museen und andere Baudenkmäler vorgestellt. Über 250 farbige Fotos und Skizzen sowie 14 Seiten Karten illustrieren den Text. Und analog zu den Vorgängerbänden sind die Artikel alphabetisch nach Orten geordnet. Die Brücke zwischen den Orten schlägt der Kartenteil auf Seite 248–259. Er führt alle behandelten Orte auf und bietet einen Überblick darüber, welche Orte in der Nachbarschaft eines Zielpunktes liegen und deshalb vielleicht zusätzlich in einen Reiseplan einbezogen werden können. Bei jedem Ort sind im Kopf des Artikels Einwohnerzahl und ein Hinweis auf die betreffende Karte (S. 248 □ U 2 = Seite 248, Planquadrat U 2) angegeben. Die einzelnen Sehenswürdigkeiten sind jeweils fett gedruckt. Im Anhang findet sich ein Register aller behandelten Orte, ein Sachregister, ein Künstlerregister und außerdem auf Seite 260 ein Verzeichnis aller im Text eingeschobenen Rahmenartikel.

Fjord-Norwegen. Die Fjorde Westnorwegens sind an Großartigkeit kaum zu überbieten. Obstgärten, die im Mai blühen, spiegeln sich im blaugrünen Wasser. Diese Fruchtbarkeit bildet einen eindrucksvollen Kontrast zu den Schnee- und Eismassen der Gletscher.

Südnorwegen (Sørlandet). Agderkante (Agderside) hieß diese Gegend, bevor sie von dem Dichter Vilhelm Krag Sørland getauft wurde. Glatte Felsen, spiegelnde See mit kleinen Wellen, Gärten, die nach Jasmin duften, Häuser, die sich der Landschaft anpassen, an einer stillen Bucht oder hinter einem schützenden Hügel, die aufs Meer blikken und mit Bootshaus und Brücke eine Einheit bilden.

Kulturgeschichte Norwegens

8000 v. Chr.: Die ältesten Spuren menschlicher Besiedelung hat man in Finnmark (Komsakultur), an den Küsten von Møre und Trøndelag (Fosnakultur) sowie an der West- und Südküste (Nøstvedtkultur) gefunden. Diese Menschen waren Fischer und Jäger und wohnten in Zelten aus Häuten, Erdhütten und Höhlen.

5000 v. Chr.: Die Zeugnisse, die wir aus dieser Zeit haben, haben alle mit der Jagd zu tun. Die *Felszeichnungen* aus der Steinzeit stellen fast ausschließlich Tiere dar, häufig sehr realistisch. Spätere Bilder zeigen Jäger auf Skiern oder in Booten.

3000–2000 v. Chr.: Aus dieser Zeit hat man Knochen von Kühen, Schweinen und Schafen gefunden. Die Menschen begannen mit dem Ackerbau und gaben ihre nomadische Lebensform auf. Die Gegenstände sind in einem ornamentalen Stil mit geometrischen Mustern verziert, der auf einen Kontakt mit anderen Völkern schließen läßt.

1500–500 v. Chr.: Bronzezeit. Der Ackerbau macht Fortschritte. Man lernt spinnen und weben. Spiralornamente schmücken Waffen und Gebrauchsgegenstände. Die *Felszeichnungen* weisen Motive mit Menschen, Tieren und Schiffen auf, die vom Leben der Menschen erzählen. Aus dieser Zeit existieren Grabhügel mit reichen Gräbern von Toten aus Häuptlingsfamilien.

500–0 v. Chr.: Die Gewinnung von Eisen aus Sumpferz findet allgemeine Verbreitung. Waffen-, Münz- und Glasfunde be-

weisen einen regen Kontakt mit dem übrigen Europa.

200 n. Chr.: Das älteste Runenalphabet, das Futhark, stammt aus dieser Zeit. Man findet die Runen geritzt auf Schmuckstücken, Waffen und Steinen. Die Namen von Höfen, Sippen und Familien geben Auskunft über eine beginnende Gesellschaftsordnung.

400 n. Chr.: Mit der Tierornamentik kommt ein neuer üppig-dekorativer Stil auf, der bis ins christliche Mittelalter in Gebrauch ist.

400–500 n. Chr.: Völkerwanderungszeit. Die Bauern schließen sich gegen die Gefahr von außen zusammen. Reiche Grabfunde, darunter u. a. Gegenstände aus Gold. Große Keramikproduktion in Südnorwegen.

500–800 n. Chr.: Flächendeckende Ornamente im Vendelstil (benannt nach einem Grabfund in Schweden). Der Drachenstil nimmt Form an. Das ältere Runenalphabet mit 24 Zeichen wird durch eines mit 16 Zeichen ersetzt (um 700). Eisen aus

Der Gebirgshof (Hovet im Hallingdal). Die Ansammlung von wetterfesten Holzhäusern ist dem Platz und den Naturverhältnissen angepaßt. Hier dauert der Winter von Oktober bis lang in den Mai.

Sumpferz wird im großen Stil gewonnen, u. a. für die Produktion von Nägeln für den Bau von Wikingerschiffen.

800–1000 n. Chr.: Wikingerzüge und Handelsfahrten. Wichtiger ist jedoch die Kolonisierung: Nordengland, Schottland, die Insel Man, die Shetland- und Orkneyinseln, die Färöer, Island und Grönland und teilweise die Normandie. Entdeckung Amerikas. Erhöhter Wohlstand, die Einflüsse von außen nehmen zu, der Tierstil erreicht seinen Höhepunkt. Aus dieser Zeit stammt das Osebergschiff mit prachtvollen Schnitzereien, das man 1904 in einem Grabhügel in Vestfold gefunden hat. Kurz vor dem Jahr 900 wird Norwegen unter Harald Hårfagre geeint. Im Süden und Westen macht sich erstmals der Einfluß des Christentums bemerkbar. Mit den Wikin-

Die östlichen Landesteile sind flacher. Hügelige Landschaft mit Seen, Ackerland, Wäldern, Flüssen, aber auch geschäftigen Ortschaften, eine vielseitige Kulturlandschaft.

gern ist die vorgeschichtliche Periode in Norwegen abgeschlossen.

1000–1100: Nach Wirren im frühen 11. Jh. eint König Olav Haraldsson das Reich aufs neue. Er schafft einen Beamtenstand, der u.a. Vögte umfaßt. Sein Hauptanliegen ist die Christianisierung Norwegens. Er fällt 1030 in der Schlacht bei Stiklestad, wird später heiliggesprochen und ist heute unter dem Namen *Olav der Heilige* bekannt. Über seinem Grab errichtet man den Nidarosdom (Trondheim), das größte mittelalterliche Bauwerk Skandinaviens. Das Verhältnis zwischen Staat und Kirche wird gesetzlich geregelt, und Norwegen kommt unter das Erzbistum Bremen. 1052 wird Nidaros, das spätere Trondheim, eigenes Erzbistum. Die Rechtsordnung wird gefestigt: Gulating, Frostating und Eidsivating erlassen Gesetze und fällen Urteile. Die Bauern sind verpflichtet, sich an der Landesverteidigung zu beteiligen. Um 1048 gründet Harald Hardråde Oslo. Viele Kirchen werden gebaut, u.a. Kathedralen in Oslo, Hamar und Stavanger.

1100–1200: Blütezeit des Stabkirchenbaus. Die Architektur und Kunst erhält viele Impulse durch Orden, die sich in Norwegen niederlassen. Gotik (u.a. Kreuzrippengewölbe im Nidarosdom).

1200–1300: Das Utstein-Kloster und die Håkonshalle in Bergen werden gebaut. Die Blockhausarchitektur erreicht ein hohes Niveau. Die Kirchenkunst – Skulpturen, Antependien, Deckendekorationen – zeugt von tiefen religiösen Gefühlen und einem engen Kontakt mit dem übrigen Europa. – Unruhe und Bürgerkrieg in Norwegen mit Streit zwischen Königssöhnen und Kronprätendenten. Während der Regierungszeit von Håkon Håkonsson (1217–63) wird dem König ein Rat, bestehend aus Adeligen und Geistlichen, zur Seite gestellt. Unter Magnus Lagabøte (1263–80) wird das

Gudbrandsdal. Dieses spezielle Tal hat reiche Traditionen. Durch den Talgrund fließt der Gudbrandsdalslåg. An seinen Ufern finden sich fruchtbare Äcker.

erste allgemeine Gesetzbuch in Skandinavien überhaupt eingeführt. Das 13. Jahrhundert ist eine Blütezeit. – Die Verleihung von Privilegien an die Hanse bedeutet die Wende. Bald dominiert sie den Handel. Es bildet sich eine Oberklasse mit Adelstiteln, die von den Steuern befreit ist.

1300–1400: Streitigkeiten zwischen den nordischen Reichen, ebenso Streitigkeiten innerhalb Norwegens. Die Pest (der Schwarze Tod) fordert ein Drittel der Bevölkerung. Zeit des Niedergangs. Weitgehender Verlust der nationalen Identität.

1400–1500: Ab 1450 Union mit Dänemark. Die Hanse gewinnt an Macht. Die Zeit des Niedergangs setzt sich fort. Die norwegische Bevölkerung verliert jeden politischen Einfluß.

1500–1600: Erfolgloser Kampf gegen den Adel und die Hanse. Erzbischof Olav Engelbrektssøn versucht um 1530, eine eigenständige norwegische Politik zu führen, für Norwegen als Reich und für die katholische Kirche. Auch er scheitert. 1536 Reformation, Norwegen wird vollständig abhängig von Dänemark. Der Besitz der Kirche wird enteignet, die Klöster werden geschlossen. Kulturelle Stagnation. Norwegisch hört auf, eine Schriftsprache zu sein. In der Verwaltung und in den Schulen wird Dänisch gesprochen. Ende des 16. Jahrhunderts bessern sich die ökonomischen Verhältnisse: Sägemühlen tragen zu einem erhöhten Holzexport nach Holland und England bei. Bergwerke werden gegründet. Die Hanse verliert ihre Macht. Die Handwerker gründen Zünfte. Mit dem erhöhten Export vergrößert sich auch der Kontakt mit dem Ausland.

1600–1700: Der Aufschwung setzt sich fort. Die Landesverteidigung wird neu organisiert. Niederländische und englische Einflüsse sind in Architektur und Kunst vorherrschend. In Christiania (Oslo) darf seit

Vesterålen. Hier gibt es große Gegensätze in Natur und Lebensverhältnissen. Hier ist man ganz vom Meer abhängig.

1624 nur noch mit Stein oder Ziegeln gebaut werden, die Bauten haben deutlich niederländische Prägung. Der Rosenkrantzturm in Bergen und die befestigten Herrensitze Austråt (nw von Trondheim) und Rosendal (sö von Bergen) sind erste Beispiele der Renaissancearchitektur. Auch bei den Bauern wird anders gebaut: Offene Feuerstellen ersetzt man durch Kamine mit Schornsteinen, Wände werden mit Brettern verkleidet, Möbel und Ausschmückung werden erneuert. 1660 wird in Dänemark-Norwegen der Absolutismus eingeführt und das Reich in Bezirke geteilt, die von königlichen Beamten verwaltet werden.

1700–1800: Die norwegische Beteiligung am Großen Nordischen Krieg (1700–21) und wirtschaftlicher Aufschwung verstärken das Nationalbewußtsein. 1772 wird in Kopenhagen die patriotische Vereinigung »Det norske Selskap« gegründet. Die Mehrheit der Bauern besitzt den Boden, den sie bewirtschaften. Man baut die mittelalterlichen Kirchen um und modernisiert die Städte. Die Stiftsgård in Trondheim, der Kalleviggård in Arendal und die Herrensitze Bogstad (Oslo) und Hafslund (Sarpsborg) sind aus dieser Zeit. Es sind auch viele weitere Bauwerke aus dem 18. Jahrhundert erhalten. Die Volkskunst erlebt eine Blüte. Viele begabte Holzschnitzer haben auf dem Land prachtvoll verzierte Bauernhäuser geschaffen, die sich heute häufig in Freilichtmuseen befinden. Mit der Kanzel und dem Altar im Osloer Dom hält der *Akanthusbarock* (genannt nach gezackten oder gelappten Blättern der distelähnlichen Akanthuspflanze) 1699 seinen Einzug in Norwegen. Der Akanthusstil beherrscht bald auch die Volkskunst. Die gemalte Ausschmückung der Bauernstuben wird immer üppiger und farbenfroher. 1739 allgemeine Schulpflicht. Die Volksbildung macht Fortschritte. In Christiania (Oslo) erscheint ab 1763 die erste Zeitung Norwe-

Dovre, ein solides Gebirgsmassiv, das zentral zwischen Süden und Norden liegt. »Einig und treu, bis Dovre fällt«, hieß es 1814, im Jahr der ersten norwegischen Verfassung.

Finnmark. Die großartige Hochebene in der nördlichsten Provinz Norwegens bietet gute Weiden für Tausende von Rentieren. Die Kultur der Lappen ist heute noch in Trachten und Gegenständen zu bewundern. Es gibt aber auch einen reichen Schatz von Sagen und Mythen, die zum Teil nur mündlich überliefert sind.

gens, die »Norske Intelligenz-Seddeler« (seddel = Zettel).

1800–1900: Ab 1807 liegt Norwegen im Kampf mit England. Der Getreideimport wird unterbunden. Notjahre. Krieg mit Schweden. Die Unzufriedenheit über die Union mit Dänemark wächst. 1811 Gründung der ersten norwegischen Universität in Christiania. Im Frieden von Kiel muß Dänemark 1814 Norwegen an Schweden abtreten. Verfassunggebende Versammlung in Eidsvold. Am 17. Mai 1814 wird das Grundgesetz, eines der damals freiheitlichsten in Europa, unterschrieben. Schweden erkennt die Verfassung nur zögernd an, da seine Macht durch den Storting (Reichstag) stark eingeschränkt wird. 1837 erhalten die Gemeinden das Recht auf Selbstverwaltung. Handelsbeschränkungen und Zünfte werden aufgehoben. Erste Eisenbahn- und Telegraphenverbindungen. In der Architektur setzt sich der Empirestil durch (Schloß in Oslo, die Herrensitze Ulefoss nw von Skien, Jarlsberg n von Tønsberg und Fossum n von Skien). Die Industrialisierung schreitet rasch fort. Veränderungen auch in Acker- und Bergbau sowie Waldwirtschaft. Die Handelsflotte wächst. Auch kulturell gewinnt Norwegen an Bedeutung: Die Schriftsteller Henrik Ibsen und Bjørnstjerne Bjørnson, der Komponist Edvard Grieg und der Maler Johan Christian Dahl sind auch international bekannt.

Nach 1900: Aufrüstung und 1905 Bruch

mit Schweden. Der dänische Prinz Carl wird König von Norwegen unter dem Namen Haakon VII. Mehr als 900000 Norweger wandern vor 1909 nach Amerika aus. Im Ersten Weltkrieg ist Norwegen neutral; die Handelsflotte erleidet jedoch große Verluste. 1920 bekommt das Land die Oberhoheit über Spitzbergen (Svalbard).
1940 wird Norwegen von deutschen Truppen besetzt. König und Regierung flüchten nach England. Nach der deutschen Kapitulation 1945 liegt ganz Finnmark in Asche. Wiederaufbau. 1949 Beitritt zur NATO. 1957 folgt Olav V. Haakon VII. auf dem Thron. Er ist wie sein Vater bei der Bevölkerung sehr populär.

A

Alta Finnmark	
Einw.: 9000	S. 248 □ U 2

Ort am Altafjord. Die Gemeinde ist die am dichtesten besiedelte in Finnmark und die einzige, die einen Bevölkerungszuwachs zu verzeichnen hat. Hier gibt es weiterführende Schulen und eine pädagogische Hochschule. Alta war einmal der nördlichste Ort der Welt, an dem Getreide angebaut wurde. Zur Gemeinde Alta gehören Teile der Inseln Seiland und Stjernøy

Alta Kirke: Die im Ortsteil Bossekop gelegene Holzkirche wurde 1858 erbaut. Sie ist

◁ *Am Halsafjord bei Kristiansund, Møre og Romsdal*

Alta und der Herzog von Westminster

Was das Fischen von Lachsen und Forellen mit Angel und künstlicher Fliege angeht, waren die Briten in Norwegen Pioniere. Sir Hyde Parker fischte bereits 1836 im Altaelv, einem Fluß, der als der lachsreichste in ganz Norwegen gilt.
Der bekannteste Angler aller Zeiten am Altaelv war der Herzog von Westminster, einer der reichsten Männer Englands. 20 Sommer verbrachte er hier, und wenn seine Jacht im Altafjord vor Anker ging, pflegten die Leute zu sagen, jetzt beginnt der Lachs seine Wanderung den Fluß hinauf.
Der Herzog war ein hervorragender Angler und brauchte nie etwas anderes als künstliche Fliegen. Sein Glück war ungewöhnlich. An einem Tag fing er über 50 Lachse, von denen der größte sicher 30 kg wog. Den ließ er räuchern, bevor er ihn seinem Freund, dem Prinzen von Wales, schickte.
Der passionierte Angler starb im Sommer 1955. Obwohl er krank war und die Ärzte ihn gewarnt hatten, fuhr er in diesem Sommer nach Alta. Seine Liebe zu der Gegend und dem fischreichen Fluß ist fast schon Legende. Sommer, die er nicht in Alta verbringen konnte, nannte er »tote Sommer«.

eine der wenigen Kirchen in Finnmark, die beim Rückzug der dt. Truppen 1944 nicht zerstört wurden.

Alta Gård (Elvebakken): Kopie des *Amtmannshofes*. Der Amtmann war das Oberhaupt der Provinz Finnmark. Das urspr. Gebäude, 1740 erbaut, wurde 1945 zerstört und nach dem Krieg wieder aufgebaut. Heute ist es Teil einer Kaserne. – *Denkmal* für die Gefallenen des 2. Weltkrieges.

Komsafjell: Am Hang dieses Berges (212 m hoch) entdeckte Anders Nummedal (1867–1944), der eigtl. Geologe und nicht Archäologe war, die ersten Spuren der *Komsakultur*. Die Periode der Komsakultur erstreckte sich v. ca. 9000 bis ca. 2800 v. Chr., also über einen Zeitraum v. ca. 6000 Jahren. Die Lebensverhältnisse der Menschen dieser Zeit lassen sich mit denen der Eskimos vergleichen. Spuren der Komsakultur hat man zwischen Kvænangen an der Grenze zu Troms und Archangelsk in der Sowjetunion entdeckt.

Kulturminneområde Hjemmeluft: Hier finden sich die meisten *Felszeichnungen* in Nordeuropa. Sie sind zwischen 2000 und 5000 Jahre alt. 1973 wurden sie zufällig entdeckt. Insgesamt sind es etwa ca. 3000 Zeichnungen, verteilt auf 42 Felder, überwiegend Tiermotive.

Umgebung

Kautokeino (132 km s): Hauptort einer der flächenmäßig größten Gemeinden in Norwegen. Sie wird jedoch überwiegend v. Rentieren bevölkert: Im Sommer sind es über 100 000. Der wichtigste Betrieb in Kautokeino (ca. 1600 Einw.) ist deshalb auch die Renschlachterei. – *Kulturhaus*, das den Erdhütten der Lappen ähnelt, *Freilichtmuseum* (Kautokeino Bygdetun), *Silberschmiede* (Juhls Sølvsmie). – Die *Kirche* wurde 1958 nach Plänen v. Finn Bryn* erbaut. Sie ist mit Schiefer gedeckt, der Dachreiter mit Kupfer. Eine Vorgängerkirche v. 1702 wurde 1944 zerstört. – Zu Ostern findet in Kautokeino ein berühmtes Rennen mit Rentierschlitten statt.
Kåfjord (12 km w): Um 1840 war Kåfjord der größte Ort in Finnmark. Hier wohnten über 1000 Menschen. Eine englische Gesellschaft hatte 1826 mit dem Abbau v. Kupfererz begonnen. 1878 wurde der Betrieb als unrentabel eingestellt und um die Jahrhundertwende v. einer schwedischen Gesellschaft noch einmal für kurze Zeit wiederaufgenommen. – Die *Kirche* in Kåfjord wurde 1837 im engl. Stil erbaut.
Masi (68 km sö): Die *Kapelle* dieses Lappenorts, die 4. an dieser Stelle, wurde 1965 geweiht. Die 1. wurde im 17. Jh. erbaut zu einem Zeitpunkt, als Masi noch schwed. war. – Lappisches *Kunstzentrum* im ehem. Internat.
Peska (13 km sö): *Schieferbrüche*. Sie bilden den wichtigsten Industriezweig v. A. Die Steinbrüche sind Eigentum des Staates; die Schleiferei befindet sich in Bosse-

Andenes, Sortland

kop. - Folgt man dem Flußlauf des Altaelv, gelangt man zu Norwegens größtem Canyon, *Savtso*. Er ist etwa 6 km lang.
Øksfjord (122 km nw): Fischereihafen, in dem die Schiffe der Hurtigrute anlegen. 1929 wurde hier die Frauenrechtlerin Laura Sundby geboren. - Blick auf Nordnorwegens fünftgrößten Gletscher, den Øksfjordjøkul.

Andenes Nordland	
Einw.: 4200	S. 248 □ N 2

Fischerort an der Nordspitze der Insel Andøya. Die Mitternachtssonne ist hier vom 20. Mai bis 25. Juli sichtbar. Andenes wurde um 1300 gegründet. Als andere Fischerorte in Nordnorwegen um 1600 einen Niedergang erlebten, konnte Andenes dank der holländischen Walfänger, die hier ihren Hauptstützpunkt hatten, seine Stellung behaupten.

Auf der Insel Andøya gibt es die meisten Multe- oder Sumpfbeeren in ganz Norwegen, da die halbe Insel von Moor bedeckt ist.

Andenes Kirke: Die Holzkirche wurde 1876 erbaut. Abgesehen v. einem spätmittelalterlichen Kruzifix befindet sich das reichhaltige ma Inventar im Tromsø-Museum.

Moloanlegget/Fyrtårnet: Die 2,5 km lange Mole wurde 1895-1905 errichtet. Der Leuchtturm ist 40 m hoch und stammt aus den Jahren 1856-59. Er wurde 1932 baulich verändert.

Polarmuseet: Die Sammlungen, die sich mit Spitzbergen, Polarexpeditionen und Fischerei befassen, sind im alten *Doktorgård* untergebracht.

Umgebung

Bleik (11 km sw): Fischerort an der W-Küste v. Andøya. Grabungen haben bewiesen, daß hier seit etwa 600 n. Chr. Menschen leben. Am N-Ende des Ortes ist die Schicht der Ablagerungen (Hausfundamente und Abfälle) der früheren Bewohner bis zu 6 m dick. – Bei Bleik liegt die Bleikøy mit einem *Vogelfelsen,* auf dem u. a. ca. 40000 Paare Papageientaucher nisten.

Dverberg (30 km s): Achteckige *Holzkirche* v. 1832.

Haugnes (über Skarstein, 18 km s): *Bautastein* aus der Eisenzeit.

Risøyhamn (52 km sw): Privilegierter Handelsplatz seit 1777. Der Ort liegt am Risøysund, der die Inseln Andøya und Hinnøya (Norwegens größte Insel) voneinander trennt. Quer über den Sund erstreckt sich eine Sandbank. – Erst nach Fertigstellung der *Risøyrinne,* eines 4,5 km langen Kanals, im Jahre 1922 wurde der Risøysund für die Schiffe der Hurtigrute befahrbar. – Andøya und Hinnøya sind durch die 1974 eröffnete 750 lange *Andøybrücke* miteinander verbunden.

Sortland (106 km sw): Nach Sortland, dem Hauptort der Vesterålen, gelangt man über eine 961 m lange Brücke, die 1975 dem Verkehr übergeben wurde. Die Brücke verbindet Hinnøya und Langøya. – Der *Sortland Gård* befindet sich seit 1781 im Besitz der Familie Ellingsen.

Arendal

Aust-Agder

Einw.: 12000	S. 258 □ E 13

Die Hafenstadt wird erstmals im 14. Jh. erwähnt, Stadtrechte bekam sie 1723. Wegen ihrer zahlreichen Kanäle und vorgelagerten Inseln wurde sie im 19. Jh. häufig mit Venedig verglichen. Nach Bränden in den 60er Jahren des 19. Jh. wurden diese Kanäle jedoch zugeschüttet. Die Holzhäuser wichen bei dieser Gelegenheit – abgesehen vom Viertel Tyholmen – Steinhäusern.

Trefoldighetskirke: Neugot. kreuzförmige Kirche aus Backstein, die 1885–88 v. Christian Fürst* erbaut wurde. Der Turm hat eine Höhe v. 82 m. Der größte Schatz der Kirche ist ein Bild aus Antwerpen (ca. 1620), das im Chor hängt. Dargestellt sind die Hl. Drei Könige.

Rådhus/Kalleviggård: Das *Empirepalais* wurde 1812–15 für den Konsul Morten Kallevig und seine Frau Kitty erbaut. Es ist eines der größten Holzhäuser in Norwegen. Seit 1844 ist es das *Rathaus* v. A. Der Architekt des dreieinhalb Stockwerke hohen Bauwerks war Peter B. K. Jessen*, Sohn des Zollinspektors v. A. und ein Schüler des dänischen Architekten C. F. Hansen. Der Hansensche Klassizismus spiegelt sich deutlich im Kalleviggård wider. – Im Viertel *Tyholmen* in der Nachbarschaft des Kalleviggård befinden sich auch das *Peder Thomassøns Steenhus,* ein ehem. Lagerhaus aus Backstein (1725), das alte *Polizeihaus* (ca. 1700), das alte *Zollamt* v. 1676 und das *Kløckers Hus* (1830).

Aust-Agder-Museum (Langsæ Gård, Parkveien 16): *Kulturhistorisches Museum.* Archäologische Sammlungen, Kirchenkunst und eine Abteilung, die die Geschichte der Seefahrt in der Provinz dokumentiert.

Merdøygård-Museum (Merdøy): Das Heim eines Kapitäns aus dem 18. Jh.

Umgebung

Froland (10 km nw): *Holzkirche* v. 1718, 1887 umgebaut. Hier befindet sich das Grab des Mathematikers Niels Henrik Abel (1802–29). Er schrieb auf dem Totenbett sein berühmtes Additionstheorem. – Das *Eisenwerk* mit Hauptgebäude aus dem späten 18. Jh. wurde 1765 gegr. Der letzte Hochofen wurde 1867 stillgelegt.

Tromøy (ca. 10 km ö): Die *Insel* ist durch eine Hängebrücke (1961) mit dem Festland verbunden. – Die *Kirche* stammt aus dem späten 12. Jh. Sie liegt auf Grabhügeln aus der Bronze- und Eisenzeit und dient wegen ihrer erhöhten Lage in Ufernähe auch als Seezeichen. In spätgot. Zeit wurde die Kirche nach O erweitert, um 1751 erhöht und mit einem Tonnengewölbe aus Holz ausgestattet. Die Innenausstattung ist bemerkenswert. Die Chorschranke wird v. dem Monogramm Frederiks V. gekrönt. Der Taufstein datiert aus dem 14. Jh. Auf der Kanzel finden sich Stundengläser. – Auf der Festlandseite der Insel liegen 2 Herrensitze aus dem späten 18. Jh., *Sophienlund* und *Pusnes.*

Arendal, Rådhus

Øyestad Kirke (4 km sw): Die ma Steinkirche brannte im Jahre 1900 ab und wurde restauriert. Pfarrhof aus dem 18. Jh.

Askim Østfold	
Einw.: 8500	S. 258 □ H 12

Seit Anfang dieses Jahrhunderts wird an 3 Wasserfällen des Glomma Elektrizität erzeugt: Kykkelsrud, Vamma und Solbergfoss. Das Kraftwerk Kykkelsrud wurde bereits 1903 als eines der ersten in Norwegen in Betrieb genommen.
Askim liegt zentral zwischen diesen Kraftwerken, was schon bald zur Ansiedelung von Industriebetrieben führte. Der wichtigste ist die Askim-Gummivare-Fabrik (jetzt Viking Askim AS). Er wurde 1920 gegr. Die Statue des Gründers Peter Mathias Rowde (1876–1955) steht im Zentrum von Askim.

Askim Kirke: Die schlichte Holzkirche ersetzte 1876 eine ma Steinkirche. Die Steine der alten Kirche finden sich teilweise in der Friedhofsmauer wieder.

Askim Bygdetun: Bei der Anlage dieses *Freilichtmuseums* hat man alte Häuser aus der Gegend um einen Hof gruppiert.

Außerdem sehenswert: Im *Volkspark* finden sich Reste eines *Gräberfeldes* aus der älteren Steinzeit.

Umgebung

Hobøl Kirke (15 km w): Die roman. Steinkirche stammt aus der Zeit um 1200. Das Inventar besteht aus einem ma Taufstein und einer Kanzel v. 1602.
Mysen (10 km ö): Der Ort entwickelte sich nach der Jahrhundertwende um eine Bahnstation. Benannt ist er nach seinem ersten Bürgermeister, Anton H. Mysen (1861 bis 1939). Er war Gutsbesitzer, Kaufmann und Politiker und stiftete Mysen 1903 die

erste Kirche. Architekt war Hjalmar Welhaven*. – In Mysen befindet sich das *Folkenborg-Museum,* eine kulturhistorische Sammlung. Hier hat man u.a. das Hauptgebäude des Narvestad Gård v. ca. 1720 wieder aufgebaut. Ein Bautastein erinnert daran, daß König Håkon Håkonsson 1204 hier geboren wurde.

Rødenes Kirke (40 km ö, über Kallak): Mittelalterliche Kirche, 1709 umgebaut. Das got. Kruzifix ist in eine Altartafel v. ca. 1700 eingesetzt. Der Taufstein entstand ebenfalls um 1700.

Skiptvet (14 km s): *Heimatmuseum.* Mittelalterliche Steinkirche mit mod. Inventar.

Spydeberg (7 km nw): Die klassizistische *Kirche* wurde 1841 erbaut. Roman. Taufstein. – 3 km nö liegt die *Hovin-Kirche,* ein Holzbau, der urspr. aus dem 14. Jh. datiert und 1720 umgebaut wurde. Inventar aus dem 17. Jh.

Valdinsholmen (10 km sö): *Festungsruinen* unterhalb des Vammafoss. Die Festung wurde Anfang des 13. Jh. v. Arnbjørn Jonsson erbaut, der später v. König Håkon Håkonsson zum Lehnsmann der Gegend gemacht wurde.

Bergen Hordaland	
Einw.: 210000	S. 256 □ B 11

Bergen ist Norwegens zweitgrößte Stadt. Der Name leitet sich von »Bergvin« her, was soviel wie »Bergweide« bedeutet. Bergen liegt auf einer Halbinsel und ist idyllisch von bewaldeten Bergen und Fjorden umgeben. Man nennt sie auch »byen mellom de syv fjell« (»Stadt zwischen den sieben Bergen«). Die Berge sind Ulriken, Løvstakken, Damgårdsfjell, Lyderhorn, Askefjell, Sandviksfjell und Fløyfjell. Man kann hier die schönsten Wanderungen unternehmen. Auf das Fløyfjell (320 m) führt eine Kabelbahn, auf Ulriken (643 m) eine Seilbahn. – Bergen hat durchschnittlich 1958 mm Niederschläge im Jahr.

SEHENSWÜRDIGKEITEN DER STADT BERGEN

Sakralbauten
1 Domkirken
2 Johanneskirke
3 Korskirke
4 Mariakirke
5 Nonneseterklosters Kirke
6 Nykirke
7 St. Jørgens Hospital/Lepramuseet

Profanbauten
8 Bergen Bank/Bergen Børs
9 Bergen Offentlige Bibliotek
10 Dankert Krohns Stiftelse
11 Det Gamle Rådhus
12 Bergenshus Festning/Håkonshalle/Rosenkrantztårn
13 Den Nationale Scene
14 Grieghallen
15 Torvet
16 Sverresborg
17 Festplassen

Museen
18 Akvariet
19 Bergens Billedgalleri/Stenersens Samlg
20 Bergens Sjøfartsmuseum
21 Bryggens Museum
22 Buekorpsmuseum/Muren
23 Historisk Museum
24 Permanenten
25 Bergens Kunstforening
26 Rasmus Meyers Samlinger
27 Skøtstuene

Geschichte: Bergen wurde vermutlich 1070 von König Olav Kyrre gegründet. Unter der Regierung Håkon Håkonssons wurde es 1217 (nach Trondheim) Residenzstadt. 1299 ließ sich jedoch Håkon V. Magnusson in Oslo krönen, das damit Residenz wurde. Bergen war damals und auch noch in den darauffolgenden Jahrhunderten die größte

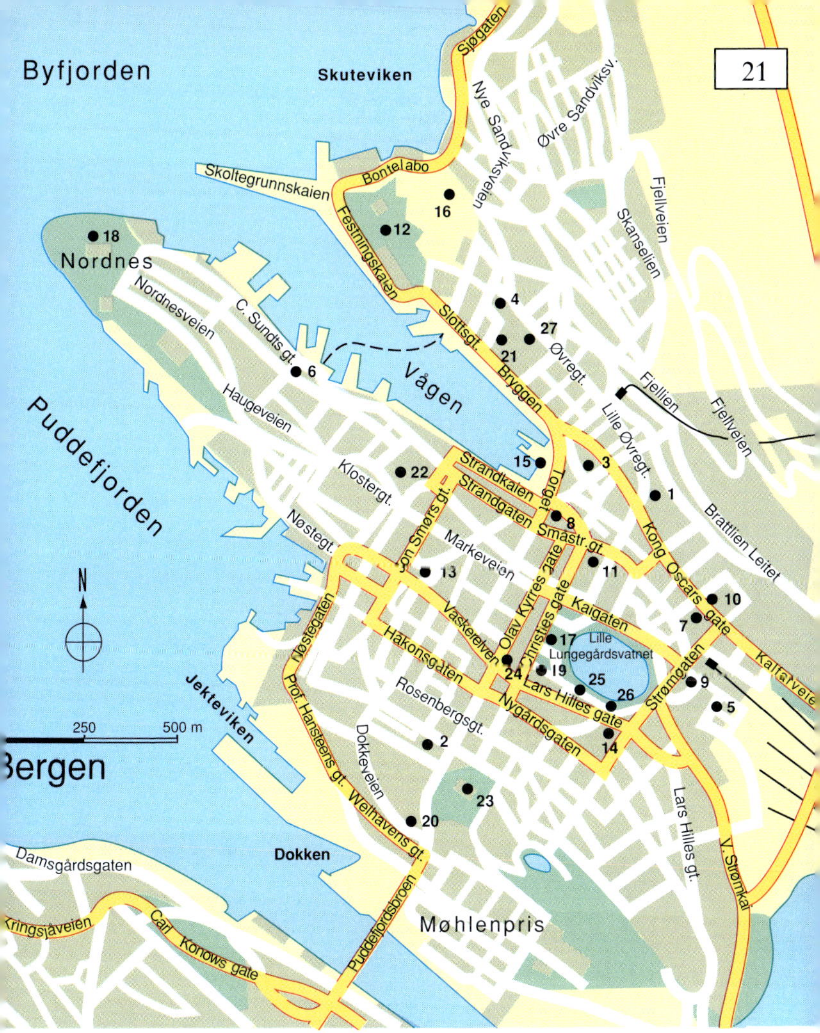

Stadt Skandinaviens. Sie besaß 27 Kirchen und Klöster. – 1343 errichtete die Hanse in Bergen ihr erstes Kontor. Damit begann die Zeit der deutschen Kaufleute, die mehr als 200 Jahre dauerte. Die Hanse hatte das Handelsmonopol in Nordnorwegen, exportierte Fisch und Fischerzeugnisse und importierte Getreide, Tuche und Wein. 1560 wurde die Hanse norwegischer Gerichtsbarkeit unterstellt und ihre Macht erheblich eingeschränkt. Damit begann die Blütezeit Bergens.

Die Stadt wurde im Verlauf ihrer Geschichte von verschiedenen Brandkatastrophen heimgesucht, zuletzt 1916 (nicht gerechnet das Explosionsunglück im Hafen 1944).

Sakralbauten

Domkirke: Der älteste, roman. Teil der Kirche stammt aus dem späten 12. Jh., Chor und Turmfuß sind got. Im Laufe der Jh. wurde die Domkirken wiederholt umgebaut. Sie besitzt heute ein zweischiffiges Langhaus und einen einschiffigen Chor mit

Bergen, Der Fischmarkt mit dem Kaufmannsviertel im Hintergrund ist wie überall einer der Anziehungspunkte für Touristen

Bergen, Mariakirke, Der Altarschrein ist eine Lübecker Arbeit aus dem späten 15. Jh.

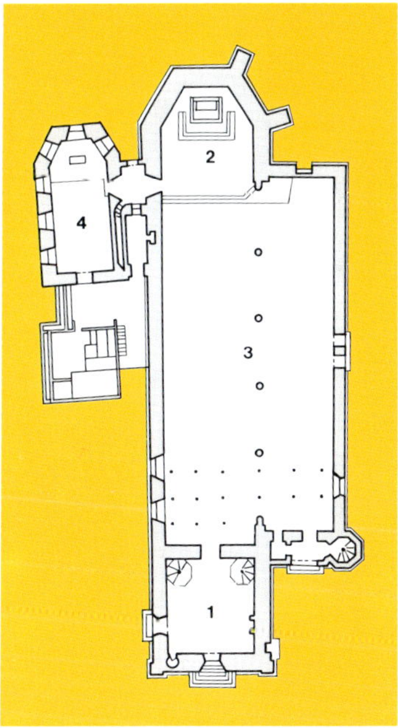

Bergen, Domkirke **1** Turm **2** Chor **3** Langhaus **4** Kapelle 13. Jh.

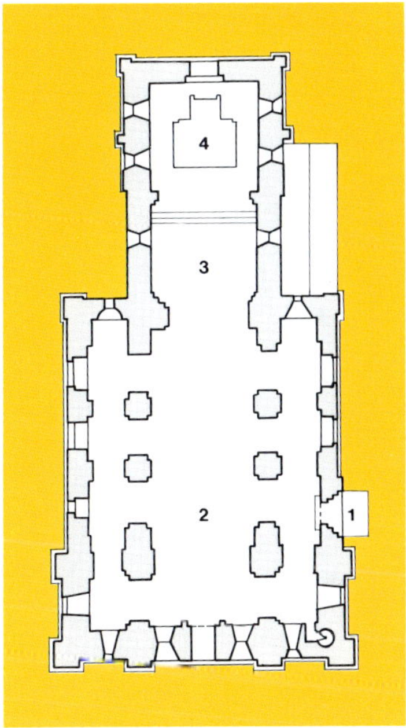

Bergen, Mariakirke **1** S-Portal **2** Basilikales Langhaus **3** Chor **4** Altar

einem polygonalen O-Abschluß. Die Gesamtlänge beträgt 60,5 m. Der Turm aus dem 17. Jh. ist quadratisch. An der N-Seite des Chors befindet sich eine Kapelle aus dem späten 13. Jh. – Urspr. war der Dom eine kleine Gemeindekirche, die dem hl. Olaf geweiht war, später die Kirche eines Franziskanerklosters. Das Inventar besteht aus einem Altar in Form eines ma Reliquienschreins, 1884 nach Entwürfen Chr. Christies* angefertigt, einem Taufstein und einer Kanzel v. 1883.
Auf dem *Kirchhof* steht ein Monument (v. Ambrosia Tønnesen*, 1911) für die beiden ersten norweg. Literaten, Dorothe Engelbretsdatter (1634–1716) und Petter Dass (1647–1707). Beide schrieben Kirchenlieder und Gedichte.

Johanneskirke: Die Kirche auf dem Sydneshaug wurde 1894 nach Plänen v. Herman Major Backer* erbaut. Sie war eine der letzten neugot. Kirchen, die in Norwegen errichtet wurden.

Korskirke: Eine erste Kirche an dieser Stelle entstand bereits im 12. Jh. Nach einem Brand 1702 wurde sie bis 1706 nach Plänen des Architekten J. C. Ernst* als *Kreuzkirche* wiedererrichtet. Die Zeichnungen für den Turm stammten v. dem Baumeister Hans Martin Heintz. – An der Mauer des s Kreuzarms findet sich eine *Gedenktafel* für Hans Nielsen Hauge (v. Sofus Madsen*, 1971). Hauge (1771–1824) war Gründer einer freikirchlichen Bewegung, die bes. in Nordamerika starke Verbreitung gefunden hat.
Sehenswert ist auch eine *Gedenktafel* (v. Johan Hygen*, 1979) für den »Apostel Grönlands«, den Missionar Hans Egede (1684–1758) und seine Frau Gjertrud Rasch. Egede war in der Zeit v. 1718 bis 1721 Pfarrer der Kreuzkirche.

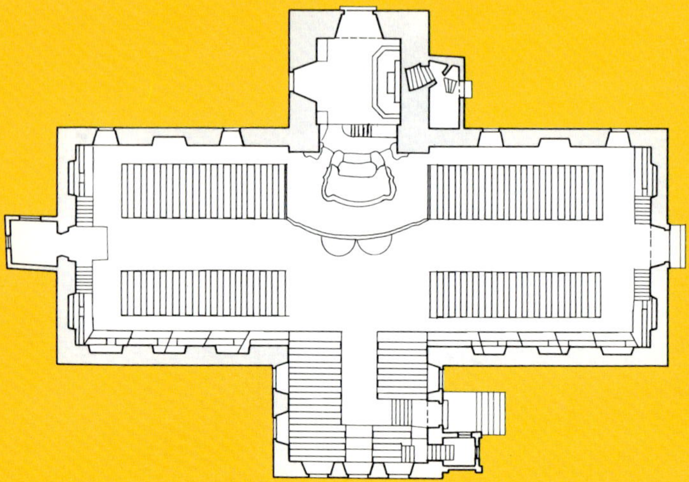

Bergen, Nykirke Die Backsteinkirche hat den Grundriß eines Kreuzes mit dominierenden Kreuzarmen

Mariakirke: Die Marienkirche wurde ca. 1140-70 erbaut. 1408-1776 war sie die Kirche der dt. Kaufleute. Sie ist eine dreischiffige roman. Basilika mit einem urspr. quadratischen Chor (nach einem Brand 1248 verlängert) und 2 Türmen. Die Türme sind Rekonstruktionen: 1863-76 wurde das Gotteshaus unter der Leitung v. Chr. Christie* restauriert. Sehenswert sind das S-Portal, ein Säulenportal, sowie der Bogenfries an der s Seitenschiffwand. Man vermutet, daß die Handwerker aus Lund in Schweden kamen, wo gleichzeitig ein großer Dom gebaut wurde.

Ausstattung: Der *Altarschrein* im Chor ist eine Lübecker Arbeit aus dem späten 15. Jh. Im Hauptfeld sieht man in der Mitte Maria mit dem Kind. Sie wird v. 4 Engeln umgeben und steht auf einem liegenden Halbmond. Links oben der hl. Olaf, auf einem Drachen mit gekröntem Menschenkopf stehend, darunter der hl. Antonius. - Rechts oben die hl. Katharina, darunter die hl. Dorothee. Auf den Seitenflügeln sind die 12 Apostel dargestellt. Die Außenseiten sind bemalt: auf dem linken Seitenflügel sind die Geburt Jesu und die Anbetung, auf dem rechten Jesu Besuch im Tempel und die Gregormesse zu sehen. Die Predella (Altaruntersatz) ist jüngeren Datums und in der Mitte mit einem Gipsrelief (Abendmahl) geschmückt. Links davon sieht man das Wappen Hans Christoffersen Hjorts, r das seiner Frau. Hjort ließ Ende des 17. Jh. den Altarschrein renovieren und umbauen. Die Ergänzungen (u.a. eine aufgesetzte Kreuzigungsgruppe) wurden im späten 19. Jh. wieder entfernt.

Die barocke *Kanzel* ist entweder eine dt. oder eine niederländische Arbeit. Sie wurde der Kirche 1676 geschenkt. Die Stiftertafel hängt neben der Kanzel (»ANNO 1676/Haben Zu Gottes Ehr und Dieser Kirchen Zieraht Diese/cancel verehret ...«).

Bergen, Altes Rathaus und Hagerupgård aus dem Jahre 1702

Bergen, Die got. Håkonshalle stammt aus der Mitte des 13. Jh.

Rosenkrantztårn, Grabmal

Stenersens Samling, Skulptur v. Kai Nielsen

An den Chorwänden finden sich *Holzskulpturen* der Apostel, die 1634 v. einem Bildschnitzer aus Odense geschaffen wurden. Mose und Johannes d. T. stehen an den Wänden des Langhauses. Zahlreiche Epitaphe aus dem 16. und 17. Jh. *Schiffsmodell* (im s Seitenschiff) aus dem frühen 17. Jh. - Auf dem *Friedhof* finden sich etwa 70 Grabmäler überwiegend aus dem 19. Jh., zum Teil mit dt. Inschriften. Das Grabmal für Henrich und Mette Mohn (ca. 1830) ist eine Arbeit des dänischen Bildhauers H. E. Freund*.
In der Nähe der Kirche (Dreggsalmenning) steht eine *Bronzestatue* des Skalden Snorre Sturlason (1179-1241). Sie wurde v. Gustav Vigeland* geschaffen und 1948 enthüllt. Snorre soll einmal eine Messe in der Mariakirche besucht haben.

Nonneseterklosters Kirke: *Ruinen* eines Zisterzienser-Nonnenklosters, das wahrscheinlich um 1150 gegr. wurde. Erhalten sind das unterste Geschoß des W-Turms (heute Kriegerdenkmal) und eine got. Seitenkapelle, die s des nicht mehr erhaltenen Chors liegt. Sie wurde im Zuge einer O-Erweiterung in der 2. Hälfte des 13. Jh. errichtet. Die Kirche hatte damals die beachtliche Länge v. ca. 40 m.

Nykirke: Im MA standen hier der Hof des Erzbischofs und eine Kapelle, die dem hl. Clemens geweiht war. Die erste Nykirke wurde 1618-22 erbaut und bereits im darauffolgenden Jahr durch ein Feuer zerstört. Feuer und Zerstörung waren auch das Schicksal der folgenden Bauten. Zum letztenmal wurde die Nykirke 1944 bei der Explosion im Hafen v. B. zerstört. 1954-56 wurde sie v. Frederik Konow Lund* und Hans Wichmann Rohde* wieder aufgebaut. Sie gaben der Kirche wieder die spätbarocke Gestalt des Baus aus dem Jahre 1801. Die Pläne hatte damals der Hamburger Architekt Johan Joachim Reichborn* entworfen. Der Grundriß der weiß verputzten Backsteinkirche hat die Form eines Kreuzes mit dominierenden Kreuzarmen. Der Turm liegt im SW. Im Innenraum be-

Kaufmannsviertel Bryggen

findet sich über dem Altar ein Gemälde, auf dem das Abendmahl dargestellt ist, r und l in Nischen Holzskulpturen v. Thorvald Moseid* (Mose und Aaron).

St. Jørgens Hospital/Lepramuseet (Kong Oscarsgate 59): Das ma St. Jørgenshospital für Aussätzige wurde beim Stadtbrand v. 1702 zerstört und in den darauffolgenden Jahren aus Holz wieder aufgebaut. Die *Hospitalkirche* gilt als die norwegischste der Kirchen in B. – Das im Hospital eingerichtete *Lepramuseet* ist ein medizinhistorisches Museum, das vor allem den norweg. Einsatz gegen die Leprakrankheit dokumentiert. Der norweg. Arzt Armauer Hansen (1841–1912) entdeckte den Leprabazillus.

Profanbauten

Bergen Bank/Bergen Børs (Vågsalmenning): Hier befand sich v. 1862 bis in die 60er Jahre dieses Jh. die Börse v. B. Die Halle ist mit 10 *Fresken* geschmückt, die der Maler Axel Revold* 1920–23 schuf. Er hatte 1918 den Wettbewerb um die Ausschmückung gewonnen; auf den nächsten beiden Plätzen lagen Per Krohg* und Henrik Sørensen*. Es handelt sich um das erste Beispiel profaner Freskomalerei in Norwegen. Die Wandbilder zeigen Motive aus Handel und Gewerbe.

Bergen Offentlige Bibliotek (Strømgaten): Zweistöckiges Granitgebäude, eines der Hauptwerke des Architekten Olaf Nordhagen* (1916). Den Baustil bezeichnet man in Norwegen als Granitbarock. Ein typisches Beispiel dafür ist auch der nahe gelegene *Hauptbahnhof* (v. Jens Zetlitz Kielland*, 1907–09). Vor der Bibliothek steht eine *Büste* des Ratsherren und Schriftstellers Claus Fasting (1746–1791) v. Ambrosia Tønnesen* (1924).

Dankert Krohns Stiftelse (Kong Oscarsgate 56): Einer der schönsten *Holzbauten* in B. Die dreiflügelige Anlage nach Vorbild eines dänischen Herrensitzes wurde 1789 nach Plänen v. Johan Joachim Reichborn* erbaut und 1970 unter Leitung v. Kjell

Fana (Bergen), Steinkirche

Irgens* restauriert. - Auf der anderen Straßenseite liegt die fast identische *Zander Kaaes Stiftelse* v. 1765, die ebenfalls nach Plänen v. Reichborn errichtet wurde. - In der Moldesmug (smug = Gasse) liegt die *Gråskole,* die ehem. Armenschule (1781), die zum Dom gehörte.

Det Gamle Rådhus (Rådhusgate): Das alte Rathaus wurde Mitte des 16. Jh. als Residenz des Lehnsherren Christoffer Valkendorf erbaut. Rathaus seit ca. 1570. - In der Nähe liegt der *Hagerupgård* v. 1702. Hier lebte der Amtmann des Stiftes.

Bergenshus Festning/Håkonshalle/Rosenkrantztårn: Hier befand sich im MA, v. der Stadt (Bryggen) durch einen Sumpf getrennt, der Königshof. Am ältesten ist die *got. Håkonshalle* aus der Mitte des 13. Jh. Sie wurde 1261 mit der Krönung und Hochzeit v. Magnus Lagabøte eingeweiht. Sie ist dreistöckig: Keller, in der Zwischenetage Kanzlei, Audienzsaal und private Gemächer des Königs, im obersten Geschoß der Festsaal: 36 m lang und 16 m breit. Heute befinden sich hier Repräsentationsräume. Der *Rosenkrantzturm* enthält Reste eines turmartigen Gebäudes aus dem späten 13. Jh. Im Erdgeschoß war die Wachstube, darüber die private Kapelle des Königs und im 2. Stock sein privates Gemach. Der Turm im Renaissancestil erhielt sein heutiges Aussehen im späten 16. Jh. und ist nach dem mächtigen Lehnsherrn Erik Ottesen Rosenkrantz (1519-79) benannt. Die anderen Bauwerke (Haus des Kommandanten, Stallungen u. a.) stammen aus dem 18. Jh. - Ein *Monument* (v. Stinius Fredriksen*, 1970) bei der Håkonshalle erinnert an den ersten Dom v. B., die nicht mehr erhaltene Christkirche. Der Granitblock ist mit einer Skulptur der hl. Sunniva geschmückt. - An einer Stelle mit Blick über Vågen und Byfjorden steht eine *Statue* Haakons VII. v. Ottar Espeland*.

Den Nationale Scene (Ole Bulls Plass): Das älteste *Theater* in Norwegen gilt als eines der Hauptwerke des norweg. Jugendstils.

Fantoft (Bergen), Stabkirche (l), r: Detail des Gestühls

Es wurde 1906–09 nach Plänen v. Einar Oscar Schou* erbaut (Erweiterung 1976 v. Halvdan Grieg*). – Auf der W-Seite steht eine Statue des Dichters Bjørnstjerne Bjørnson (1832–1910) v. Gustav Vigeland* (1917), auf der O-Seite die des Dichters Nordahl Grieg (1912–43) v. Roar Bjorg* (1957). Hans Jacob Meyer gewann bei dem entsprechenden Wettbewerb 1954 den 2. Preis. Seine Arbeit, »Liggende Poet« (liegender Poet), gibt sich weniger heroisch und ist auf dem Ole Bulls Plass zu sehen. Hier steht auch eine Statue des Violinisten Ole Bull v. Stephan Sinding* (1901). – Im *Theaterpark* finden sich ebenfalls verschiedene Skulpturen: »Das eherne Zeitalter« (1875/76) v. Auguste Rodin*, »Mor og Barn« (»Mutter und Kind«, 1918) v. Gustav Vigeland*, »Ynglingen« (»Der Jüngling«, 1916) v. Ingebrigt Vik* und die ungewöhnliche Statue des Dramatikers Henrik Ibsen (1981) v. Nils Aas*.

Grieghallen (Lars Hilles Gate): Die Konzerthalle wurde nach Plänen des Dänen Knud Munk* erbaut und 1978 eröffnet. Der große Saal hat 1434 Sitzplätze, die Bühne ist 1000 qm groß.

Torvet: Auf dem belebten und malerischen *Fischmarkt* v. B. bekommt man auch Obst, Gemüse und Blumen. Die überlebensgroße (3 m) *Bronzestatue* des Dichters Ludvig Holberg, eines Bergeners, der seine Heimatstadt zwanzigjährig verließ, wurde v. dem schwed. Bildhauer Johan Børjeson* geschaffen und 1884 enthüllt. – Vom Torvet sind es nur einige Schritte zur *Torvalmenning*. Hier steht das *Sjømannsmonument* (Seemannsmonument, 1950). Es schildert in Skulpturen und Reliefs v. Dyre Vaa* 4 Epochen norweg. Seefahrt: die Entdeckung Nordamerikas (»Vinlandsferd«), die Reise nach Grönland (»Grønlandsferd«), den Transport v. Getreide (»Kornferd«) und den Transport v. Öl (»Oljeferd«). Der Platz wurde nach dem Brand v. 1916 nach Plänen des Architekten Finn Berner* bebaut. Die Häuser haben eine zweistöckige Sockeletage mit Kolonnaden.

Die darüber befindlichen 4 Etagen sind symmetrisch und haben ein abschließendes Gesims. Aus dem Rahmen fällt das *Warenhaus Sundt & Co* (v. Per Grieg*, 1938). Es gilt als ein Hauptwerk des norweg. Modernismus. Bemerkenswert ist der Haupteingang, der v. einer Statue (v. Sofus Madsen*) des Merkur, des Gottes des Handels, gekrönt wird.

Sverresborg: *Burgfelsen* oberhalb v. Bergenshus. Die Anlagen (Schanzen) stammen aus dem 17.Jh. Hier ließ sich König Sverre im späten 12.Jh. eine Burg bauen, die uneinnehmbar war.

Festplassen: Festplatz am Lille Lundegårdsvann. Hier steht das *Christian-Michelsen-Monument*. Es wurde 1938 v. Haakon VII. enthüllt. Auf einem 18 m hohen Sokkel steht die Statue des Politikers Michelsen, gestaltet v. Gustav Vigeland*. – Auf der anderen Straßenseite, beim Musikpavillon, eine Statue des Komponisten Edvard Grieg v. Ingebrigt Vik* (1917).

Museen

Akvariet (Nordnesparken 2): Das Aquarium an der Spitze der Nordneshalbinsel besitzt die größte Sammlung v. Salzwasserfischen in Europa. Durch 8000 m Plastikrohr werden täglich 3 Millionen Liter Wasser aus den Tiefen des Byfjord durch die Bassins gepumpt. Sehenswert sind auch die Bassins mit den Seehunden und der Seevogelteich. – Am Nordnespark liegt einer der schönsten Badeplätze B. – Im *Park* erinnert eine *Büste* (v. Ambrosia Tønnesen*, 1918) an seinen Gründer Edvard G. Johannessen. – Der 8 m hohe *Totempfahl* (v. Duane Pasco*, 1970) war ein Geschenk v. B. s Partnerstadt Seattle zum 900jährigen Jubiläum v. B. (1970). Der Totempfahl zeigt im Relief einen Bären, einen Wal und einen Biber.

Bergens Billedgalleri/Stenersens Samling (Rasmus Meyers Allé 3): Überwiegend norweg. Malerei des 19. und 20.Jh. Die Galerie ging aus der 1839 gegr. Kunstforening hervor. Die Stenersen-Sammlung umfaßt etwa 250 Werke u.a. v. Munch*, Klee* und Picasso*. – Vor dem modernen Gebäude steht die *Stahlskulptur* »Rød Vind«

Lysekloster in der Nähe v. Bergen ▷

Gamle Bergen

Troldhaugen (Bergen), E. Griegs Heim

v. Arnold Haukeland* (1978). Mit »Roter Wind« ist der Schirokko gemeint, den Haukeland während eines Aufenthalts auf Teneriffa kennenlernte.

Bergens Sjøfartsmuseum (Møhlenprisbakken 3): Das Schiffahrtsmuseum dokumentiert die Geschichte der norweg. Seefahrt durch Schiffsmodelle, Bilder, Photos und Ausrüstungsgegenstände wie Anker, Seekarten und Navigationsinstrumente. Die Galionsfigur aus Holz an der Fassade wurde 1962 v. Olav Espevold geschaffen. Es handelt sich um eine vergrößerte Kopie einer englischen Galionsfigur v. 1869. Das Original befindet sich im Museum. Unterhalb des Museums liegt die Universitätsbibliothek.

Bryggens-Museum (Dreggsalmenning, bei der Mariakirke): In dem 1976 eröffneten Museum werden die Funde v. Ausgrabungen aus den Jahren zwischen 1955 und 1972 ausgestellt. Ein Großteil der Funde datiert aus dem 14. Jh. An der Fassade des Museums ist - 10 m lang - in Schmiedeeisen eine Zeichnung aus dem 13. Jh. wiedergegeben. Sie zeigt Wikingerschiffe. Ob es sich jedoch wirklich um die Flotte v. Håkon Håkonsson handelt, ist umstritten. - *Bryggen* heißt das ehem. Kaufmannsviertel n des Hafens Vågen. Charakteristisch sind die langgestreckten Häuser mit Giebel zum Kai. Es sind jedoch nur noch 10 Giebel aus der Zeit nach dem Stadtbrand 1702 erhalten; die anderen wurden 1955 durch Feuer zerstört.

Buekorpsmuseum/Muren (Østre Muralmenning): Das Gebäude wurde 1561 mit Steinen des nahe gelegenen Munkelivklosters für Erik Rosenkrantz erbaut. - Das *Buekorps* ist eine mehr als 200 Jahre alte pfadfinderähnliche Organisation nur für die männliche Jugend.

Historisk Museum (Sydneshaugen): Das Historische Museum ist in einem v. Egill Reimers* 1927 errichteten Gebäude untergebracht. Es beherbergt archäologische,

Lysekloster, Sarkophage

kunst- und kulturhistorische sowie ethnographische Sammlungen. Von den ma Skulpturen sind am berühmtesten eine Madonna (roman.) aus der Urnes-Kirche in Sogn (um 1200), eine roman. Kreuzigungsgruppe aus der Giske-Kirche (Møre og Romsdal, frühes 12. Jh.) und das älteste norweg. Königsporträt, der Marmorkopf des König Øystein, ein Architekturdetail vom Munkelivkloster in B. (1. Hälfte des 12. Jh.). Er wurde 1853 bei Ausgrabungen gefunden und ist eines der ältesten Herrscherporträts in Nordeuropa überhaupt. – Einen Höhepunkt bildet die Sammlung v. 19 Antemensalen (Altarvorderseiten), Gemälden aus dem 13. und 14. Jh. – Die *Stadtsammlung* enthält u. a. Ansichten v. B. Die älteste, ein Kupferstich, entstand 1580. In der bygdesamling finden sich Gegenstände aus der Provinz. Bes. sehenswert ist die »Rosenmalerei«, die ihre Blütezeit etwa 1750–1850 hatte.

Das Historische Museum gehört zu den Sammlungen der Universität (Universitets Samlinger). Ebenfalls auf dem Sydneshaug befinden sich (Muséplass 3, Gebäude 1868 v. Nebelong*) das *Zoologische Museum* (Walskelette, norweg. Fauna), das *Botanische Museum* (norweg. Flora) und das *Geologische Museum*.

Auf dem *Muséplass* steht eine *Statue* (v. Christopher Borch*, 1868), die Wilhelm F. K. Christie darstellt. Der Löwe zu Füßen der Skulptur wurde 1926 v. Wilhelm Rasmussen* geschaffen. Christie (1778–1849) gründete 1825 Bergens Museum, aus dem die Sammlungen der Universität hervorgingen. Er war zeitweilig Präsident des Storting.

Im Viertel *Parkveien/Villaveien* stehen einige der schönsten *Villen* in B., erbaut vor 1900. Parkveien 9: 1885–86 nach Plänen v. Johan Daniel Irgens Faye*. Die Fassadendekoration ist im Stil der Neurenaissance gestaltet.

Permanenten (Nordahl Bruuns gate 9): In diesem Ausstellungsgebäude v. 1886 sind das *Fiskerimuseum* (Fischereimuseum) und das *Vestlandske Kunstindustrimuseum*

(Kunstgewerbemuseum) untergebracht. Fischereimuseum: Modelle v. Fischerbooten, Fanggeräten und alles, was mit diesem für Norwegen so wichtigen Wirtschaftszweig zu tun hat. Kunstgewerbemuseum: Erzeugnisse aus aller Welt, wie europäische Keramik, Bergener Goldschmiedekunst, chinesisches Porzellan.

Bergens Kunstforening (Lille Lungegårdsvann): Wechselnde Ausstellungen. Vor dem Gebäude steht die Skulptur »Dansk Pige« (»Dänisches Mädchen«) des Dänen Gerhard Henning* (1928/29).

Rasmus Meyers Samlinger (Rasmus Meyers Allé 70): Eine der größten Sammlungen norweg. Kunst, die die Erben des Kaufmanns Rasmus Meyer (1858–1916) der Stadt B. schenkten, die für sie ein Museum baute. Es wurde 1924 fertiggestellt (Pläne v. Ole Landmark*). – Repräsentiert sind u.a. die Maler Johan Christian Clausen Dahl*, Adolph Tidemand*, Hans Gude*, Erik Werenskiold*, Frits Thaulow*, Gerhard Munthe*, Christian Krohg*, Harriet Bakker*, Th. Kittelsen*, Harald Sohlberg* und Edvard Munch*. Daneben besitzt das Museum eine reiche Sammlung an Möbeln und Interieurs, u.a. ein Rokokointerieur (ca. 1756) mit Wand- und Deckengemälden v. Mathias Blumenthal*.

Skøtstuene (Øvergate 50): Teil des Hanseatischen Museums. Bis 1840 waren die Zimmer Klublokale der Kaufleute. – *Det hanseatiske Museet* (alte Interieurs, Gebrauchsgegenstände) liegt am anderen Ende v. Bryggen im *Finngård.*

Veranstaltungen: Im Sommer jeden Samstag und Sonntag *Volkstanz* im Bryggens-Museum, jeden Abend *Konzerte* im Bypark. – Von September bis Juni jeden Donnerstag *Orchesterkonzerte* in der Grieghalle. – Die *Bergener Festspiele* mit norweg. und internationalen Künstlern finden jedes Jahr Ende Mai/Anfang Juni statt. Schwerpunkte: Ballett, Musik, Oper und Schauspiel.

Umgebung

Alvøy (18 km w): Einer der ältesten Industrieorte Norwegens. Hier fanden sich u.a. eine Pulvermühle und eine Papierfabrik, die, bis sie 1981 stillgelegt wurde, das Papier für die norweg. Geldscheine herstellte. Das Hauptgebäude v. 1750 (umgebaut 1797) ist seit 1983 ein *Museum:* alte Möbel, Bilder und chinesisches Porzellan. – Arbeiterhäuser aus der 2. Hälfte des 19. Jh. – *Büste* v. Hendrik Jansen Fasmer, einem der Direktoren der Papierfabrik, v. Sofus Madsen* (1954).

Damsgård (über die Puddefjordsbrücke, 2 km s): Ortsteil v. B., der nach einem *Rokokopalais* benannt ist, das der Ratsherr Tønnes Klausen Mitte des 18. Jh. bauen ließ. Dam war der Name seines Sohnes.

Fana (20 km s): Mittelalterliche *Steinkirche.* Sie wurde als eine v. 14 königlichen Kapellen 1230 erbaut, 1870 umgebaut und 1928 v. F. Konow Lund* restauriert. Altarbild v. Anders Askevold*, Bildteppich v. Ragna Breivik* nach einem Entwurf v. Gerhard Munthe*. Im MA war es eine Wallfahrtskirche.

Fantoft (10 km s): Die *Stabkirche* stand bis 1884 in Fortun am Sognefjord. Sie war im 17. Jh. stark umgebaut worden, wurde dann beim Wiederaufbau jedoch restauriert. Die Drachenköpfe sind Rekonstruktionen nach dem Vorbild der Stabkirche in Borgund. Die Einrichtung im schmalen und hohen Innenraum mit 18 ovalen Säulen ist großenteils modern.

Gamle Bergen/Sandviken (6 km n): *Freilichtmuseum.* Hier hat man Holzhäuser aus dem 18. und 19. Jh. wieder aufgestellt, die im Zentrum v. B. der Stadtplanung zum Opfer gefallen waren.

Gamlehaugen (Fjøsanger, 12 km s): Haus des Politikers Christian Michelsen (1857–1925), der entscheidend an der Aufhebung der Union mit Schweden 1905 beteiligt war. Heute *Residenz des Königs,* wenn er in B. weilt. Im Park Büste v. Haakon VII. v. Carl E. Paulsen* (1955). Michelsen ist im Park begraben. – In Fjøsanger befinden sich die *Hilmar Reksten Kunstsamlinger:* Gemälde, orientalische Teppiche und englisches Silber.

Lysekloster (26 km s): *Klosterruine.* Das Zisterzienserkloster wurde 1146 v. Mönchen der Fountains Abbey in Yorkshire gegr. Die Kirche hatte ein einschiffiges Lang-

Hodnaberg in Hordaland ▷

Edvard Grieg (1843–1907)

Edvard Grieg ist Norwegens wichtigster Komponist. In seiner Musik hat die norwegische Eigenart ihren schönsten und überzeugendsten Ausdruck gefunden. Er gilt als einer der bedeutendsten Vertreter der skandinavischen Nationalromantik des 19. Jahrhunderts. – In Bergen geboren, reiste er schon früh ins Ausland, um Musik zu studieren. Bei einem Studienaufenthalt in Kopenhagen kam er in Kontakt mit dem Komponisten Rikard Nordraak (1842–66) und dessen glühendem Glauben an die norwegische Musik. Hier fand er den Weg zu dem Nationalgefühl, das die Grundlage seiner Tonkunst darstellt.

Grieg hatte ein intensives Verhältnis zur norwegischen Natur. In seiner kleinen Hütte in Lofthus (Hardanger) entstanden viele seiner Kompositionen. »Die Natur in den Tönen und die Töne in der Natur! Die Armen, die nicht von ihrer tiefen Mystik angezogen und angelockt werden. Das Leben muß ihnen verschlossen erscheinen.«

Troldhaugen bei Bergen wurde eine andere wichtige Quelle der Inspiration für den Komponisten. Hier wohnte er die letzten 22 Jahre seines Lebens, und als er gestorben war, mauerte man die Urne mit seiner Asche in der Felswand unterhalb seiner Villa ein.

Grieg war ausgesprochen gefühlvoll, einmal sensibel, dann wieder leidenschaftlich-pathetisch. In seinen kleinen Musikstücken kommt seine Kunst am besten zur Geltung, beispielsweise in seinen »Lyriske Stykker« (Lyrische Stücke, 1867–1901) für Klavier und in seinen ca. 150 Liedern (nach Texten vor allem norwegischer Dichter). Auch seine größeren Werke schöpfen ihre Stärke aus nationallyrischen Zügen. Im Klavierkonzert in a-moll (1868) gelang es Grieg, klassische Formprinzipien mit einem persönlichen und nationalen Melodiegefühl zu verbinden.

Daß sich Grieg von Ibsens »Peer Gynt« inspirieren ließ, ist nicht verwunderlich. Seine Musik zu diesem Schauspiel (1874–91) ist sein bekanntestes Werk. Dadurch, daß das Nationale untrennbar mit seiner Persönlichkeit verbunden war, hat seine Musik auch universale Züge, Voraussetzung für Verständnis und Anerkennung in der gesamten musikalischen Welt.

Kjerringøy in der Umgebung von Bodø

haus und einen Chor in gleicher Breite. Der Chor besaß 2 Anbauten, die entweder als Kapellen oder als Sakristei dienten. Das Gebäude diente lange Jahre als Steinbruch. Der Rosenkrantztårn in B. und das Schloß Kronborg in Helsingør wurden zum Teil mit seinen Steinen gebaut. – Die Lyseklo-ster-Kapelle, eine Holzkirche, wurde 1663 als eine der ersten Kirchen in Westnorwegen nach der Reformation errichtet.

Lysøy (26 km s): Die *Holzvilla* im maurischen Stil wurde 1872 für den Musiker Ole Bull (1810–1880) erbaut. Die Pläne entwarf v. der Lippe*. Der Eckturm erinnert an ein Minarett oder einen russischen Kirchturm. Im Musiksalon haben 100 Personen Platz.

Milde (24 km sw): Hier befindet sich eines der 2 *Arboreten* (Baumgarten) in Norwegen. Es wurde 1971 eingerichtet.

Stend/Hordaland-Museum (18 km s): *Museum der Provinz Hordaland* mit alten Häusern und Inventar. Das Hauptgebäude datiert v. ca. 1740. Unterhalb des Museums ein Badeplatz (Mjølkevika).

Telavåg (auf Store Sotra, 40 km sw): Hier wurde 1942 ein dt. Gestapooffizier erschossen. Als Vergeltung legte man den Ort in Asche und deportierte alle männlichen Bewohner in dt. Konzentrationslager, wo 31 umkamen. Der Turm bei der Kapelle ist das einzige Bauwerk aus der Zeit vor dem Krieg.

Troldhaugen (Hop, 10 km s): Heim des Komponisten *Edvard Grieg* (1843–1907) und seiner Frau am Nordåsvann. In der Hütte am See komponierte Grieg. Er ist hier auch mit seiner Frau begraben.

Bodø Nordland	
Einw.: 34 500	S. 248 □ L 4

Die Hauptstadt des Nordland Fylke liegt auf einer Landzunge zwischen Vestfjord und Saltenfjord. Sie erhielt 1816 die Stadtrechte. Ihre Blütezeit erlebte sie in der 2. Hälfte des 19. Jh., als der Heringsfang seinen Höhepunkt erreichte. Bei einem deutschen Bombenangriff am 27. 5. 1940 wurden 420 der 760 Häuser zerstört, 3600 Menschen wurden obdachlos.

In Bodø legen die Schiffe der Hurtigrute an, und hier endet die Nordlandbahn. Die 730 km lange Bahnlinie wurde 1961 fertiggestellt und verbindet die Stadt mit Trondheim.

Die Mitternachtssonne ist in Bodø vom 1. 6. bis 8. 7. zu sehen.

Domkirke: Die fünfschiffige *Basilika* wurde 1956 nach Plänen v. Gudolf Blakstad* und Hermann Munthe-Kaas* erbaut. Sie ersetzt eine Kirche, die beim Bombenangriff 1940 zerstört worden war. Eine Stahlbetonkonstruktion macht Säulen in dem 33 m langen und 16 m breiten Langhaus überflüssig. Insgesamt ist die Kirche 56 m lang. Der Turm ist frei stehend. Bes. sehenswert ist das 12 m hohe *Glasbild* in der O-Wand des Chores v. Aage Storstein*. An der Außenwand des Doms finden sich die Skulptur des Dichters und Pfarrers Petter Dass und die des ersten Bischofs v. Nordland und Finnmark, Mathias Bonsach Krogh (1745–1828). Beide Werke schuf Kristofer Leirdal*.

Nordland-Fylkesmuseum: Bes. sehenswert in dem *Kulturhistorischen Museum* ist die Fischereiabteilung. Vor dem Museum steht ein »Fembøring«, ein für die Gegend typisches Boot mit 12 Rudern.

Umgebung

Bodin Kirke (3 km ö): Die roman. Kirche wurde im 13. Jh. errichtet. Der Dachreiter zwischen Chor und Langhaus mit zwiebelförmiger Spitze entstand 1774, der s Seitenflügel 1786. Das Langhaus hat ein Tonnengewölbe aus Holz. Die Einrichtung besteht u. a. aus einer Kanzel (ca. 1650) und einem barocken Altar (ca. 1670), beide mit Malereien v. Gottfried Ezechiel*. An der s Außenwand findet sich der Grabstein des Pfarrers Hans Lauritzen Blix (17. Jh.). – Unterhalb der Kirche liegt die Freilichtabteilung des Nordland-Fylkesmuseum, u. a. mit einem Haus aus B. aus dem späten 18. Jh., einem großen Bootshaus aus Rognan und einer Fischerhütte (»rorbu«) aus Skrova.

Fauske (62 km ö): Der Ort ist durch seine *Marmorbrüche* bekannt (De Ankerske Marmorbrudd). Sie liegen n bei Løvgavlen. Marmor aus Fauske fand u. a. beim Bau des UN-Gebäudes in New York Verwendung.

Gildeskål Kirke (98 km sw, über Skangvoll und Inndyr): Die roman. Kirche wurde um 1130 erbaut. 1710 geriet sie durch Blitzschlag in Brand. Der s Seitenflügel wurde im Zuge des Wiederaufbaus errichtet. Die Kanzel entstand 1717 und wurde v. Gottfried Ezechiel* bemalt. – Das *Pfarrhaus* (ca. 1750) steht unter Denkmalschutz. – Die nahe gelegene *neue Kirche* datiert aus dem späten 19. Jh. – N v. Gildeskål (und Sund) liegt die *Insel Sandhornøy* mit dem Berg Sandhorn (922 m). In *Våg* auf Sandhornøy wuchs der Psalmendichter Elias Blix auf (1836–1902). Er war Professor für Hebraistik und der erste, der die Bibel ins Neunorwegische übersetzte.

Kjerringøy (38 km n): Knut Hamsun (1859–1952) hat diesen alten Handelsplatz in seinen Romanen »Pan« (1894) und »Benoni und Rosa« (1908) unter dem Namen Sirilund bekannt gemacht. 1859–1900 war Kjerringøy im Besitz v. Erasmus Zahl, einem der Gönner Hamsuns. Dieser hat ihm in der Person des Kaufmanns Mack ein bleibendes Denkmal gesetzt. Kjerringøy war in den vergangenen Jh. der letzte Hafen, den die Schiffe vor der Überfahrt über den Vestfjord zu den Lofoten anliefen. – Von den urspr. 18 Gebäuden aus der Zeit nach 1803 sind 15 erhalten. – *Museum*. Hamsunbüste v. 1984. – Die *Kirche* (1883) wurde überwiegend v. Zahl finanziert. Er liegt dort auch begraben.

Rognan (96 km sö, über Fauske): *Saltdal Bygdetun*, Freilichtmuseum und Kulturhistorisches Museum mit ca. 20 Gebäuden, u. a. dem Skippergård v. ca. 1750. – In Botn w v. Rognan liegen auf dem Friedhof 1657 jugoslawische Kriegsgefangene begraben. Hier befand sich das Lager der Zwangsarbeiter, die die Straße v. Rognan nach Fauske bauten. Sie heißt wegen der vielen Opfer im Volksmund auch »blodvei« (»Blutweg«). Einige der Gefangenenbaracken sind noch erhalten.

Rønvikfjell (3 km nö): 155 m hoher *Aussichtspunkt*. Bei klarem Wetter sieht man v. hier aus jenseits des Vestfjords die Gebirgskette der Lofoten.

Røst (5 Stunden mit der Fähre): Diese *Inselgruppe* liegt ungefähr 100 km vom Festland entfernt. In der *Kirche* v. 1899 steht ein spätmittelalterlicher Altar, der aus der alten Kirche gerettet wurde, die einem Sturm zum Opfer fiel. – Ein Gedenkstein erinnert an den Italiener Pietro Quirini, der 1431 hier strandete und seine Erlebnisse niederschrieb.

Sagelva (32 km ö): Von hier aus läßt sich der 1061 m hohe Mjønestind besteigen. Aussicht über Salten und zu den Lofoten.

Saltstraumen (33 km sö, über Løding): Zwischen dem Saltfjord und dem Skjerstadfjord findet sich ein imposanter *Gezeitenstrom*. Viermal am Tag werden hier ungeheuere Wassermassen durch den 150 m breiten und 3 km langen Sund gepreßt mit einer Geschwindigkeit v. bis zu 18,5 km/h. Die Brücke über den Saltstraumen ist 770 m lang.

Skjerstad (97 km sö, über Misvær): Vor dem Pfarrhaus stehen 3 roman. Grabkreuze aus der Zeit um 1200. – In Misvær am Misværfjord wurde einmal Norwegens bester Ziegenkäse hergestellt.

Sulitjelma (102 km ö): Bergwerksort am Langvann (Stillegung der Gruben 1989). Hier wurden Kupfer, Zink, Schwefelkies und geringe Mengen Silber und Gold gewonnen. Das erste Kupfer fand 1858 der Lappe Mons Petter, 10 Jahre nachdem Anders Larsen mit seiner Familie als erster Siedler zum Langvann gekommen war. 1890 wurde mit dem Abbau begonnen. Zeitweilig war Sulitjelma die größte Kupfergrube Nordeuropas mit bis zu 2000 Arbeitern. Die Unterkünfte und Wohnungen wurden v. der schwed. Grubengesellschaft gebaut. Architekt war der aus Namsos stammende Erling Nielsen*. Es bestehen Pläne, die Siedlungen unter Denkmalschutz zu stellen. – *Grubenmuseum*. Vor dem Museum die Ruinen der ersten elektrischen Schmelzhütte der Welt. – 11 km s liegt der verlassene Grubenort *Jakobsbakken*. Er hatte einst 300 Einw. – Im N liegt der Gletscher Blåmannsis (1571 m hoch); er ist 123 qkm groß. Im O der Gletscher Sulitjelmais. Er wird v. einigen hohen Gipfeln umgeben, v. denen der höchste der Suliskong mit 1908 m ist.

Ørnes (127 km sw): Handelsplatz, v. dessen urspr. 13 Gebäuden aus dem späten 18. Jh. nur noch 3 erhalten sind: das Hauptgebäude, das Kontor und die Schmiede (unter Denkmalschutz). – Von Ørnes sind es 21 km nach Glomfjord, einem der größten

Drammen, Bragernes Kirke

Industrieorte Nordnorwegens, der nach dem Bau eines Kraftwerks 1920 entstand. – Von Hangvik bei Glomfjord aus führt ein Sessellift in die Berge auf 520 m Höhe. Steigt man noch etwas weiter, so sieht man im S den Gletscher Svartis, den zweitgrößten in Norwegen.

D

Drammen Buskerud	
Einw.: 50 000	S. 258 □ G 12

Drammen entstand, als 1811 Bragernes und Strømsø an den beiden Ufern des Drammenselv zu einer Stadt zusammengelegt wurden. Damals war der wichtigste Erwerbszweig der Holzhandel: Die Baumstämme wurden auf dem Drammenselv geflößt. 1866 wurden bei einem Brand 5000 Menschen obdachlos.

Bragernes Kirke (Kirkegaten): Die neugot. Kirche aus Backstein wurde 1871 v. Ernst Norgrenn* errichtet. Das Altarbild (Auferstehung) schuf Adolph Tidemand*. Es hängt als Kopie in ca. 70 anderen norweg. Kirchen. Bragernes Kirke hat 1100 Sitzplätze.

Strømsø Kirke (Tordenskioldsgaten). Die Kirche wurde 1667 erbaut und 1842 im Empirestil umgebaut.

Drammen, Strømsø Kirke

Austad Herregård (Styrmoes vei 33): 1808–13 für den Kaufmann Peder v. Cappelen erbauter *Herrensitz*. – Ein weiterer sehenswerter Herrensitz in D. ist der *Gulskogen Gård*, 1804 für den Holzhändler P. Arbo als Sommerwohnsitz erbaut. Schöner Park mit einer 285 m langen Lindenallee.

Drammens Teater (Øvre Storgate 7): Theatergebäude v. 1867.

Drammens Museum (Konnerudgaten 7): Museum für das Buskerud Fylke und die Stadt Drammen. Sehenswert ist eine Sammlung mit Kirchenkunst. Zum Museum gehört der *Marienlyst Hovedgård* v. 1750.

Drammens Kunstforening (Gamle Kirkeplass 7): Galerie mit permanenter Sammlung und wechselnden Ausstellungen.

Außerdem sehenswert: Vor dem Bahnhof (Strømsø Torv) steht ein *Brunnen* v. Per Hurum* (1952) mit 3 Frauengestalten, die die 3 urspr. Ortsteile (neben Bragernes und Strømsø noch Tangen) symbolisieren sollen. – Ebenfalls 1952 entstanden das *Flößerdenkmal* v. Nicolai Schiøll* auf der Bragernes-Seite der Brücke über den Drammenselv und der *St.-Hallvards-Brunnen* v. Ørnulf Bast* auf dem Bragernes Torv. – Auf den Bragernesås (220 m) führt ein *Tunnel*, der sich in 6 Spiralen den Berg hinaufwindet. Er wurde 1961 zum 150jährigen Bestehen der Stadt fertiggestellt. Schöne Aussicht über die Stadt und Umgebung.

Umgebung

Buskerud Gård (35 km nw, s v. Åmot): Nach diesem Hof – der Name bedeutet Bischofsrodung – erhielt die Provinz Buskerud ihren Namen. Er wird erstmals im 14. Jh. erwähnt. Das Hauptgebäude wurde 1763 v. Major v. Lowzow erbaut. Seit 1912 befindet sich hier eine landwirtschaftliche Schule. – Nördlich liegt die *Nykirke*, eine Kirche v. 1847.

Hof Kirke in der Nähe v. Drammen

Haugfoss (43 km nw über Åmot): *Modums Blaafarveværk*. Nachdem man nw v. Haugfoss (Skuterudmarka) 1772 Kobalterz gefunden hatte, wurde hier am 1. April 1776 nach königlichem Beschluß ein Farbenwerk gegr. Der Standort des 1783 fertiggestellten Betriebs am 38 m hohen Haugfoss war ideal. In der 1. Hälfte des 19. Jh. war es das größte Unternehmen Norwegens mit über 1200 Arbeitern. Hier wurde blaue Farbe für die Porzellan- und Glasindustrie hergestellt, auch für den Export (über D.) nach England und Holland. Nachdem es in der 2. Hälfte des 19. Jh. gelungen war, die blaue Farbe künstlich herzustellen, und die Erzvorkommen weitgehend erschöpft waren, wurde die Fabrikation um die Jahrhundertwende eingestellt. Zahlreiche Bauten in Fachwerk sind noch erhalten. Hier finden Konzerte, Konferenzen und Ausstellungen statt.

Hof Kirke (31 km sw): Die ma Steinkirche wurde 1941 restauriert. Im Chor sind die Reste eines Tonnengewölbes zu sehen. Beachtung verdienen ferner der Renaissance-Altar, die Kanzel v. 1649 und das Kruzifix aus dem 13. Jh.

Holmsbu (28 km sö): Fischer- und Hafenort. Die *Kirche* v. 1887 wurde v. Künstlern ausgeschmückt, die sich in Holmsbu als Sommergäste aufhielten, u. a. v. Henrik Sørensen*, Aage Storstein*, Willy Midelfart* und Oluf Wold-Torne*. – 1 km außerhalb, Richtung Rødtangen, liegt die *Holmsbu Billedgalleri (Henrik Sørensens Museum)* mit Werken v. Sørensen, Wold-Torne* und Thorvald Erichsen*. Sørensen verbrachte 37 Sommer in Støa unterhalb des Museums. – Der Wald (bis nach Rødtangen) steht unter Naturschutz.

Hurum Kirke (28 km sö): Mittelalterliche Steinkirche, die der Jungfrau Maria geweiht ist. Die Kanzel ist eine Stiftung der Frau Ivar Huitfeldts. Huitfeldt (1665–1710), der Held der Schlacht in der Køge-Bucht bei Kopenhagen, stammte v. dem nahe gelegenen Tronstad Gård. Ein Modell des Schiffes »Dannebrog«, das mit Huitfeldt an Bord in der Schlacht in die Luft flog, hängt in der Kirche; eine Kanone des

Schiffes steht vor der Kirche. Die Grabkapelle Ivar Huitfeldts befindet sich in einem Anbau an der Kirche.

Røyken Kirke (15 km ö): Roman. Kirche aus dem 13. Jh. Der Altar aus rotem Granit ist die urspr. Kanzel aus der Zeit v. ca. 1600. Altarbild 17., 18. Jh., ma Taufstein.

Sande (17 km s): Mittelalterliche *Kirche,* die nach einem Brand 1783 wiedererrichtet wurde; ma Taufstein. - *Pfarrhof* v. 1783. Der Dichter Andreas Munch (1811-84) verbrachte hier seine Kindheit.

Skoger (9 km s): Mittelalterliche *Steinkirche,* die dem hl. Olaf geweiht ist. Renaissance-Altarbild v. 1631; die Bilder der Apostel an der Galerie und die Deckendekoration (1652) ebenfalls im Stil der Renaissance. - Im *Skogerveien 3 und 8* sind 4000 Jahre alte *Felszeichnungen* mit Tiermotiven (Wal, Elch, Biber, Fische).

Drøbak Akershus	
Einw.: 7100	S. 258 □ G 12

Der Ort am Drøbaksund war früher der Winterhafen für Oslo. Die Waren wurden hier an Land gebracht und über die Landstraße nach Oslo. Diesem mühsamen Unterfangen verdankt der Ort seinen Namen: »Drøy bakke« (altnordisch »Drjugbakki«) bedeutet soviel wie »mühsame Anhöhe«. Wie an vielen anderen Plätzen am Oslofjord hatte auch in Drøbak in den vergangenen Jahrhunderten der Holzhandel große Bedeutung. In Amsterdam wurde sogar eine Straße (»Droogbak«) nach ihm benannt. Ende des vorigen Jh. exportierte man Eis nach England und auch auf den Kontinent. Stadtrechte besaß Drøbak 1842 bis 1962.

Ende des 19. Jh. befand sich hier eine Künstlerkolonie, deren bekannteste Mitglieder die Maler Christian Krohg* und Frits Thaulow* waren.

Im Ort finden sich zahlreiche sehenswerte Holzbauten, u. a. der Skrivergård, der teilweise aus dem 17. Jh. stammt und seine heutige Gestalt 1757 erhielt, und der Parrgård.

Drøbak Kirke/Vår Frelsers Kirke: Die *Erlöserkirche* ist eine kreuzförmige Kirche aus Holz und wurde 1776 erbaut. Ungewöhnlich ist, daß der Chor im W liegt. Im Inneren sieht man gegenüber der Kanzel die Empore der Familie Carlsen. Der Kauf-

Drøbak, Vår Frelsers Kirke

mann, Reeder und Bankier Niels Carlsen (1734–1809) und seine Frau hatten die Kirche gestiftet. Sie liegen beide auf dem Kirchhof begraben. Der Altar hat 2 Etagen. Das Relief im unteren Teil zeigt das Abendmahl, oben sieht man den Gekreuzigten, umgeben v. Engeln, die Posaune blasen. Sämtliche Schnitzarbeiten, auch die Figuren v. Aaron und Mose auf der Chorschranke, wurden v. den Brüdern Hans und Petter Jaspersen* aus Ås ausgeführt.

Oscarsborg Festning: Die *Festung*, die auf zwei ›Kaholmene‹ genannten Inseln liegt, wurde 1845–56 erbaut und um 1870 modernisiert. Von hier aus wurde am 9. 4. 1940 der dt. Kreuzer »Blücher« versenkt. Die beiden Kanonen, die die ersten Treffer landeten, hießen »Moses« und »Aron«, »Moses« und »Aron« deswegen, weil sie Brüder waren, sie hatten beide ein Kaliber von 28 cm und waren 1892 bei Krupp in Essen hergestellt worden. »Moses« war beim Anlanden ins Wasser gefallen. Die beiden Kanonen, deren Schüsse über 1000 dt. Soldaten und Seeleuten das Leben kosteten, sind heute noch zu besichtigen. Das Wrack der »Blücher« liegt außerhalb des Drøbaksundes.

Seiersten Batteri/Follo-Museum: Verteidigungsanlage oberhalb v. D. Hier sind zahlreiche alte Kanonen zu besichtigen. – Das Follo-Museum ist ein kulturhistorisches und Freilichtmuseum.

Umgebung

Hvitsten (10 km s): Ehem. Hafenort. Am Badestrand steht die Büste des Reeders Fred (Fredrik Thomas) Olsen (1857–1933), der aus Hvitsten stammte. – Hier malte Edvard Munch*. Er hatte 1911 den Besitz Nedre Ramme gekauft. Auch der Sagenillustrator Theodor Kittelsen* lebte hier.

Ski (19 km nö): Mittelalterliche *Steinkirche* mit einem ma Taufstein aus Speckstein.

Son (27 km s): Badeort. Sehenswert sind der *Thornegård* v. 1761 und der *Spinderigård*, der ungefähr gleichzeitig entstand. Er wurde nach einem Brand 1976 originalgetreu wiederhergestellt. – Zwischen 1900 und 1920 erfreute sich Ski in Künstlerkreisen großer Beliebtheit. Die Schriftsteller Herman Wildenvey (1886–1959), Ronald Fangen (1895–1946) und Nils Kjær (1870–1924) sowie die Maler Henrik Sørensen* und Oluf Wold-Thorne* u.a. hielten sich hier auf.

Vestby (15 km sö): Der *Pfarrhof* v. 1832 steht unter Denkmalschutz. – In Johnsrud s

Ski (Drøbak), Steinkirche

v. Vestby wurde 1742 der Dichter Johan Herman Wessel geboren. Er starb 1784 in Kopenhagen.
Ås (12 km ö): Neugot. *Kirche* v. 1866. Mittelalterlicher Taufstein sowie im Waffenhaus ein geschnitztes Epitaph v. 1682, auf dem der Pfarrer Jørgen Harder mit Frau, 4 lebenden und 4 bereits verstorbenen Kindern zu sehen ist.

E

Egersund Rogaland	
Einw.: 12200	S. 256 □ C 13

Egersund ist einer der ältesten Orte in Norwegen. Hier findet sich der einzige natürliche Hafen zwischen Flekkefjord und Stavanger. In den Sagas wird er als Nothafen Eikundersund erwähnt. Knud der Mächtige und Olaf der Hl. suchten hier Schutz. Im frühen 19. Jh. lebte Egersund hauptsächlich vom Heringsfang.

Egersund Kirke: Schlichte Holzkirche aus dem frühen 17. Jh., im 18. Jh. zur kreuzförmigen Kirche ausgebaut. Der s Kreuzarm datiert v. 1750, der n v. 1785. Der Altar im Chor (1607) ist mit 4 Gemälden v. Peter Reimers* geschmückt: in der Mitte die Kreuzigung, r und l die Tugenden Fides und Spes, darüber die Taufe Jesu. – Das *Pfarrhaus* entstand 1757.

Lindø Batteri: *Verteidigungsanlage,* die zur Zeit Christians IV. im 17. Jh. erbaut wurde. Sie wurde während der Napoleonischen Kriege Anfang des 19. Jh. benutzt. Eine Batterie mit 8 Kanonen, die Rüstkammer und die Wälle sind restauriert.

Außerdem sehenswert: In der *Strandgata* zahlreiche *Holzhäuser* im Empirestil. – *Stolpesteinadn* (Skåråbrekkå): Grabanlage aus der älteren Steinzeit. Die 16 Steine bilden einen Kreis mit einem Durchmesser v. 20 m.

Umgebung

Bjerkreim Kirke (18 km n): 1835 erbaute Holzkirche (v. H. D. F. Linstow*). Altar v. 1610 (v. Thomas Snekker*).
Brusand (26 km nw): Auf dem Aussichtsplatz *Varden* steht ein Monument (v. Ståle Kyllingstad*) für den Stifter der norweg. Seenotrettungsgesellschaft Tønnes Hauge Puntervold (1826–1914). Es wurde 1961 enthüllt. – *Museum.*
Eigerøy Fyr (10 km w): Eines der stärksten *Leuchtfeuer* in Nordeuropa, 46 m über dem Meer. Der Turm ist 32,9 m hoch, wurde 1854 erbaut und besteht aus verschraubten Gußeisenplatten – damals etwas Revolutionäres.
Hauge (30 km sö): In der Nähe liegt die

Ogna (Egersund), Steinkirche

Sokndal Kirke v. 1803. Mittelalterlicher Taufstein; Altargemälde v. Gottfried Hendtzschel* und Peter Reimers* (1608); Kanzel aus dem 17. Jh. Sie wurde v. Anders Smith* aus Stavanger geschaffen.

Ogna (20 km nw): Mittelalterliche *Steinkirche* (13. Jh.). Turm und O-Erweiterung aus Holz datieren v. 1839. Altar und Kanzel aus dem 17. Jh. (v. Lauritz Snekker*), bemalt v. Gottfried Hendtzschel*. Mittelalterlicher Taufstein. – Ogna war Ende des letzten Jh. bei den norweg. Malern sehr beliebt. Kitty Kielland*, Eilif Petersen*, Frits Thaulow* und Harriet Backer* hielten sich hier auf.

Slettebø Gård (3 km nö): Das *Dalane-Folkemuseum* (Volkskundemuseum) ist im Hof eines Amtsrichters (ca. 1850) eingerichtet. Zu sehen sind Interieurs aus dem 18. und 19. Jh. Bes. interessant ist die Fayence- und Porzellansammlung. Die Egersund-Fayencefabrik wurde 1847 gegr. und 1979 stillgelegt.

Eidsvoll Akershus	
Einw.: 3100	S. 258 □ H 11

Der Ort verdankt seine Existenz einer Eisenhütte, die 1624 gegründet wurde (1825 stillgelegt). In Eidsvoll Verk wurde am 17. 5. 1814 die norwegische Verfassung beschlossen.

Eidsvollsbygningen: Hier fand vom 11. 4. bis 20. 5. 1814 die Verfassunggebende Nationalversammlung statt. Das Gebäude, das chem. Heim des Eisenhüttenbesitzers Carsten Anker (im wesentlichen 1796–1802 erbaut), ist seit 1837 Besitz einer Stiftung und *Museum*. Der Versammlungssaal, der eigtl. Ballsaal, befindet sich in der 1. Etage. Hier saßen die 112 Delegierten auf Holzbänken. Von 62 v. ihnen besitzt das Museum Porträts. – Im *Park* stehen eine Statue v. Carsten Anker (v. Jo Visdal*, 1912) und das Henrik-Wergeland-Monument v. Ottar Espeland* (1962).

Eidsvoll-Bygdemuseum (Hammerstad): *Freilichtmuseum* mit 22 Gebäuden, 1950 gegr.

Eidsvoll Kirke: Mittelalterliche Steinkirche, der Grundriß hat die Form eines Kreuzes. Das Bauwerk geriet viermal in Brand, zuletzt 1883. – Der Schriftsteller Henrik Wergeland (1808–45) und seine Schwester, die Schriftstellerin Camilla Collett (1813–95) wuchsen auf dem nahe gelegenen Pfarrhof auf. Das urspr. Bauwerk ist nicht mehr er-

Egersund Kirke

Eidsvoll, Eidsvollsbygningen

Eidsvoll, Henrik-Wergeland-Monument

halten, es brannte 1877 ab. Im Garten steht eine *Statue* v. Camilla Collett v. Ada Madsen*.

Umgebung

Feiring (25 km nw): *Holzkirche* aus dem späten 17. Jh., 1875 umgebaut. Im Inneren finden sich ein Kruzifix aus dem 13. Jh., ein Altar und eine Kanzel aus dem 17. Jh. (Barock). – 9 km n liegen im Wald die Ruinen eines *Eisenwerks*, das 1806–18 in Betrieb war.

Gardermoen (20 km sw): Der Ort hat einen Flugplatz. Hier findet sich *Forsvarets Flysamling*, das Flugzeugmuseum des norweg. Militärs. Die Sammlung besteht aus ca. 35 Maschinen.

Hurdal Kirke (25 km nw): Die Kirche geht auf eine ma Stabkirche zurück. Sie wurde innerhalb der letzten 350 Jahre jedoch so oft umgebaut, daß alle Spuren verschwunden sind. Mittelalterlicher Taufstein, Kruzifix aus dem 14. Jh., Altar und Kanzel aus dem 17. Jh. – Nördlich v. Hurdal Kirke liegt *Hurdal Verk*, eine Glashütte, die v. 1755 bis 1895 in Betrieb war. Ein Teil der Bauwerke ist erhalten.

Jessheim (18 km s): Am nw Ortsrand liegt Raknehaugen, der größte *Grabhügel* Nordeuropas. Man nimmt an, daß er aus der Völkerwanderungszeit stammt (400–600 n. Chr.). Er hat einen Durchmesser von ca. 95 m und ist 16 m hoch. 1869–70 und 1939–40 fanden hier Grabungen statt – ohne Ergebnis.

Minnesund (11 km n): Von hier aus verkehrt der Schaufelraddampfer »Skibladner« im Sommer nach Gjøvik, Hamar und Lillehammer. Das 1856 in Motala in Schweden gebaute Schiff ist das älteste in Norwegen, das noch in Betrieb ist. Es ist einige Male gesunken (zuletzt 1969), konnte aber immer wieder gehoben werden.

Ullensaker Kirke (28 km s, bei Kløfta): Die Kirche, ein Betonbau, wurde 1958 nach Plänen v. Arnstein Arneberg erbaut. Taufstein aus dem 12. Jh., Altar und Kanzel aus dem 17. Jh. Wanddekoration v. Alf Rolf-

Hurdal (Eidsvoll), Hurdal Verk

sen* (biblische Motive). Bronzeengel v. Ragnhild Butenschøn* (1957).

Elverum Hedmark	
Einw.: 11 000	S. 254 □ H 11

Ehem. Markt- und Garnisonsort am Glomma. Vom 17. Jh. an bis 1901 fand hier der Grundset-Markt statt, der größte Wintermarkt in Skandinavien.
1862 bekam Elverum einen Eisenbahnanschluß, was zur Ansiedelung v. Industriebetrieben führte. Am 9.4. 1940 fand hier in der Volkshochschule die letzte Versammlung des Königs, der Regierung und des Stortings vor 1945 statt. Es wurde beschlossen, nicht mit den Deutschen zusammenzuarbeiten. 2 Tage später wurde der Ort bombardiert, und 54 Menschen verloren das Leben. In Elverum wurde 1881 die Schriftstellerin Marie Hamsun geboren († 1969). Sie hat in ihren Büchern über die Langerudkinder die Gegend zwischen Elverum und Rena beschrieben.

Elverum Kirke: Kreuzförmige Kirche aus Holz, 1736 v. N. G. Sandberg* erbaut, 1878–79 umgebaut, 1937 restauriert. Einrichtung im Regencestil, einem Übergangsstil zwischen Barock und Rokoko. Bemerkenswert ist die Chorschranke mit Pyramidensäulen. Das geschnitzte Taufbecken mit Baldachin ist v. einem Gitter umgeben. Die Kanzel und der Altar (18. Jh.) wurden vermutlich v. Nils Hansson Engen* geschnitzt. An der N-Wand des Chors hängt ein ma Kruzifix. Ein weiterer Altar mit einem Gemälde v. 1678 steht in der Sakristei.

Christiansfjell Festning: Der Bau der *Festung* wurde 1683 begonnen. Garnison war sie v. 1685 bis 1742. – Die *Grindalen-Schanze* an der W-Seite des Glomma wurde gleichzeitig aufgeführt. Schöne Aussicht vom Wasserturm bei der Festung. In der Nähe liegt die Terningen-Schanze v. 1660–70.

Glomdalsmuseet: *Freilicht- und Heimatmuseum,* idyllisch am Prestfoss des Glomma gelegen. Es wurde 1911 gegr. und ist das drittgrößte Freilichtmuseum Norwegens mit fast 90 historischen Bauwerken: Gebäude aus den Gebirgstälern im N und aus den Waldgebieten im S. Das Museum besitzt die Antiquitätensammlung und die Bibliothek (60000 Bände) v. Helge Væringsaasen (1836–1917). Væringsaasen war ein Vorkämpfer der Volksaufklärung.

Norsk Skogbruksmuseum: Einziges *Forstmuseum* (gegr. 1954) in Norwegen. Eigene Abteilung für Jagd und Fischfang. Vom Museum kann man über Brücken über den Klokkerfoss, den Prestfoss und die Prestøy zum Glomdalsmuseet gehen.

Außerdem sehenswert: *Galerie* (Væringsaasens Gemäldesammlung) im Rathaus. – Bei der Schule ein Monument v. Ørnulf Bast*, *Kongens NEI* (1950).

Umgebung

Midtskogen (6 km w): Ein Monument erinnert daran, daß hier die dt. Truppen bei ihrer Verfolgung des Königs und der norweg. Regierung am 9.4. 1940 aufgehalten wurden.
Rena (33 km nw): Hier mündet der Rena in den Glomma. – Die *Åmot Kirke* ist eine gewaltige kreuzförmige Kirche aus Holz, die 1902 v. Henrik Bull* erbaut wurde. 2 Taufsteine, barocke Kanzel v. 1775 und barokker Altar aus derselben Zeit. Sie stammen aus einer Vorgängerkirche (1768), die 1899 abgebrochen wurde. – *Pfarrhaus* aus dem 18. Jh. – Der Architekt Henrik Bull baute u.a. auch das Nationaltheater und das Historische Museum in Oslo.
Trysil (69 km nö; bei Innbygda, über Nybergsund): *Trysil Bygdetun,* ein Freilichtmuseum. – In Mora n v. Trysil wurden der Schriftsteller Sven Moren (1871–1938), die Lyrikerin Halldis Moren Vesaas (*1907) und der Maler Torleiv Moren* geboren.
Våler (30 km sö): Kreuzförmige *Kirche* aus Holz (1807). Mittelalterlicher Taufstein und Altar v. 1679. – Der *Herrensitz Sjuderud* aus dem 18. Jh. steht unter Denkmalschutz.

Fagernes, Valdres Folkemuseum ▷

F

Fagernes Oppland/Valdres	
Einw.: 2000	S. 254 □ F 11

Fagernes wurde in der 2. Hälfte des 19. Jh. von dem Kaufmann Otto Stuve gegründet. Deshalb hieß der Ort auch zunächst Stuvenes. Stuve setzte jedoch den Ortsnamen Fagernes durch, was soviel wie »schöne Landzunge« bedeutet.

Valdres Folkemuseum: Eines der größten *Freilichtmuseen* in Norwegen. Es wurde 1901 gegr. Hier sind insgesamt 78 historische Bauwerke zu sehen, außerdem Silber, Textilien, Jagdwaffen und Musikinstrumente. Die Sammlungen bestehen aus 15000 Gegenständen.

Umgebung

Bagn (28 km sö): Kreuzförmige Kirche aus Holz (1735), errichtet v. dem Baumeister Svein Tråset* aus Fåberg bei Lillehammer. Er hat auch die Kirche in seinem Heimatort, die in Aurdal (nw) und die in Bruflat (n) erbaut.

Eidsbugarden (über Tyin, ca. 100 km nw, am W-Ende des Bygdin): *Høyfjellsmuseum* (Hochgebirgsmuseum). Hier steht eine Hütte, die der Dichter Aasmund Olavsson Vinje (1818–70) 1868 erbaute. Vinje prägte den Namen »Jotunheim« für das angrenzende Gebiet.

Øye Stavkirke ▷

Bagn (Fagernes), Kirche, Altar

Lomen Stavkirke

Hedalen Stavkirke (60 km sö, über Begndalen): *Stabkirche* aus dem 12. Jh. Das Schiff und die geschnitzten Portale sowie der Svalgang sind original. 1698–99 wurde sie in eine kreuzförmige Kirche umgebaut. Turm v. 1738. Die Einrichtung besteht aus einem vergoldeten Reliquienschrein aus dem späten 12. Jh., einem ma Kruzifix und einer ma Marienfigur auf dem Altar. Gemälde mit biblischen Motiven aus dem 17. Jh. In der Sakristei wird das Fell eines Bären verwahrt, den man der Sage zufolge vor dem Altar geschossen hat.

Hegge Stavkirke (27 km nw): *Stabkirche* aus dem 13. Jh. Nur der mittlere Teil des Schiffes ist original. Im 19. Jh. wurden die Wände versetzt und der Chor ausgebaut. Bes. Beachtung verdient das geschnitzte W-Portal aus dem 13. Jh. Im Inneren finden sich ein ma Taufstein, ein geschnitzter Altar v. 1780 und an der Wand des Chores ein Gemälde v. 1643, das die Opferung Isaaks zeigt.

Høre (35 km nw): Die *Hurum Kirke* birgt Teile einer Stabkirche aus dem späten 12. Jh.: Partien des Mittelschiffs und in der Chorschranke 2 Portalsäulen.

Lomen Stavkirke (27 km nw): Die *Stabkirche* aus dem 12. Jh. wurde vermutlich v. demselben Baumeister wie die v. Hurum errichtet. Die Innenausstattung schuf Ola Hermundsen Berge*.

Reinli Stavkirke (28 km sö): Das Besondere an dieser Ende des 13. Jh. erbauten *Stabkirche* ist, daß Schiff, Chor und Chorapsis die gleiche Breite haben. Der Altar ist ein umgearbeiteter ma Marienaltar, die Kanzel ist im Renaissancestil gestaltet.

Skrautvål Kirke (6 km n): Kreuzförmige Kirche aus Holz, die 1760–80 errichtet wurde. Im Inneren findet sich ein ma Taufstein.

Ulnes Kirke (10 km w): Mittelalterliche Steinkirche; Altar v. ca. 1850. Die Dekorationen im Chor stammen v. dem bekannten Rosenmaler Ole Hermundsson Berge* (um 1800). Den Taufengel schuf Ole Fladanger*

Reinli Stavkirke (Fagernes), Stabkirche aus dem Ende des 13. Jh.

Hegge Stavkirke (Fagernes), Stabkirche – nur der mittlere Teil des Schiffes ist original

Vang (Fagernes), Vangstein

(1870). Ein weiteres Exemplar steht im Dom in Oslo.

Vang Kirke (Grindaheim, 50 km nw, am Vangsmjøsa): Holzkirche v. 1839. In der Kirche steht ein Altar v. 1620, bei der Kirche der *Vangstein*, ein 2,5 m hoher Runenstein aus dem 12. Jh. Die Inschrift lautet: »Gåses Söhne errichteten diesen Stein für Gunnar, den Vetter«. – Vang hatte einmal eine Stabkirche. Sie wurde an den preußischen König Friedrich Wilhelm IV. verkauft und steht heute in Brückenberg im Riesengebirge (seit 1945 polnisch). In *Vang-Leirhol* auf der anderen Seite des Vangsmjøsi finden sich Gebäude v. ca. 1300. Hier wohnte einmal der Lehnsmann, Reichsrat und Ritter Herr Sigvat auf Leirhol.

Vestre Slidre Kirke (Volden, 17 km nw): Die roman. Kirche wurde Ende des 12. Jh. erbaut. Sie hat bis zu 2 m dicke Mauern. Wegen ihrer Größe und Schönheit wird sie auch Slidredomen genannt. Die Tür im S-Portal des Langhauses (1824) hat Beschlä-

◁ *Øye Stavkirke (Fagernes), Schnitzdetail*

Vanse (Farsund), Vanse Kirke

ge aus dem 13. Jh. Auf der rechten Seite findet sich ein sog. Kußkreuz. Die Einrichtung besteht aus einer geschnitzten (Hans Jonassen Felde*) und bemalten (Ole Hermundsson Berge*) Chorschranke mit hübschen Ranken und Posaunenengeln v. 1798 sowie einer Kanzel (1790) und einem Altar (1797) v. denselben Künstlern. Bes. sehenswert sind die *Wandgemälde* aus dem 13. und dem 15. Jh. – 4 km ö v. Volden liegt das *Garbergfelt*, ein Gräberfeld mit ca. 600 Grabhügeln aus der Zeit zwischen 300 und 900 n. Chr. Einer der Bautasteine hat eine Runeninschrift (es ist der Eingangsstein aus dem 4. Jh.).

Øye Stavkirke (63 km w, am Westende des Vangsmjøsi): Die *Stabkirche* aus dem 12. und 13. Jh. wurde 1747 abgebrochen, 156 Einzelteile wurden unter dem Fußboden der neuen Kirche gelagert. Im Jahre 1965 baute man die Stabkirche auf dem alten Fundament wieder auf. Das geschnitzte W-Portal ist eine Kopie. Das Original befindet sich heute im Historischen Museum in Oslo.

Farsund Vest-Agder	
Einw.: 9000	S. 256 □ C 13

Farsund wurde im 18. Jh. gegründet. Die Geschichte des Ortes ist eng mit der des Kaufmanns Jochum Brinch Lund (1743–1807) verknüpft. Er sorgte auch dafür, daß Farsund Stadtrechte bekam. 1901 wurde die Stadt von einem Brand heimgesucht.

Farsund Kirke: Die 1782–85 erbaute kreuzförmige Kirche wurde beim Stadtbrand zerstört, jedoch originalgetreu wieder aufgebaut. Die Einrichtung stammt aus dem 18. Jh.

Husan: Das *Palais* der Familie Lund aus dem Jahre 1801 blieb beim Brand 1901 verschont, brannte dann jedoch 1940 ab. Seit dem Wiederaufbau dient es als *Rathaus*.

Farsund-Museum: Das *Heimatmuseum* ist

in einem Gebäude untergebracht, das einem der alten Kapitänshäuser ähnelt.

Umgebung

Lista Fyr (17 km w): 1836 errichteter steinerner *Leuchtturm*. Er ist weiß gestrichen und 34 m hoch.
Loshamn (6 km s): Hafenort mit Holzhäusern aus der Zeit v. vor 1800. Während des Krieges 1807–14 wurden v. hier aus Kaperfahrten unternommen.
Vanse (8 km w): *Lista Museum,* eine kulturhistorische Sammlung. Hier sind Skulpturen des Bildhauers Mathias Skeibrok* aus Vanse ausgestellt. Er gilt als erster naturalistischer Bildhauer in Norwegen. – Der Chor der *Vanse Kirke* ist ma. 1848 wurde sie zur kreuzförmigen Kirche umgebaut. Altarbild v. G. A. Lammers* (1866).

Flekkefjord
Vest-Agder

Einw.: 9000	S. 256 □ C 13

Die Stadt liegt an einem Kanal zwischen dem Flekkefjord und dem Grisefjord. Im 17. Jh. war sie ein wichtiger Holzexporthafen. Das Holz wurde hauptsächlich in die Niederlande exportiert. Im frühen 19. Jh. bildete der Heringsfang die Wirtschaftsgrundlage. Stadtrechte bekam Flekkefjord 1842. Zahlreiche Holzhäuser aus dem 19. Jh. sind noch erhalten.

Flekkefjord Kirke: Achteckige Holzkirche v. 1833. Die Pläne stammten v. dem Architekten des Osloer Schlosses, H. D. F. Linstow*. – Gedenkstein für die Opfer des letzten Krieges.

Flekkefjord-Bymuseum (Dr. Kraftsgate 15): Das *Stadtmuseum* ist in einem Patrizierhaus v. 1720 untergebracht. Hier finden sich Möbel und Hausrat aus F. Das Gebäude liegt im Hollenderby, einem idyllischen Stadtteil mit niedrigen Holzhäusern, Schuppen und verwinkelten Gassen.

Außerdem sehenswert: Das *Rathaus* in der Kirkegate 56 steht unter Denkmalschutz. – Von *Nesheia* am w Stadtrand (184 m) hat man eine hervorragende Aussicht.

Umgebung

Jøssingfjord (30 km w): Hier wurde am 16. 2. 1940 das dt. Hilfsschiff »Altmark«,

Flekkefjord, Kirche

das 300 englische Kriegsgefangene an Bord hatte, v. dem britischen Schiff »Cossack« angegriffen. »Jøssing« wurde später der Name für die Norweger, die nicht mit den dt. Besatzern sympathisierten.

Kvinesdal (25 km ö): 3 km sö guter Aussichtspunkt (Utsikten). Hier steht eine *Statue* v. Tjodolf fra Kvin (ein Werk v. Ståle Kyllingstad*). Tjodolf soll der Hofpoet v. Harald Hårfagre gewesen sein und gilt als erster Dichter Norwegens (9. Jh.). – *Kvinesdal Kirke* ist eine achteckige Holzkirche, die 1837 erbaut wurde (H. D. F. Linstow*).

Florø

Florø Sogn og Fjordane	
Einw.: 9000	S. 252 □ B 10

Der Hafenort ist die einzige Stadt in der Provinz Sogn og Fjordane und die westlichste Norwegens. 1860 erhielt sie die Stadtrechte.

Florø Kirke: Die Holzkirche wurde 1881–82 erbaut. Vorher befand sich die Hauptkirche auf der Insel Kinn, w v. F.

Bymuseum: Das 1948 gegr. *Stadtmuseum* hat auch eine große Fischereiabteilung.

Außerdem sehenswert: *Doppelbüste* der Brüder Georg Ossian Sars (Zoologe, 1837–1927) und Johan Ernst Sars (Historiker, 1835–1917) v. Eilif Mikkelsen*.

Umgebung

Ausevik (40 km sö, am Høydalsfjord): *Steinzeichnungen* aus der Übergangsperiode zwischen Stein- und Bronzezeit. Dargestellt sind Tiere und Jagdszenen.

Førde (68 km sö): *Holzkirche* v. 1885 nach Plänen v. J. W. Nordan* erbaut. Altar und Kanzel stammen aus dem 17. Jh. – Östlich des Ortszentrums steht das *Sunnfjord-Freilichtmuseum* mit einem Hof aus dem 16. Jh. – 28 km w liegt *Ålhus*, der Hauptort am Jølstavatn. Das Jølstavatn ist einer der fischreichsten Seen der Gegend. Hier gibt es Forellen, die ein Gewicht v. bis zu 12 kg haben. Die *Ålhus Kirke* wurde 1795 erbaut. Der Maler Nicolai Astrup* ist hier auf dem Kirchhof begraben. Er hatte auf der gegenüberliegenden Seite des Sees einen Hof, der heute den Namen Astruptun trägt. Er ist heute ein Museum. – Am W-Ende des Jølstavatn, in *Vassenden*, steht ein kleineres *Freilichtmuseum*. – Beim Osfoss bei Bygstad, 25 km sw v. Førde, finden sich die ältesten Lachstreppen (1873) in Norwegen.

Fredrikstad, Alte Zugbrücke zur Festung Gamlebyen

Fredrikstad, Østre Fredrikstad Kirke mit Turm aus dem Jahre 1741

Brandstorp (Fredrikstad), Gräberfeld aus der Eisenzeit

Kinn (Insel w v. F., eine halbe Stunde mit der Fähre): *Kinnarkyrkja,* roman. Steinkirche aus dem 12. Jh. Hier findet sich der einzige Lettner in Norwegen. Der Altar ist mit 3 spätmittelalterlichen Heiligenfiguren geschmückt. Kanzel v. ca. 1700. - In der Nähe der Kirche liegt *Kinnaklova,* ein in der Mitte gespaltener Felsen.
Måløy/Selje (n, Fähre nach Smørhamn, über das Bremangerland, Fähre v. Oldeide nach Måløy): Von dem Hafenort Måløy sind es noch einmal 52 km bis zur *Klosterruine* bei *Selje* (n). Das Kloster wurde im 12. Jh. v. Benediktinermönchen gegr. Bis 1170 befand sich hier auch der Bischofssitz für Westnorwegen. Die Schutzheilige des Westlandes, Sunniva, soll hier auf der Flucht vor einem heidnischen Freier den Tod gefunden haben.
Svanøy (s): Auf der Insel im Sunnfjord, die wegen ihrer Schönheit auch Sunnfjords Perle genannt wird, liegt ein *Gutshof* mit einem Hauptgebäude v. 1685. Außerdem findet sich hier ein *Steinkreuz* mit einer Runeninschrift, das v. Olao dem Hl. errichtet worden sein soll.

Fredrikstad Østfold	
Einw.: 26500	S. 258 □ G 12

Fredrikstad wurde 1567 von Frederik II. gegründet. Anfang des 17. Jh. begann man mit dem Bau einer Festung. Sie hatte zeitweilig eine Besatzung von bis zu 2000 Mann. Von entscheidender Bedeutung für Fredrikstad waren in den letzten Jh. jedoch die Holz- und Werftindustrie.

Domkirke: Der Dom des Bistums Borg ist das größte Gotteshaus in Østfold, wurde 1879 v. Waldemar Lühr* im neugot. Stil erbaut und 1954 v. Arnstein Arneberg* aus Halden umfassend restauriert. Über dem Hauptportal findet sich eine Christusfigur v. Ragnhild Butenschøn*. Der polygonale Chor besitzt Fenster v. Emanuel Vigeland* (1917). Ein neugot. Altar mit einem Gemälde v. Wilhelm Otto Peters* steht auf der Galerie. Hauptaltar mit Skulpturen v. Waldemar S. Dahl* und Gemälde v. Axel Re-

Fredrikstad, Gamlebyen, Kongsten Park ▷

vold*. Das Taufbecken und die Kanzel schnitzte Anthon Røvik*.

Glemmen gamle Kirke: In der roman. Kirche finden sich eine Kanzel v. 1731 mit den Wappen der Stifter Christian Ulrick Hausmann und Sophie Reichau, ein roman. Taufstein und ein spätgot. Kruzifix.

Glemmen Kirke: Kreuzförmige Kirche aus Backstein, 1949 v. Arnstein Arneberg* erbaut. Die Chorwand ist mit einem Fresko (Christus) v. Hugo Lous Mohr* geschmückt.

Østre Fredrikstad Kirke (Gamlebyen): Die kreuzförmige Kirche aus Backstein v. 1779 ist die 7. an dieser Stelle. Die anderen wurden v. Bränden und durch Kriegseinwirkungen zerstört. Der quadratische Turm datiert v. 1741. Im Inneren der Kirche findet sich ein Tonnengewölbe aus Holz. Die klassizistische Einrichtung stammt aus dem Jahr 1874 (v. J.W. Nordan*). Das Altargemälde (Abendmahl) schuf J.S. Brøgger* (1779). Glasfenster v. Per Vigeland* (1942 und 1946):

Begby (Fredrikstad), Steinzeichnung aus der Eisenzeit

Gamlebyen: Befestigter Stadtteil auf dem O-Ufer des Glomma. Mit dem Bau der Festungsanlagen wurde nach Plänen des Festungsbaumeisters Cicignon* 1663 begonnen. - Das älteste Gebäude ist das *Proviantmagazin* v. 1687. - In der Slaveri, dem ehem. Gefängnis, ist das *Stadtmuseum* untergebracht. - Das *Rathaus* entstand 1784. - Auf dem Markt steht eine *Statue* des Gründers v. F., Frederik II., v. Wilhelm Rasmussen* (1917). - Gamlebyen ist ein Zentrum der Kunst und des Kunsthandwerks. Seit 1972 findet hier eine Graphik-Biennale statt. Südöstlich v. Gamlebyen liegt das *Kongsten Fort*. Es wurde 1685 nach Plänen v. Cicignon auf einer Klippe erbaut. - Auf der W-Seite des Glomma liegt die ehem. *Festung Isegran*. Hier war bis 1680 ein norweg. Flottenstützpunkt.

Umgebung

Akerøya Fort (22 km s, w v. Asmaløy, mit dem Boot zu erreichen): Die 1664 angelegte Schanze wurde 1665 in ein Fort mit Kanonenturm und Festungsmauer ausgebaut.

Begby (Fredrikstad), Steinzeichnungen aus der Eisenzeit (o und u)

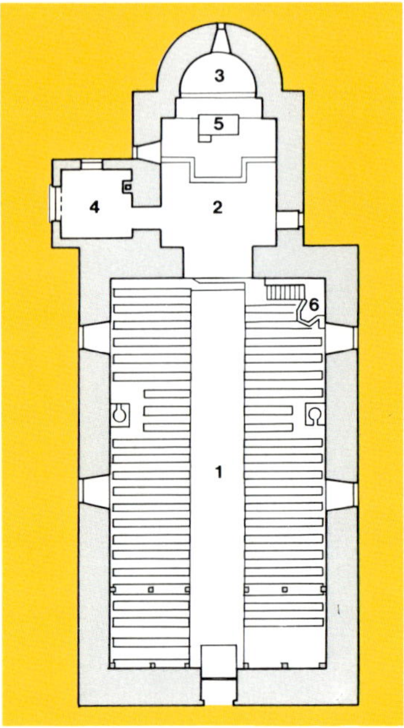

Hvaler Kirke 1 Langhaus **2** Chor **3** Chorapsis **4** Sakristei **5** Altar **6** Kanzel

Hvaler Kirke (Fredrikstad) bei Skjærhalden

Sie war Teil der Fredrikstad-Festung. 1807 fast vollständig abgebrochen, ist das Fort heute wieder restauriert.

Begby (3 km ö): Steinzeichnungen aus der Eisenzeit. Zu sehen sind u.a. Schiffe, Menschen. Tiere und Sonnenräder.

Brandstorp (11 km ö): 2 km n liegt die *Storedal-Anlage,* eine 20 m hohe Skulptur mit dem Titel »Ode til lyset« (»Ode an das Licht«), die 1965-68 v. Arnold Haukeland* geschaffen wurde. Magnus der Blinde soll 1117 auf Storedal geboren worden sein. - *Gräberfeld* aus der Eisenzeit.

Elingård (10 km w): *Herrensitz.* Das zweistöckige dreiflügelige Holzgebäude entstand 1749. Die Parkanlage datiert aus dem 16. Jh. 1616 und 1624 war hier König Christian IV. zu Gast.

Hankø (15 km w): Auf dieser Insel hat König Olav sein Sommerhaus: Bloksberg. Seit 1882 finden hier Segelregatten statt.

Hvaler Kirke (28 km s, bei Skjærhalden): Roman. Steinkirche aus der 1. Hälfte des 13. Jh. Sie besteht aus Langhaus, Chor und Chorapsis. Im Dachstuhl hängt eine Glokke mit einer Runeninschrift. Die Einrichtung besteht aus einem Taufstein (ca. 1300), einer Kanzel (1620) und einem v. Henrik Beck* geschnitzten Altar mit einem Gemälde v. Eggert Munch* (1758).

Kråkerøy Kirke (4 km s): Die Kirche aus unverputzten Granitquadern wurde 1909 nach Plänen v. Olaf Nordhagen* errichtet. Die Ausschmückung des Chors ist ein Werk v. Kåre Jonsborg* (1951):

Nes (16 km sö): *Herrensitz* aus dem 17. Jh. Nach einem Brand 1827 im Empirestil wiederaufgebaut.

Rolvsøy (7 km nö): Beim *Haugen Gård* hat man 1867 das Tune-Schiff, ein Wikingerschiff v. ca. 900, gefunden. - In der Nähe befindet sich das Geburtshaus des Predigers Hans Nielsen Hauge (1771-1824).

Råde Kirke (17 km nw): Mittelalterliche Kirche, die 1862 umgebaut wurde. Altarbild v. Hans Maler* v. 1639. Grabkammer

Fredrikstad, Kongsten Fort in Gamlebyen

des Geschlechts Lützow. - Südlich der Kirche 2 Steinsetzungen.

Tomta (8 km nö): Geburtshaus des Polarforschers *Roald Amundsen* (1872-1928). *Museum*. Vor dem Gebäude steht eine Büste Amundsens v. Waldemar S. Dahl* (1979).

G

Gjøvik Oppland	
Einw.: 26000	S. 254 □ G 11

Ein Gut Djupvik am Hunnselv an der Stelle der heutigen Stadt wird erstmalig 1412 erwähnt. 1804 kaufte Caspar Kauffeldt den Besitz und gründete dort ein Glaswerk (in Betrieb bis 1843); der dann entstehende Industrieort Gjøvik bekam 1861 Stadtrechte. Hier befindet sich die größte Angelhaken-Fabrik der Welt, O. Mustad & Søn.

Gjøvik Kirke: Die Holzkirche wurde 1882 erbaut. Das Altarbild schuf 1893 die Malerin Åsta Nørregaard* in Paris.

Gjøvik Gård: Der Herrenhof besteht aus zahlreichen historischen Bauwerken in einem großen Park. Heute befindet sich hier ein Kulturzentrum (Ausstellungen und Konzerte). Besondere Beachtung verdient die Granitskulptur »Vårjente« (»Frühlingsmaid«) v. Odd Hilt* (1963).

Gjøvik, Haus v. Georg Caspar Kauffeldt, der das Gut Djupvik kaufte und hier ein Glaswerk gründete

Balke Kirke (Gjøvik) bei Skreia

Ål (Gol), Bygdemuseum

Gjøvik Rådhus: In dem 1980 fertiggestellten *Rathaus* befinden sich eine *Galerie* und eine Sammlung mit Glas aus dem Glaswerk in G. – Vor dem Rathaus steht eine abstrakte *Stahlskulptur* v. Arnold Haukeland*.

Außerdem sehenswert: *Statue* des Hans Mustad (1837–1918) v. Per Hurum* (1953). – Das *Bronzeportal* der *Norges Bank* schuf Ørnulf Bast* (1932). Die Reliefs beschreiben das Arbeits- und Wirtschaftsleben der Gegend.

Umgebung

Balke Kirke (25 km sö, bei Skreia): Roman. Kirche (ca. 1200). Dachreiter v. 1822. Ausstattung: Kanzel v. 1822 mit Himmel v. 1714, Taufstein v. 1719, Kirchenschatz und spätmittelalterlicher Altar mit 11 geschnitzten Figuren und 10 singenden Heiligen mit der Madonna in der Mitte. – Bei der Kirche liegt der *Rognstad Gård* aus dem 17. Jh. Im Inneren finden sich Wandgemälde v. Peder Balke*. – Der *Dyhren Gård* (1822–23) und der *Vestre Balke Gård* (um 1800) wurden ebenfalls v. Balke dekoriert. Seine Familie besaß den Hof Vestre Balke seit 1711.

Dokka (41 km w): *Lands Museum,* kulturhistorisches Museum mit 28 historischen Bauwerken. Einige gehörten einst zum Gut Tomle und bergen Wandgemälde v. Peter Aadnes* aus der Zeit um 1780. – Die Ausschmückung der *Nordsinni Kirke* (w, 1758 erbaut), ist ebenfalls ein Werk v. Aadnes.

Eiktunet Bygdetun (4 km nö): *Freilichtmuseum* mit 41 alten Gebäuden.

Hoff Kirke (17 km sö): Roman. Kirche v. ca. 1150, umgebaut ca. 1780. Eine Porträtgalerie zeigt die Pfarrer der Kirche v. 1400 bis heute.

Raufoss (10 km s): Aus der Streichholzfabrik wurde hier 1895 eine Munitionsfabrik. Das *Raufoss-Ammunisjonsfabrik-Museum* ist einen Besuch wert.

Toten-Museum (14 km sö): Eines der größten *Freilichtmuseen* Norwegens. Es wurde

1931 auf dem Amtmannshof Stenberg (um 1790, die Einrichtung ist wiederhergestellt) gegr. Englischer Park mit 2 Lusthäusern.

Gol Buskerud/Hallingdal	
Einw.: 1800	S. 252 □ E 11

Mittelpunkt des Hallingdals. Hier zweigt der Hauptweg nach Sogn und Valdres ab. 2 km nördlich des Ortskerns stand bis zum Jahre 1882 die Stabkirche, die jetzt auf Bygdøy bei Oslo zu besichtigen ist. Ihr Besitzer verkaufte sie mit Inventar für 200 Kronen.

Bygdetun (bei der Volkshochschule): *Freilichtmuseum.* Bei dem alten Hof Skaga hat man u.a. eine Mühle v. ca. 1850 wiederaufgebaut.

Umgebung

Geilo (50 km sw): Touristenort am Rande der Hardangervidda, des größten Hochgebirgsplateaus in Europa. Es ist teilweise Nationalpark.

Hol (39 km sw): *Hol Bygdetun,* Freilicht- und Heimatmuseum. Zahlreiche historische Gebäude aus der Umgegend, Rosenmalerei. – *Hol gamle Kirke:* Stabkirche aus dem 13. Jh. Sie besteht aus Langhaus und Chorapsis (heute Sakristei) und wurde im 16. Jh. nach W erweitert, 1697 nach O. 1798–99 wurde sie modernisiert und erneut knapp 100 Jahre später. Ausstattung: Kanzel und Taufe im Renaissancestil v. 1697, Altar v. August Samuel Ritter* und Hans Fodd* (ca. 1700).

Nesbyen (21 km sö): *Hallingdal-Folkemuseum,* das 1899 gegr. Freilichtmuseum, besteht aus 22 Bauwerken. Das älteste ist eine Scheune aus dem 14. Jh. Sie dürfte mit das älteste profane Bauwerk in Norwegen überhaupt sein.

Torpo (18 km sw): *Stabkirche* aus der 2. Hälfte des 12. Jh. Von ihr steht nur noch das Schiff; der Chor wurde 1880 abgebrochen. Sehenswert sind die Drachenornamente am S- und W-Portal. Ein Deckengemälde aus der 2. Hälfte des 13. Jh. zeigt das Martyrium der hl. Margareta, der die Kir-

Rosenmalerei

Rosenmalerei ist eine dekorative Malweise, die im 18. und 19. Jahrhundert in Norwegen auf dem Land aufkam. Der Name ist treffend, da Blumenranken und Akanthusblätter die dominierenden Motive sind. Was Formen und Technik angeht, ist die Rosenmalerei stark von Renaissance und Barock, aber auch vom Rokoko beeinflußt. Mit seinen spielenden und leichten Formen ist dieser Stil besonders gut für den Pinsel des Malers geeignet. Die Dorfkünstler entwickelten diese Motive auf eine selbständige und originelle Art weiter. In Stuben und Schlafräumen des ganzen Landes hatten sie reichlich Gelegenheit, Pinsel und Farben zu erproben. Das Rosenmuster breitete sich über Wände und Decken aus. Blumenranken fand man auf Möbeln und kleineren Gegenständen wie Truhen und Kästen, Schüsseln und Krügen.

Auch Motive mit Menschen finden sich in der Rosenmalerei, häufig Szenen aus der Bibel in klarer, deutlicher Darstellung.

Die ersten Dorfmaler tauchten ungefähr gleichzeitig in den Zentren der Rosenmalerei Telemark und Hallingdal auf. Sie hatten keine fachliche Ausbildung. Deshalb besitzt ihre Kunst frische und unakademische Züge. Ein Hauptmotiv in Telemark war die sogenannte Telemarksrose, die in den Formen des Rokoko ihren Ausgangspunkt hat. Die Farben sind gedämpft und aufeinander abgestimmt; große Kontraste werden vermieden.

Zentralmotiv im Hallingdal ist ebenfalls eine Rose, die in den Ecken und an den Seiten von kleineren Blumen umgeben wird. Zwischen den Blumen finden sich ab und zu Darstellungen von Menschen. Die Farben sind rein und klar, starke Kontraste beliebt.

Die Rosenmalerei ist heute ein beliebtes Hobby bei vielen Norwegern. Sie hat jedoch nie mehr das künstlerische Niveau und die Kraft und Originalität erreicht, die sie in ihrer Blütezeit in der 1. Hälfte des 19. Jahrhunderts hatte.

Ål (Gol), Bygdemuseum, Detail einer mit Rosenornamenten bemalten Truhe

Torpo (Gol), Stabkirche, Pantkrator ihm Chor aus der 2. Hälfte des 12. Jh.

che geweiht ist, die Kreuzigung, den segnenden Christus und die Apostel.
Ål (26 km sw): *Bygdemuseum.* Das kulturhistorische Museum ist auf dem Gut Leksevold eingerichtet. Hier finden sich u.a. eine alte Schulstube (ca. 1870) und ein Mühlenhaus. Insgesamt etwa 20 Gebäude, die ältesten aus dem 17. Jh. Eigene Abteilung für Rosenmalerei. - Die *Ål Kirke* wurde 1880 erbaut. Die Einrichtung stammt teilweise aus dem Vorgängerbau, einer Stabkirche. Der Altar, die Chorschranke und der Kronleuchter in Akanthusbarock wurden v. August Samuel Ritter* geschaffen. Im Chor findet sich eine Kopie des bemalten Chorgewölbes (Ola Sæter*) der Stabkirche. Das Original befindet sich im Historischen Museum in Oslo. - In Liagardene lebte der Künstler Rolf Nesch* v. 1946 bis zu seinem Tod 1975. Er war 1933 aus Deutschland geflüchtet und ist vor allem durch seine Metalldrucke bekannt geworden.

Grimstad Aust-Agder	
Einw.: 15 100	S. 256 □ E 13

Idyllischer Hafenort mit steilen, verwinkelten Gassen. Er erhielt 1816 die Stadtrechte. Zu dieser Zeit befand sich dort ein bedeutender Holzexporthafen.
In der Zeit von 1844 bis 1850 war der Dramatiker Henrik Ibsen (1828-1906) Apothekerlehrling und Apotheker in Grimstad. Er schrieb hier sein erstes Drama »Catilina«, das 1850 unter dem Pseudonym Brynjolf Bjarme erschien.

Grimstad Kirke: Kreuzförmige Kirche, ein Fachwerkbau, der 1881 errichtet wurde. Er bietet 1150 Menschen Platz. G. hatte 1881 ca. 1700 Einwohner.

Ibsenhus / Grimstad Bymuseum: In diesem Gebäude v. 1758 arbeitete Ibsen nach seiner Ausbildung drei Jahre als Apotheker. Die Apothekeneinrichtung v. 1837 ist erhalten. Ebenfalls zu sehen sind Bilder, die Ibsen in Grimstad malte sowie einige Manuskripte seiner Gedichte. - Im *Stadtmuseum* finden sich Einrichtungsgegenstände, Fayence, Silber und Glas.

Grimstad, Reimanngården, Apotheke, in der Ibsen lernte △

◁ *Geilo (Gol), Hardangervidda (links).*

Grimstad, Bymuseum ▽

Reimanngården: Das Gebäude aus der Mitte des 18. Jh. wurde in den 50er Jahren abgebrochen, jedoch im Zentrum v. G. wiedererrichtet. Ibsen machte in diesem Haus seine dreijährige Apothekerlehre. Hier finden sich alte Möbel und die 600 Bände der »Læseselskabets Bibliotek«, die Ibsen fleißig benutzt haben soll.

Umgebung

Eide Kirke (14 km sw): Kreuzförmige Kirche aus Holz, die 1895-96 erbaut wurde. Das hübsche Altarbild mit einer Darstellung des Abendmahls entstand 1661.

Fjære Kirke (3 km n): Mittelalterliche Kirche. Sie besteht aus Langhaus, Chor und Chorapsis. Der W-Turm datiert v. 1784. Bes. Beachtung verdient das S-Portal im Langhaus. Der Schlußstein hat die Form eines Männerkopfes. Im Inneren ein got. Taufstein und ein Altar sowie eine Kanzel im Renaissancestil (17. Jh.). - Ein *Gedenkstein* auf dem *Kirchhof* erinnert an Terje Vigen, einen Volkshelden, den Ibsen zum Helden eines Gedichts (1862) gemacht hat. Vigen brachte wie viele andere während der englischen Blockade in den Napoleonischen Kriegen Korn v. Dänemark nach Norwegen und verlor dabei das Leben. - Bei der staatlichen Gärtnerschule bei *Dømmesmoen* findet sich ein *Gräberfeld* aus der Eisenzeit.

Lillesand (20 km sw): Hafenort mit zahlreichen *Holzhäusern* aus dem 18. und 19. Jh. - Im Carl Knudsen Gård (ca. 1830) befindet sich das *Stadt- und Schiffahrtsmuseum*. - Das *Rathaus*, ein Patrizierhaus v. 1734, geriet 1976 in Brand, ist jedoch restauriert. Die neugot. *Holzkirche* entstand 1899; bis dahin benutzten die Bürger v. G. die Kirche v. *Vestre Moland*. Sie stammt aus der 2. Hälfte des 12. Jh. 1797 wurde sie in eine kreuzförmige Kirche umgebaut. Die Anbauten sind aus Holz. Im Inneren befinden sich ein barocker Altar und eine barocke Kanzel aus dem 17. Jh. - In der Nähe der Kirche liegt der Herrensitz *Møglestue* v. 1805. - Nördlich v. Lillesand auf dem Lofthus Gård erinnert ein *Gedenkstein* an den Bauernführer Kristian Lofthus (1750-97). Er starb in Gefangenschaft auf Akershus.

Nørholm (6 km sw): Der Schriftsteller Knut Hamsun (1859-1952) kaufte 1918 den Gutshof. Er wurde mit seinen nordnorwegischen Romanen berühmt. In »Ringen sluttet« (»Der Ring schließt sich«, 1936) und dem autobiographischen »Paa gjengrodde stier« (»Auf überwachsenen Pfaden«, 1949) zeichnet er ein Bild der Pro-

Grimstad, Fjære Kirke

Nørholm (Grimstad), Hamsun-Haus

vinz Agder. Alles ist seit dem Tode Hamsuns so gut wie unverändert geblieben. *Museum.*

Halden Østfold	
Einw.: 26000	S. 258 □ H 12

Die Stadt, eine der wichtigsten Hafenstädte Norwegens, liegt am Iddefjord, der die Grenze zu Schweden bildet. Die Wasserkraft des Tista-Flusses war die Grundlage für die erste Besiedelung. Eine Stadt entstand erst im 16. und 17. Jh. Im Frieden von Roskilde 1658 verlor Dänemark-Norwegen u.a. die Provinz Bohuslen, Halden wurde Grenzstadt. Das führte dazu, daß man 1661 mit dem Bau einer Festung begann. Im Jahre 1665 bekam Halden Stadtrechte. Es brannte im Laufe seiner Geschichte fünfmal (1667, 1676, 1703, 1716 und 1726) ab.

Immanuelskirke: Klassizistische kreuzförmige Kirche aus Backstein mit Turm über dem w Kreuzarm. Sie wurde 1828–33 nach Plänen v. C. H. Grosch* errichtet. Über der Vierung befindet sich eine Kuppel, die Kreuzarme haben Tonnengewölbe. Taufbecken aus Gußeisen. Hinter dem Altar eine Christusfigur des schwed. Bildhauers Niklas Byström*.

Fredriksten Festning: Die *Festungsanlage* im Empirestil wurde 1661–71 und 1682–1701 erbaut. Sie ist sternförmig angelegt nach französischem Vorbild. Zu ihr gehören die Forts Gyldenløve, Overberget und Stortårnet. Die Festung wurde siebenmal v. schwed. Truppen angegriffen, aber nie eingenommen. In der Slaveri, dem ehem. Gefängnis für bis zu 200 Insassen,

Lillesand (Grimstad), Rathaus

Halden, Immanuelskirke

Halden, Immanuelskirke 1 Vorraum **2** Altar **3** Kanzel **4** Taufe

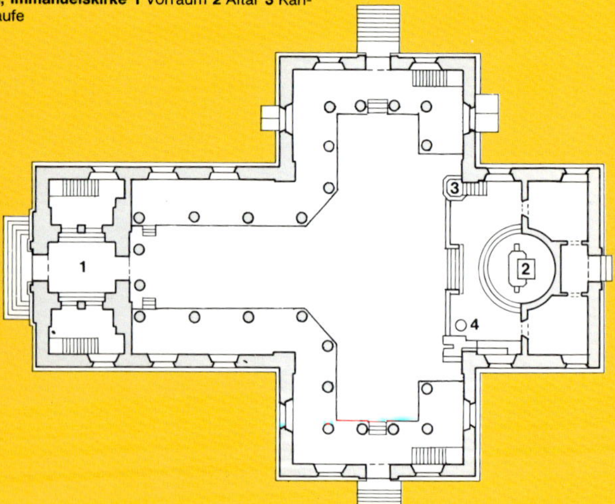

Halden, Fredriksten Festning

im Øvre Magasin und in der Prins Georgs Bastion findet sich ein *Militär- und kulturhistorisches Museum* (Haldens Minders Museum og Idd Bygdemuseum). – Der schwed. König Karl XII. fiel 1718 bei der Festung. An der Stelle, wo er vermutlich tödlich verwundet wurde (Karl XII's Park), steht ein *Gedenkstein*.
Von der Fredriksten Festning (128 m) aus bietet sich eine großartige Aussicht über Halden, den Iddefjord und bis nach Schweden.

Fredrikshald Teater: Einziges erhaltenes Barocktheater in Norwegen. Das Gebäude wurde 1838 errichtet und birgt ein *Theatermuseum*.

Rød Herregård: Herrensitz aus dem 18. Jh. Heute ist hier ein *Museum* (De Ankerske Samlinger) untergebracht.

Außerdem sehenswert: *Säule* zum 300jährigen Bestehen v. H. (v. Arne Vigeland*, 1965).

Umgebung

Berg Kirke (3 km w): Roman. Steinkirche aus dem 12. Jh. Im Inneren ein roman. Taufstein und eine Kanzel sowie ein Altar aus dem frühen 17. Jh.
Brekke Sluser (6 km ö): *Schleusenanlage*. Sie ist Teil des 75 km langen Halden-Kanals (1852–77). Der Höhenunterschied beträgt 26,5 m.
Enningdal (24 km sö): Die schlichte *Holzkirche* wurde 1795 erbaut. Hier kämpften die Norweger 1808 gegen die Schweden. Zahlreiche Schweden wurden gefangengenommen. Spuren v. Kugeln finden sich in den Wänden der Kirche.
Fagerholt (6 km s): Von hier aus wird der *Granit* verschifft, der am Iddefjord gebrochen wird. Der Monolith im Vigeland-Park in Oslo ist aus Iddefjord-Granit.
Idd Kirke (4 km s): Roman. Kirche. Im Innenraum ein roman. Taufstein, 2 Kruzifixe aus dem 13. Jh. und ein Altar v. 1656. Die Kanzel stammt ebenfalls aus dem 17. Jh.

Hamar, Domkirke

Hamar, Domkirke, Portal

Ein Gedenkstein vor der Kirche erinnert an den Krieg mit Schweden 1716. - In *Bø* (ö) finden sich *Felszeichnungen* aus der Bronzezeit, ebenso in *Hov* (n).

Svinesund (8 km sw): Grenze zu Schweden. Der Svinesund verbindet den Iddefjord mit dem Singlefjord. Die *Brücke* wurde 1946 erbaut und ist 420 m lang. Die maximale Spannweite beträgt 155 m. Höhe über dem Wasserspiegel: 65 m. - Bei Svinesund liegt die Grenzbefestigung *Hjelmkollen,* die 1901-03 erbaut wurde und Norwegen vor einem schwed. Angriff schützen sollte. Gräben und Standplätze für 12-cm-Kanonen sind erhalten. - Am ehem. Fähranleger liegt der *Søylegård* v. 1726. Er steht unter Denkmalschutz.

Hamar Hedmark	
Einw.: 16000	S. 254 □ H 11

Hamar am Mjøsa, Norwegens größtem See, ist der Hauptort der Provinz Hedmark. 1152 wurde es erstmals Bischofssitz, dann erneut 1864. Stadtrechte erhielt es ca. 1409 und 1849. Ab 1841 gab es eine regelmäßige Dampfschiffverbindung, 1863 wurde die Eisenbahnlinie nach Grundset eröffnet, 1894 die nach Eidsvoll. In Hamar entstand 1864 die erste Volkshochschule Norwegens (geschlossen 1891).

Hamar Domkirke: Der *Dom* wurde 1866-68 v. H. E. Schirmer* erbaut. Der Chor liegt in n, der Turm (48 m hoch) in s Richtung. Das Langhaus hat Strebepfeiler, was dem Bauwerk ein ma Gepräge gibt. Das s Säulenportal wurde v. Sigurd Nome* geschaffen. Den Innenraum baute 1954 Arnstein Arneberg* um; das neugot. Inventar wurde bei dieser Gelegenheit entfernt. Die Kanzel, ein Werk v. Anthon Røvik*, ist mit einem Relief geschmückt, auf dem der hl. Franziskus dargestellt ist. Den Engel auf dem Baldachin über der Kanzel schnitzte Ragnhild Butenschøn*. Auf dem dreigeteilten Altarbild v. Henrik Sørensen* ist in der

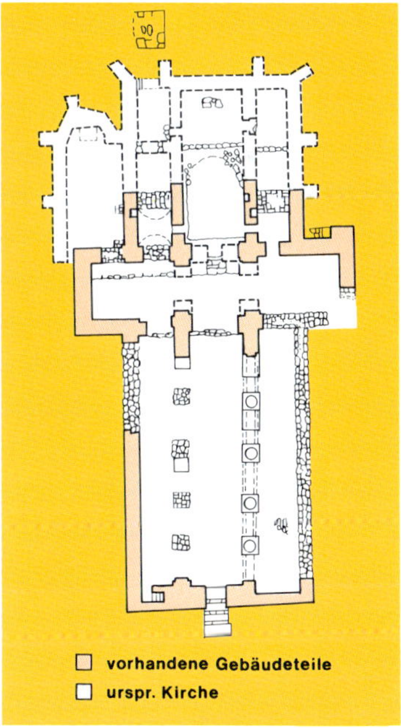

Hamar, Hedmarksmuseet og Domkirkeodden: Ruinen des ersten Domes mit Rekonstruktion des Grundrisses der ehemaligen Kirche

Hamar, Hedmarksmuseet, Stube 17. Jh.

Mitte Christus zu sehen, der seine Ketten zerrissen hat, l Mutter und Kind in Not, r der Prediger Hans Nielsen Hauge.

St. Torfinns Kirke: Die kath. Kirche wurde 1939 geweiht. Sie ist nach dem hl. Torfinn benannt, der ab 1279 Bischof in H. war. Er starb 1285 in Brügge. In der Kirche hängt eine Kopie des Wandteppichs v. Baldishol. Das Original (um 1280) befindet sich im Kunstindustrimuseum in Oslo.

Vang Kirke (w des Zentrums): Die Kirche ist die 8. an dieser Stelle; sie wurde 1810 nach Plänen v. Abraham Pihl* erbaut und hat 980 Sitzplätze. Das Altarbild ist ein Werk v. Mathias Stoltenberg*. Er war einer der bedeutendsten Porträtmaler seiner Zeit. Die übrige Ausschmückung schuf der aus Mandal stammende Maler Hugo Lous Mohr*. – Auf dem Hof des Pfarrhauses steht ein *Gedenkstein* (v. Nils Flakstad*, 1939) für die Pfarrersfrau Hanna Winsnes. Sie war eine Gönnerin v. Stoltenberg. – In der Nähe liegt der *Aker Hovedgård,* eines der ältesten Güter in Hedmark, Hauptgebäude v. ca. 1740. Hier wohnt heute der General des DKØ (Distriktkommando Østlandet).

Hedmarksmuseet og Domkirkeodden: *Freilichtmuseum* mit ca. 40 historischen Bauwerken aus der Provinz Hedmark. Hier liegen die *Ruinen des ersten Doms* in H. aus dem 12. Jh., eines dreischiffigen roman. Bauwerks mit got. Anbauten, weiterhin die *Ruinen der Bischofsburg,* die nach der Reformation Residenz des Lehnsherren war. Dom und Burg wurden 1567 v. den Schweden zerstört. Die Scheune des Storhamar Gård (Storhamarlåven), die auf den Fundamenten der Bischofsburg steht, wurde v. Sverre Fehn* 1973 in ein Museumsgebäude umgebaut; Aula im W-Flügel, die zu Ausstellungen, Vorträgen und Konzerten gebraucht wird. Einer der schönsten Muse-

Hamar, Domruine

umsbauten in Norwegen. – *Auswanderermuseum.*

Jernbanemuseum (in der Nähe des Hedmarksmuseet): Das *Eisenbahnmuseum* wurde 1896 gegr. und ist das größte in Skandinavien. Alte Bahnhofsgebäude (der erste Bahnhof Norwegens aus Kløfta v. 1854), Lokomotiven, Waggons und Signale sind hier zu besichtigen.

Außerdem sehenswert: Im *Strandgate Park* steht eine *Büste* Hulda Garborgs (v. Nils Flakstad*, 1966). Die Schriftstellerin Hulda Garborg wurde 1862 in H. geboren (†1934) und war mit dem Schriftsteller Arne Garborg verheiratet. Der Bildhauer Flakstad (*1907) stammt ebenfalls aus H.

Umgebung

Brumunddal (16 km nw): *AJAK-Konfeksjonstekniske-Museum.* In dem zur AJAK-Konfektionsfabrik gehörenden Museum sind Nähmaschinen, Scheren, Nadeln und Bügeleisen ausgestellt.

Klevfoss (15 km ö, bei Ådalsbruk): Hier wird in einer ehem. Papier- und Zellulosefabrik (in Betrieb 1888–1976) ein *Industriemuseum* eingerichtet.

Løten Kirke (14 km ö): Steinkirche aus dem 13. Jh. In der 1. Hälfte des 19. Jh. wurde das Langhaus auf die doppelte Länge vergrößert. Turm v. 1873. – Auf dem *Engelhaug Gård* bei Løten wurde 1873 der Maler Edvard Munch* geboren. Schon ein halbes Jahr später zog seine Familie nach Christiania (Oslo).

Moelv (31 km nw): *Steinsholmen,* Ruinen eines Kastells, das Håkon Håkonsson um 1230 bauen ließ. Weiterhin *Felszeichnungen* aus der Steinzeit und eine *Burganlage* aus der Zeit der Völkerwanderung. – Nördlich v. Moelv findet sich ein Opferplatz aus der Steinzeit: *Tolvsteinene,* 12 Steine, ca. 1,5 m hoch, die in einem Kreis mit einem Durchmesser v. 25 m plaziert sind.

Ringsaker Kirke (27 km nw, vor Moelv): Dreischiffige roman. *Basilika* aus der Mitte des 12. Jh. Querschiffe und Chorerweiterung mit Kreuzgewölben aus got. Zeit. Der Turmfuß ist ebenfalls ma, die Turmspitze datiert v. 1694. Die Gesamthöhe des Turms beträgt 68 m. Der Baumeister der Kirche war Ivar Helmen aus Gran. Die Kanzel und die Taufe wurden 1704 v. dem Schnitzer Lars Jensen Borg* aus Christiania geschaffen. Das Kruzifix über dem Chorbogen mit Maria und Johannes am Fuß des Kreuzes entstand 1683. Der Flügelaltar ist eine spätgot. Arbeit aus Antwerpen (ca. 1520). Er hat über 100 geschnitzte Figuren. – Auf dem Friedhof ist der Schriftsteller Ronald Fangen (1895–1946) begraben.

Stange (11 km sö): Neben Ringsaker Kirke die schönste Kirche in Hedmark. Sie wurde um 1250 erbaut und besteht aus Langhaus, Chor, einem n Querschiff (1703) und einem Dachreiter v. 1622. Die Kanzel datiert v. 1630, die geschnitzte Taufe v. 1652 (Erik Pinnerud*), der Altar v. 1652. Die Kreuzigungsgruppe stammt aus dem späten 17. Jh. Glasmalerei v. Gabriel Kielland* (1928).

Die Kirche ist durch die Gemälde v. Harriet Backer* (u.a. in der Nationalgalerie in Oslo) bekannt geworden.

Vallset Kirke (22 km sö): Kirche v. 1850. Das Inventar stammt größtenteils aus Vorgängerkirchen. Der Altar ist flämisch (ca. 1520) und wurde der Kirche v. ihrem letzten kath. und gleichzeitig ersten ev. Gemeindeoberhaupt, Anstein Jonsson Skonk, geschenkt. Das ist wohl auch der Grund, warum der Altar den Bildersturm überlebt hat.

Veldre Kirke (22 km nw, über Brumunddal): Kreuzförmige Kirche aus Holz, 1725–26 erbaut. Der Altar (1694) wurde v. Johannes Skraastad* geschnitzt. Kanzel, Taufe und Chorschranke schuf der Schnitzer Lars Pinnerud* (1738). Er war wie sein Bruder Erik ein Meister des Akanthusbarock.

Hamar, Ringsaker Kirke

Hammerfest

Finnmark

Einw.: 6800	S. 248 □ U 1

Hammerfest, die nördlichste Stadt der Welt, ist schon seit Jahrhunderten besiedelt, weil sich hier ein natürlicher Hafen befindet. Der Name bedeutet soviel wie »Bootsanlegeplatz am Berg«. Als das Kopenhagener Handelsmonopol für Nordnorwegen 1789 aufgehoben wurde, bekam Hammerfest Stadtrechte. 10 Jahre vorher hatte man die erste Expedition ins Eismeer ausgerüstet. 1796 wurde der Pomorhandel, der Handel mit Rußland, freigegeben. 1809 wurde Hammerfest von englischen Schiffen beschossen, 1890 verwüstete ein Brand die Stadt. 1891 installierte man eine elektrische Straßenbeleuchtung, die erste in Europa. 1893 nahm die Hurtigrute, die tägliche Postschiffverbindung zwischen Bergen und Kirkenes über Hammerfest, den Verkehr auf. Eine Dampfschiffverbindung mit Trondheim gab es jedoch schon seit 1838.

Am 28.10. 1944 erging der Führerbefehl zur Zwangsevakuierung. Zwischen November 1944 und Februar 1945 wurde Hammerfest von deutschen Truppen bis auf die Grabkapelle zerstört. Der Plan für den Wiederaufbau ab 1946 stammte von Bjarne Lous Mohr*.

Abendmahl in der Stange-Kirche, Gemälde v. Harriet Backer in der Nationalgalerie Oslo

Hammerfest Kirke: Die Kirche wurde 1961 nach Plänen v. Hans Magnus* erbaut. Von ihm stammen noch 2 weitere Kirchen in Finnmark, die in Øksfjord (1954) und die in Berlevåg (1960). Das Bauwerk soll äußerlich an die Trockengestelle für Fisch (hjeller) erinnern, wie sie auf Fuglenes zu sehen sind. Das Innere der Kirche wurde v. Jardar Lunde* gestaltet. Er schuf die Kanzel, die mit Reliefs der Apostel geschmückt ist, das Kreuz auf dem Altar und die 3 Mosaiken (Einzug in Jerusalem, Abendmahl, Himmelfahrt) sowie das Fenster (Auferstehung) hinter dem Altar. In der Seitenkapelle steht der Altar (1623) der ersten Kirche v. H. An der linken Seitenwand hängt der Aufsatz einer Chorschranke aus dem frühen 17. Jh. (Christus umgeben v. den Symbolen seines Leidens). Er stammt aus der Mariæ Kirke in Helsingør in Dänemark und kam 1755 nach H.

Katolske Kirke: Die nördlichste kath. Kirche der Welt wurde 1957 v. dt. Freiwilligen erbaut. Sie ist dem hl. Michael geweiht, der auf einem Mosaik an der Fassade zu sehen ist.

Isbjørnklubben (im Keller des Rathauses): Voraussetzung für die Mitgliedschaft im Eisbärenklub ist der Besuch der Klublokale. Der Mitgliedsbeitrag wird einmalig erhoben. Als Mitglied ist man berechtigt, an der Wahl des Vorsitzenden teilzunehmen und ein Abzeichen (einen Eisbären) zu tragen. Der Klub besitzt eine Sammlung v. Fanggeräten, wie sie im Eismeer Verwendung fanden, und v. ausgestopften Tieren (Seevögel, Seehunde, einen Bären etc.). Außerdem sind hier Photos v. H. vor der Zerstörung zu sehen.

Meridianstøtten (auf Fuglenes): Die Meridiansäule wurde zur Erinnerung an Vermessungsarbeiten aufgestellt, die v. norweg., schwed. und russischen Geodäten 1816–52 durchgeführt wurden. Bei dieser Gelegenheit wurden Größe und Form der Erde erstmals genau bestimmt. Das urspr. Fundament ist einige Meter v. dem jetzigen

Hammerfest, Panorama

Aufstellungsort entfernt zu sehen. Bei einer Nachvermessung mit Satellit stellte man vor einigen Jahren fest, daß sich die Landmesser im vorigen Jh. um einige Meter geirrt hatten. Die Säule steht auf Fuglenes, einer dem Zentrum gegenüberliegenden Landzunge. Auf ihrer Spitze befinden sich die Ruinen einer *Befestigungsanlage* (Skansen) aus dem frühen 19. Jh.

Außerdem sehenswert: Neben dem Rathaus steht ein *Brunnen* mit einer Figurengruppe v. Ørnulf Bast* (1957): Fiskerkone. Sie zeigt eine Fischersfrau, umgeben v. ihren Kindern, die in Erwartung ihres Mannes aufs Meer blickt. Der Brunnen ist die Stiftung eines amerikanischen Botschafters, dessen Mutter aus Hammerfest stammte. – Vom *Salen*, dem Stadtberg (81 m), hat man eine hervorragende Aussicht.

Umgebung

Forsøl (6 km nö): Idyllischer Fischerort. Von hier aus ist die Mitternachtssonne sehr gut sichtbar (23. 5.–23. 7.).

Honningsvåg/Nordkap (152 km nw, über Kvalsund, Skaidi, Olderfjord, Kåfjord): Der größte Fischerort in Finnmark ist mit der Fähre v. Kåfjord aus zu erreichen. Er wurde bis auf die *Kirche* v. 1884 v. dt. Truppen 1944 zerstört. – Im *Nordkappmuseum* (Nordkapphuset) werden die Fangtraditionen v. H. und der Nordkaptourismus dokumentiert. Einer der ersten Touristen am Nordkap war 1664 der ital. Priester Francesco Negri. 1795 kam der spätere französische König Louis Philippe, 1873 der schwed.-norweg. König Oscar II. als Besucher. In neuerer Zeit war es beispielsweise 1935 der französische Schriftsteller und Philosoph Jean Paul Sartre, der das Nordkap besuchte und v. seinen Eindrücken in einem Brief an Simone de Beauvoir berichtete.

Das *Nordkap* (71°, 10′, 21″) befindet sich 37 km nw v. Honningsvåg. Der 1956 fertiggestellte Weg ist erst ab Anfang Juni befahrbar. Das Nordkapplateau liegt 307 m

Die Lappen

Die Lappen, die sich selbst *Samen* nennen, leben überwiegend in den nördlichen Teilen von Norwegen, Schweden und Finnland und auf der Kolahalbinsel in der UdSSR. Sie sprechen Lappisch (oder Samisch), das wie das Finnische oder Ungarische zu den finnisch-ugrischen Sprachen gehört und mit den indoeuropäischen Sprachen nicht verwandt ist. Bis sie im 18. Jahrhundert zum Christentum bekehrt wurden, waren sie Anhänger des Schamanismus (Glaube an Geister und Geisterbeschwörung). Kultplätze und Opfersteine finden sich noch heute vielerorts in Finnmark. Der lappische Schamane wurde *Noaide* genannt. Mit dem Verlust der ursprünglichen Religion ging ein Stück lappischer Kultur verloren. Eine weitaus größere Bedrohung stellte und stellt jedoch die Dominanz der skandinavischen Sprachen dar. Obwohl viel getan wird – Zeitungen, Radio- und Fernsehprogramme sowie Bücher in lappischer Sprache –, ist es zweifelhaft, ob die Lappen, von denen es nach Schätzungen heute noch 30–40 000 gibt, als Volk überleben können. In Norwegen lebt der größte Teil von ihnen, etwa 20 000. Etwa 2000 sogenannte Berglappen (Fjellsamer) betreiben Rentierzucht. Die Rentierzucht, die erst im späten Mittelalter aufkam, ist in Norwegen und Schweden den Lappen vorbehalten. Bevor sie mit der Rentierzucht begannen, waren sie nomadisierende Jäger und Fischer. Über ihren Ursprung weiß man wenig: Sie kamen vermutlich bereits vor Christi Geburt vom Ladogasee (heute in der UdSSR) nach Skandinavien. In Nordnorwegen ist noch heute für die Lappen die (häufig abschätzige) Bezeichnung Finner oder Fjellfinner gebräuchlich.
Ein Spezialmuseum für lappische Kunst und Kultur gibt es seit 1939 in Karasjok (De samiske Samlinger). Der wohl bekannteste lappische Künstler ist der Graphiker Johan Savio* (1902–38).

über dem Meeresspiegel. Es erhielt seinen Namen 1553 v. dem englischen Forschungsreisenden Richard Chancellor, der auf der Suche nach der Nordostpassage dorthin kam und es »North Cape« nannte. Hier stehen eine Büste v. Louis Philippe v. Orleans und ein Denkmal, das an den Besuch v. Oscar II. 1873 erinnert. Das gesamte Plateau steht seit 1929 unter Naturschutz. Norwegens und Europas nördlichster Punkt liegt 1,5 km entfernt auf Knivskjellodden (71° 10′ 27″). Die Mitternachtssonne ist hier vom 12.5. bis 1.8. zu sehen. – 21 km nw v. H. liegt Norwegens nördlichster bewohnter Ort, *Skarsvåg*. Hier ist das Kirkeport zu sehen, eine Felsformation, die an das Portal einer Kirche erinnert.
Karasjok (218 km sö): Lappendorf am Karasjokka-Fluß. Hier haben die Rentiere ihre Winterweiden. Im Sommer ziehen sie auf die Magerøy und zum Porsangerfjord. – Die *Kirche* entstand 1807 und ist das älteste ev. Gotteshaus in Finnmark. Sie ist das einzige Gebäude im Ort, das v. den dt. Truppen bei ihrem Rückzug nicht zerstört wurde. – Hauptsehenswürdigkeit v. Karasjok sind *De samiske Samlinger* (Samiid Vuorka-Davvirat): Die Ausstellung dokumentiert die Geschichte der Lappen, die sich selbst Samen nennen, Handwerkstraditionen, Fischfang und Jagd sowie Rentierzucht. Schöne Sammlung v. Trachten. Außerdem ist der Hof eines Flußlappen v. 1870 zu sehen. – Die *Bibliothek* in Karasjok besitzt die größte Buchsammlung der Welt zu samischen Themen.
Kvalsund (30 km s): Hier befindet sich eine Hängebrücke, die die Kvaløy mit dem Festland verbindet. Sie ist 741 m lang, die Hauptspannweite beträgt 525 m. – Die weiße *Holzkirche* in Kvalsund entstand 1935.

Harstad Troms	
Einw.: 21 600	S. 248 □ N 3

Harstad auf Hinnøya, der größten Insel Norwegens, entstand während der Blütezeit der Heringsfischerei im vorigen Jahrhundert. Es ist die zweitgrößte Stadt in Troms, bekam jedoch erst 1903 die Stadtrechte.

Hammerfest, Mittagssonne im Dezember

Harstad, Trondenes Kirke

Im Juni finden hier seit 1965 die »Festspiller i Nord Norge« statt.

Harstad Kirke: Die Kirche wurde 1958 nach Plänen v. Jan Inge Hovik* erbaut. Im Inneren findet sich s vom Altar ein Glasgemälde v. Jardar Lunde* (Christus in der Mandorla). Er schuf auch die Glasmalerei an der O-Wand. Darüber ein großes Wandbild v. Axel Revold*, das den Grönlandmissionar Hans Egede und die Bergpredigt zum Thema hat. – Egede und seine Frau sind auch auf einem Bronzerelief (v. Johan Hygen*) im Vorraum zu sehen.

Außerdem sehenswert: *Slottet,* Reste einer Burganlage aus der Eisenzeit.

Umgebung

Kjeøya: Unbewohnte Insel bei H. Hier findet sich eines der 3 Felder mit *Steinzeichnungen* aus der Eisenzeit in Norwegen. Außerdem Spuren prähistorischer Besiedelung.
Kvæfjord (18 km w): *Holzkirche* v. 1867 mit einem got. Kruzifix. – *Bygdetun,* Freilichtmuseum mit historischen Bauwerken (u.a. 2 Mühlen v. 1861 und 1880).
Lundenes (auf der Insel *Grytøya,* Fähre v. Stornes): *Grytøy-Museum,* Hauptgebäude v. 1770, Vorrats- und Bootshaus.
Tjeldsund (24 km s): 1001 m lange Betonbrücke, die die Insel Hinnøya mit dem Festland verbindet.
Trondenes Kirke (3 km n): Roman. Kirche, die 1220–40 erbaut wurde. Der ungewöhnlich lange Chor hat eine Kapelle an der N-Seite. Westlich der Kirche steht ein Glokkenturm aus Holz. Die Kirchhofsmauer stammt aus dem 12.Jh. – *Kanzel* mit Bildern der Evangelisten v. Gottfried Ezechiel*, ma Taufstein. Got. *Flügelaltar* aus dem 15.Jh.: In der Mitte sieht man Maria mit dem Jesuskind, l Anna, die Mutter Mariens mit Maria, dem Jesuskind und den Schwestern Mariens, r wahrscheinlich Susanna, die Großmutter Mariens, mit ihren Töchtern Anna und Esmaria. Von den urspr. 7 Altären des MA sind noch 2 weitere erhalten: In der NO-Ecke des Chors steht ein Altarschrein mit Skulpturen u.a. des hl.Michael und des hl.Christophorus. In der gegenüberliegenden Ecke ein Marienaltar. – Zur See hin finden sich die Reste zweier *Wachttürme.* – Westlich der Kirche liegt ein kleiner See, *Langen,* in dem die ersten Christen in Norwegen getauft worden sein sollen.

Haugesund
Rogaland

Einw.: 27000	S.256 □ B 12

Haugesund am Karmsund wird erstmals 1217 von Snorri Sturluson in der Saga von Harald Hårfagre genannt. Mit den Heringsströmen im 19.Jh. begann die Blütezeit. 1854 erhielt Haugesund die Stadtrechte. Hier findet im August das norwegische Filmfestival statt.

Skåre Kirke (Haugeveien): Achteckige Holzkirche, 1858 nach Plänen v. C.H.Grosch* erbaut.

Vår Frelsers Kirke: Kreuzförmige Kirche aus Backstein (v. E.Halleland*, 1901). – In der Torggate bei der Kirche steht Sofus Madsens* *Monument »Fiskerne«* (»Die Fischer«).

Rådhuset: Das monumentale klassizistische *Rathaus* wurde 1922 v. Gudolf Blakstad* und Herman Munthe-Kaas* erbaut. Es war eine Schenkung des Reeders Knut Knutsen und seiner Frau.

Haugesund Billedgalleri (am Stadtpark): *Kunstmuseum,* Sammlung des Kunstvereins v. H.

Karmsund-Folkemuseum (Skåregate 142): *Kulturhistorisches Museum.* Bes. sehenswert ist die Seefahrtabteilung.

Umgebung

Avaldsnes Kirke (auf der Insel Karmøy, 7 km s): Roman. Kirche, um 1250 v. Håkon Håkonsson als königliche Kapelle erbaut und 1922–29 restauriert. Der isländische Historiker Thormod Torfæus, der auf Karmøy verheiratet war, ist im Chor begraben. – Bei der Kirche steht ein 6,5 m hoher *Bautastein,* Jomfru Marias synål (»die Nähna-

Røsendal (Haugesund), Rosendal Baroni

del der Jungfrau Maria«): Die Sage berichtet, daß die Welt untergeht, wenn er die Wand der Kirche berührt. – Der Königshof wurde 1368 v. Hansekaufleuten geplündert und niedergebrannt.

Ferkingstad Havn (auf der Insel Karmøy, 30 km s): Hier befand sich bereits während der Eisenzeit ein Hafen. Man sieht die Spuren v. 3 Bootshäusern und einer 30–80 m langen Rampe.

Gjerde Kirke (61 km nö, bei Etnesjøen): Holzkirche v. 1675 mit Dachreiter v. 1930. Vorgängerbau war eine Stabkirche. Im Inneren findet sich ein Flügelaltar aus dem 16. Jh. Im Hauptfeld sieht man ein Gemälde des Abendmahls, darüber die Kreuzigung, l die Beschneidung Isaaks und r die Taufe Jesu (Johan Wingård*).

Haraldshaugen (3 km n): Snorri Sturluson zufolge soll hier König Harald Hårfagre begraben sein. 1872 wurde zur Tausendjahrfeier der Gründung des norweg. Reiches ein *Monument* errichtet. Es besteht aus einem 17 m hohen Obelisken, der v. 29 Säulen umgeben ist (eine für jede Provinz, die v. Harald Hårfagre zu einem Reich vereinigt wurden). Der Stein für die Säulen stammt aus den jeweiligen Provinzen. Das Monument wurde v. Erbprinz Oscar, dem späteren Oscar II eingeweiht. – 75 m s steht ein *Steinkreuz* (ca. 1000) aus der Zeit der Christianisierung Norwegens.

Karmsund bru (5 km s): 690 m lange Brükke, die 1955 eröffnet wurde. Sie verbindet die Insel Karmøy mit dem Festland und ist 50 m hoch: Blick auf die Avaldsnes Kirke und H. – Auf der Festlandseite finden sich »De fem dårlige jomfruer« (»Die fünf schlechten Jungfrauen«), 5 *Bautasteine* über einem Grabhügel aus spätröm. Zeit (3.–4. Jh.). In der Grabkammer aus Holz hat man ein röm. Kupfergefäß gefunden.

Moster (auf der Insel Bømlo, über Valevåg, v. dort Fähre, 43 km n): *Granitquaderkirche* aus dem 11. Jh. Die Kalkmalereien sind aus der Zeit um 1600.

Rehaugene (auf der Insel Karmøy, Avaldsnes, 7 km s): Es handelt sich um eines der größten *Gräberfelder* aus der Eisen- und

Røldal (Haugesund), Stabkirche mit Kruzifix

Bronzezeit in Norwegen. Einer der 6 Grabhügel hat fast 30 m im Durchmesser und ist 7,5 m hoch.

Rosendal (131 km nö, über Håland): *Rosendal Baroni.* Das Herrenhaus wurde 1678 v. Ludvig Rosenkrantz gegr. und ist heute im Besitz der Universität Oslo. Das Hauptgebäude, ein Renaissanceschloß, wurde 1663–65 erbaut. Die Wappen v. Rosenkrantz und seiner Frau Karen Mowat sind über dem Hauptportal zu sehen. Die Innenausstattung des Schlosses stammt aus dem 19. Jh. – *Kvinnherad Kirke.* Die Kirche bei Rosendal wurde Mitte des 13. Jh. erbaut im Übergangsstil v. der Romanik zur Gotik. Bes. sehenswert sind die Portale und die Fenstereinfassungen. Grabkapelle der Barone v. Rosendal. Das barocke Altarbild ist mit seinen 6 m Höhe das größte in Norwegen (v. Hans Sager*):

Røldal (144 km nö): *Stabkirche* aus dem 13. Jh. Ältester Teil ist das Schiff. 1635 und 1844 wurde das Bauwerk instand gesetzt, 1917 v. Jens Z. Kielland* umfassend restauriert. Zu dieser Kirche zogen Lahme und Aussätzige. Heilung wurde dann erzielt, wenn es gelang, sich mit Schweiß v. der Stirn des Christus des wundertätigen Kruzifixes zu netzen, das über dem Chorbogen hängt. Chorhimmel, die Decke im Schiff und der Bischofstuhl wurden 1635–38 v. Thomas Snekker* geschaffen. Der Altar und die Kanzel v. 1627 wurden v. Christen Snekker* geschaffen und v. Gottfried Hendtzschel* bemalt. Der ma Taufstein ist aus Speckstein. – Auf dem Hof Seim bei der Kirche findet sich ein *Gräberfeld* aus der Eisenzeit.

Skudeneshavn (auf der Insel Karmøy, 36 km s): Am S-Ende der Insel gelegener Fischer- und Hafenort. Die Holzhäuser aus dem vorigen Jh. sind weitgehend bewahrt (Spätempire). Im Molandsgård befindet sich ein *Museum.* Hier sind u.a. ein alter Landhandel, eine Webstube und eine Böttcherwerkstatt zu besichtigen. Fährverbindung nach Stavanger.

Visnes Kobberverk (10 km sw): Kupfergruben und Schmelzhütte, die 1865 in Betrieb genommen und in den 40er Jahren stillgelegt wurden.

Åkra Kirke (26 km s): Holzkirche v. 1820. Im Schiff findet sich ein Altar v. Anders Smith* (1663).

Horten Vestfold	
Einw.: 13000	S. 258 □ G 12

Der Ort entstand, als der Hauptstützpunkt der norwegischen Marine 1820 von Stavern hierher verlegt wurde, und erhielt 1907 die Stadtrechte. In den 50er Jahren wurde Bergen (Håkonsvern) Hauptstützpunkt der norwegischen Marine. In Horten befindet sich seit 1818 die Unteroffiziersschule für die Marine. Die Offiziersschule ist in Wallernsviken bei Bergen.

Garnisonskirke/Karljohansvern/Marinemuseum: Die neugot. Backsteinkirche, die urspr. zum Marinestützpunkt gehörte, wurde 1855 v. C. H. Grosch* erbaut. – Die *Festungsgebäude* (1830–42) wurden bei einem Bombenangriff 1945 stark beschädigt, sind jedoch wiederhergestellt. – Das *Marinemuseum* wurde 1853 gegr. und ist eines der ältesten Museen in Norwegen. Hier finden

Horten, Marinemuseum

sich Modelle v. Kriegsschiffen, Uniformen, Waffen und andere Gegenstände. Vor dem Museum steht das *älteste Torpedoboot der Welt,* die »Rapp« v. 1872, außerdem einige Einmannunterseeboote aus dem 2. Weltkrieg.

Horten-Bilmuseum (Sollistrandveien 12b): *Automobilmuseum.* Das älteste hier ausgestellte Modell ist ein Benz aus dem Jahre 1895. Vor dem Museum steht eine Benzinhandpumpe.

Preus-Fotomuseum (Langgate 82): Einziges Museum in Norwegen, das der Fotografie gewidmet ist. Alte Fotoausrüstungen und ein Fotoatelier der Jahrhundertwende sind hier zu besichtigen.

Außerdem sehenswert: Am n Ortsrand steht die *Skulptur »Hortenpiken«* (»Mädchen aus Horten«) v. Arne Durban* (1958–59). Sie stellt eine Frau dar, die eine Hand zum Gruß erhoben hat und in der anderen ein Schiff hält.

Umgebung

Borre Kirke (4 km s): Mittelalterliche Steinkirche. Der prächtige Barockaltar wurde 1667 v. dem Dänen Abel Schrøder* geschaffen. Kopie des ma Borrekreuzes (Original im Historischen Museum in Oslo). – Östlich der Kirche liegt der *Borre Nasjonalpark.* Hier finden sich die meisten *Königsgräber* in Nordeuropa. Das Geschlecht der Ynglinge (Ynglingeætt), die die erste norweg. Königsdynastie stellten, ist hier beigesetzt.

Botne Kirke (über Holmestrand, 23 km nw): Mittelalterliche Steinkirche mit Turm aus dem 19. Jh. Im Inneren finden sich 2 ma Heiligenfiguren, Kalkmalereien aus dem 15. und 17. Jh. und ein Altar; Kanzel und Taufe stammen aus dem 17. Jh.

Holmestrand (19 km nw): Zweitälteste Stadt in Vestfold. Bereits 1752 erhielt sie Stadtrechte. – Die *Kirche* (1674) ist eine der 5 Kirchen in Norwegen mit einem Y-förmigen Grundriß. An den W-Flügel ist ein

Edvard Munch (1863–1944)

Der Maler und Graphiker Edvard Munch ist einer der bedeutendsten Künstler Norwegens. Er gilt als Wegbereiter und Begründer des Expressionismus.

Munch wuchs in Grünerløkka, einem Armenviertel Oslos, am Olav Ryes Plass auf. Dort hatte sein Vater eine Arztpraxis. Seine Kindheit war vom Tod seiner Mutter und seiner Schwester überschattet. Munch zeigte schon früh künstlerische Begabung. Seine frühen naturalistischen Werke (u.a. »Morgen« 1894) sind stark von Christian Krohg (1852–1925) beeinflußt.

Einen Durchbruch stellte für Munch eine Ausstellung im Berliner Künstlerverein 1892 dar. In Berlin schuf Munch seine ersten graphischen Arbeiten. Er lebte bis 1909 im Ausland, überwiegend in Frankreich und Deutschland. 1916 ließ er sich in Oslo, in Ekely auf Skøyen nieder (Jarlsborgveien 14), wo er bis zu seinem Tod sehr zurückgezogen lebte.

Munchs Hauptwerke stellen der »Livsfris« und die »Auladekorasjoner« dar. Der Lebensfries, ein Bilderzyklus, wurde 1889 konzipiert. Munch nannte ihn selbst eine »Dichtung über Leben, Liebe und Tod«, in der er das »moderne Seelenleben« schildern wollte. Zu dem Zyklus gehören so berühmte Gemälde wie »Der Schrei« (1893), »Die Frau in drei Stadien« (1899) und »Der Tanz des Lebens« (1899–1900). Die Wandgemälde für die Osloer Universitätsaula entstanden 1909–16. Die Motive stammen teilweise von der Insel Kragerø.

Die wichtigste Munchsammlung in Norwegen besitzt das Nationalmuseum in Oslo. Unbedingt einen Besuch wert sind jedoch auch das Munchmuseum (Tøyen, Oslo) und die Rasmus-Meyers-Sammlung (Bergen).

Horten, »Mädchen auf der Brücke«, ▷ Gemälde v. Edvard Munch in der Nationalgalerie in Oslo

Åsgårdstrand (Horten), Haus Edvard Munchs

quadratischer Turm angebaut. Im Inneren ein sechzehnarmiger Kronleuchter v. 1681, ein Altargemälde v. P. Petersen* (»Engel am leeren Grab«, 1830) und Fenster v. Per Vigeland* (1957). – Das *Holmestrand-Museum* (Nils Kjærs Gate 4) ist im Holstgård untergebracht. Es wurde 1756 für den Kaufmann Frederik Christensen Holst errichtet und 1797 umgebaut. Ab 1854 Schule, seit 1933 Stadtmuseum. Bes. sehenswert ist das Portal. Die Sammlungen konzentrieren sich auf Stadtgeschichte und Seefahrt. Eine Abteilung ist den Schwestern Harriet Backer* (Malerin, 1845–1932) und Agathe B. Grøndahl (Komponistin, 1847–1907), dem Dramatiker Nils Kjær (1870–1924) und dem Maler Søren Onsager (1878–1946) gewidmet. Sie wurden alle in Holmestrand geboren. – In Ramberg bei Holmestrand wohnte der Schriftsteller Olav Duun v. 1908 bis zu seinem Tod 1939. Von 1908 bis 1927 war er hier Lehrer. – Das Hotel Societeten war jahrzehntelang Künstlertreffpunkt. Hier steht eine Büste v. Nils Kjær.

Løvøya (5 km nw): *St. Halvards Kapell,* restaurierte roman. Kirche. Sie wurde wahrscheinlich im 13. Jh. als Wallfahrtskirche erbaut (hier findet sich eine wundertätige Quelle). 1882 wurde die Ruine unter Denkmalschutz gestellt, in den Jahren vor 1950 wiederaufgebaut.

Åsgårdstrand (8 km s): Im 19. Jh. bei den norweg. Malern beliebter Ferien- und Arbeitsort. Das *Haus Edvard Munchs,* das er 1897 kaufte und »Lykkehuset« (»Glückshaus«) nannte, ist heute *Museum.* In Åsgårdstrand malte Munch eines seiner bekanntesten Bilder, »Pikene på broen« (»Mädchen auf der Brücke«, 1899). Auch Hans Heyerdahl* schuf hier einige seiner schönsten Bilder.

Hønefoss Buskerud/Ringerike	
Einw.: 12000	S. 258 □ G 11

Hønefoss liegt an einem Wasserfall an der

Stelle, wo Begna und Randselva zusammenfließen und den Storelv bilden. Bereits 1337 gab es hier eine Mühle. Die erste Sägemühle wurde zwischen 1588 und 1594 gebaut, 1660 gab es bereits 23. Hønefoss erhielt im Jahre 1857 Stadtrechte.

Riddergården: Gutshof, bestehend aus 8 Gebäuden. Das Hauptgebäude stammt aus der 1. Hälfte des 18. Jh., das Pförtnerhaus datiert v. 1801.

Außerdem sehenswert: *Bärenskulptur* (an der Brücke) v. Ståle Kyllingstad*, der jahrelang als Designer für das Hadeland-Glaswerk (→Jevnaker) arbeitete. – Am Wasserfall steht das Monument *Oppgangssaga* (1979) v. Knud Steen*. – Die *Kirche* entstand im Jahre 1862. Der weißgekalkte Bau besteht aus Turm und Langhaus und ist ein Typ, den man in der 2. Hälfte des 19. Jh. sehr häufig findet.

Umgebung

Bønsnes Kirke (14 km sw): Die roman. Kirche wurde schon im späten 11. Jh. für König Olav Kyrre errichtet. Der W-Turm entstand ca. 1850, die Kanzel 1726, die Altarvorderseite 1671. Der barocke Altaraufsatz zeigt im Zentralfeld ein Gemälde (Abendmahl) v. J. Feuning* (1736). Darüber findet sich ein Bild der Kreuzigung. In der Sakristei in einem Holzverschlag an der N-Seite des Chors steht eine Madonna v. ca. 1250.

Gran (über Jevnaker, Roa, 38 km nö): *Søsterkirkene*. Die »Schwesterkirchen« wurden im 12. Jh. der Legende nach v. 2 Schwestern erbaut, die nicht dieselbe Kirche besuchen wollten. Die größere, die Nikolaikirke, ist eine Basilika. Das Schiff hat ein got. Kreuzrippengewölbe, der Chor eine Balkendecke. Das Fenster in der O-Wand des Chores (1957/58) wurde v. Frøydis Haavardsholm* geschaffen. Die Kanzel ist die Rekonstruktion einer Kanzel aus dem 18. Jh. nach einer Zeichnung v. 1833. Der Altar stammt aus dem Jahre 1625. Die kleinere Kirche, die Mariakirke, ist vermutlich älter. – Der *Runenstein* auf dem Kirchhof stammt aus dem 11. Jh. Hier befindet sich auch das Grab des Dichters A. O. Vinje (1818–70) mit einer Büste v. Brynjulf Bergs-

Gran (Hønefoss), Stenhus

lien*. – 3 km sw der Kirche (bei Gamme) finden sich 24 *Grabhügel* aus der Eisenzeit. – In der Nähe des Pfarrhofs liegt das *älteste* profane *Steingebäude* in Norwegen. Es wurde im 13. Jh. erbaut und mißt 12 × 8 m. Die Wände sind 1,2 m dick. Im Keller finden sich Gewölbe.

Jevnaker (14 km nö): Hier stellt man seit 1765 Glas her. Die Glasproduktion hatte jedoch bereits 1741 in Nøstetangen und 1749 in Ås i Sandsvær begonnen. Das Randsfjord- und das Hadeland-Glaswerk (Besichtigung möglich) sind weit über die norweg. Landesgrenzen hinaus berühmt. Das *Glasmuseum* gilt als das größte in Skandinavien.

Klekken (4 km ö): Hier lieferten sich dt. und norweg. Truppen am 15. und 16.4. 1940 Gefechte. 44 Höfe und 133 andere Gebäude in Haugsbygd wurden dabei zerstört. Das Klekken-Hotel wurde 1941 wiederaufgebaut und diente der NS-Einrichtung »Lebensborn«. Hier wohnten 35 Mütter und 60 Kinder.

Lunner Kirke (26 km nö): Kreuzförmige

Holzkirche v. 1782. Der Chor aus Stein ist ma.

Norderhov (4 km s): Mittelalterliche *Steinkirche,* die 1881 in eine kreuzförmige Kirche umgebaut wurde. Der Altar mit barokkem Knorpelwerk stammt aus dem späten 17.Jh. und wurde v. Johannes Skraastad* geschaffen, die Kanzel entstand 1582. In einer Kapelle sind der Geistliche Jonas Ramus (1649-1718) und seine Frau Anna Colbjørnsdatter begraben. Ramus machte sich als Verfasser v. Allegorien einen Namen. Seine Frau soll 1716 eine Abteilung des schwed. Militärs in einen Hinterhalt gelockt haben. - *Ringerikes Museum* befindet sich im Pfarrhof aus dem 17.Jh. Hier sind u.a. das Gewehr, der Tornister und Wanderstab des Märchenerzählers Peter Christen Asbjørnsen (1812-85) ausgestellt. Asbjørnsen war in Norderhov zur Schule gegangen und hatte später viele Wanderungen in der umliegenden Gegend unternommen. Eine Treppe höher sind die meisten Werke v. Jonas Ramus zu sehen. Eine Abteilung des Museums befaßt sich mit dem Widerstand 1940-45.

Stein (10 km s): Großer *Gutshof.* Das Hauptgebäude datiert v. ca. 1830. Der Besitz gehörte einst der Mariakirche in Oslo. - Ruinen einer *Kirche* aus dem 12.Jh., die im 18.Jh. abbrannte. - Im N liegt der *Halvdanshaug,* ein Grabhügel, in dem angeblich im 9.Jh. der Kopf Halvdan Svartes begraben wurde. Snorri Sturluson erzählt, daß der Vater des Königs Harald Hårfagre sein Leben beendete, als er auf dem Randsfjord (n) im Eis einbrach.

Tingelstad Kirke (vor Brandbu, 36 km nö): Östlich der 1865 erbauten Kirche liegt das *Hadeland-Folkemuseum* bei einem weiteren Halvdanshaug (→Stein). Hier sollen die restlichen Körperteile v. Halvdan Svarte begraben sein. - Das *Freilicht- und Heimatmuseum* besteht aus insgesamt 24 Bauwerken. Hier steht auch die Tingelstad gamle Kirke, eine roman. Kirche aus dem 12.Jh. mit einer Kanzel v. 1579 und einem ma Kruzifix über dem Chorbogen.

Vikersund (30 km sw): *Modum Bad* (3 km w), Badeort mit einer eisenhaltigen Quelle, der 1857 angelegt wurde. Unter den Gästen fanden sich Karl Marx und Henrik Ibsen.

Borgund (Kaupanger), Stabkirche ▷

Kaupanger Sogn og Fjordane	
Einw.: 500	S. 253 □ D 10

Marktflecken am Amblafjord mit 2 großen Gutshöfen, Kaupanger und Amla (Amble). Im frühen Mittelalter befand sich hier die erste Stadt in Westnorwegen, Lusakaupangr. Sie wurde 1183 von König Sverre zerstört als Strafe für die Ermordung eines seiner Beamten. Fährverbindung nach Årdal, Refsnes und Gudvangen.

Kaupanger Stavkirke: Die um 1180 erbaute

Gaupne (Kaupanger), Briksdalsbre (Jostedalsbre)

Die Stabkirchen

Fragt man jemanden, was er mit Norwegen verbindet, so sind es Fjorde, Lappen und Stabkirchen. Von den ursprünglich mindestens 750 Stabkirchen sind heute nur noch ca. 30 erhalten, die meisten wiederholt verändert und umgebaut. Die Stabkirchen – für die auch die Bezeichnung *Mastenkirche* gebräuchlich ist – stellen den bedeutendsten Beitrag Norwegens zur europäischen Architektur dar. Stabkirchen wurden vom 11. bis ins frühe 13. Jh. erbaut, dem Zeitraum der ersten Christianisierung Norwegens. Man kann zwischen drei Typen unterscheiden, dem *Sogne-Typ* mit 14–20 Säulen oder Masten (Urnes, Borgund, Hopperstad, Kaupanger, Fortun, Lom, Ringebu, Torpo, Heddal), dem *Valdres-Typ* mit vier Säulen (Hurum, Lomen), hier ruht ein Teil der das Dach tragenden Masten auf Querträgern, eine Konstruktion, die in Stein unmöglich gewesen wäre, und dem *Numedals-Typ* (Nore, Uvdal), hier wird die gesamte Dachkonstruktion von einem Mast getragen. Der Numedals-Typ ist am jüngsten. Beim Valdres- und Sogne-Typ begrenzen die Masten den Innenraum. Er wird von einem Umgang und außen häufig von einem niedrigen Bogen- oder Laubengang umgeben. An drei Seiten finden sich hallenartige Eingänge, im Osten der Chor. Die Baumeister machten sich vermutlich im Schiffbau gewonnene Erfahrungen zunutze. Der meist offene Dachstuhl erinnert an die umgekehrte Spantenkonstruktion eines Schiffskörpers. Beim Bau wurde kein Eisen verwendet. Die Masten, Bohlen und Planken sind senkrecht in einen Schwellenrahmen eingelassen, der auf einem Steinfundament ruht, um ihn gegen Fäulnis zu schützen. Spätere Anbauten sind häufig dadurch zu erkennen, daß sie in Blockbauweise errichtet sind. Die Stabkirchen sind mit geschnitzten Reliefs geschmückt, die stilistisch auf den Tierstil der Wikingerzeit zurückgehen (lineare Verschlingung geometrischer und organischer Formen). Es finden sich Motive aus christlicher und vorchristlicher Zeit (u. a. Sigurd Fåvnesbane erschlägt den Drachen, Hylestadportal, Historisches Museum, Oslo). Am prachtvollsten sind die Portale, von denen noch ca. 80 erhalten sind (auch: Historisches Museum Bergen).
Auf die Bedeutung der Stabkirchen machte 1836 erstmals der Maler Johan Christian Dahl* aufmerksam, der einige von ihnen in dem Bildwerk »Denkmale einer sehr ausgebildeten Holzbaukunst aus den frühesten Jahrhunderten in den inneren Landschaften Norwegens« (Dresden 1836–37, Reprint, Oslo, 1970) beschrieb.

Kaupanger, Stavkirke

Stabkirche ist die größte in Sogn. Sie hat die Form einer Basilika und besitzt einen Dachreiter aus dem 17. Jh. Wandverkleidung, Fenster, Waffenhaus und Einrichtung (Renaissance) stammen ebenfalls aus dem 17. Jh. Die Konstruktion der Kirche ruht auf 20 Masten (Stäben).

De Heibergske Samlinger/Sogn-Folkemuseum (Amla Gård): Freilichtmuseum, das v. dem Gutsbesitzer Gert Heiberg 1909 gegr. wurde. Hier finden sich ca. 19 historische Gebäude und die größte Sammlung landwirtschaftlicher Geräte in Norwegen.

Umgebung

Aurland (Fähre nach Revsnes, 56 km s): Die got. *Vangen Kirke* aus dem 13. Jh. ist die größte ma Steinkirche in Sogn. Sie wurde 1926 restauriert. Das Altarbild und die Glasmalereien schuf Emanuel Vigeland*. – *Abelheim* ist ein Kapitänshaus v. 1740 (heute Pension).

Balestrand (Fähre v. Hella, 49 km w): Größter Touristenort am Sognefjord. Auf einem der beiden Grabhügel aus dem Jahre 800 steht eine *Statue des Königs Bele,* die Kaiser Wilhelm II. 1913 stiftete. Bele ist eine der Figuren der »Fritiofs Saga« (→ Vangsnes). – Bei Balestrand liegt die Villa des Malers Hans Dahl* aus dem 19. Jh. (im sog. Drachenkopfstil).

Borgund (Fähre nach Revsnes, 44 km sö): Die *Stabkirche* v. ca. 1150 ist dem Apostel Andreas geweiht. Sie ist die am besten erhaltene Stabkirche in Norwegen. Die Konstruktion ruht auf 12 Pfeilern. Im Inneren finden sich eine Kanzel aus dem späten 16. Jh. und ein Altar v. 1620. – Die *neue Kirche* entstand 1868.

Flåm (Fähre nach Revsnes, 64 km s): Ort am Ende des Aurlandsfjords. Hier endet die 20 km lange Flåmsbahn, die 1922–40 erbaut wurde. Sie verbindet Flåm mit Myrdal auf der Strecke Bergen–Oslo. – Die

Borgund, Stabkirche (Zwölfmastkirche) **1** Umgang (Svalgang) **2** Westportal **3** Schiff **4** Chor **5** Chorapsis

Kaupanger, Fjeerlandsfjorden mit dem Jostedalsbre

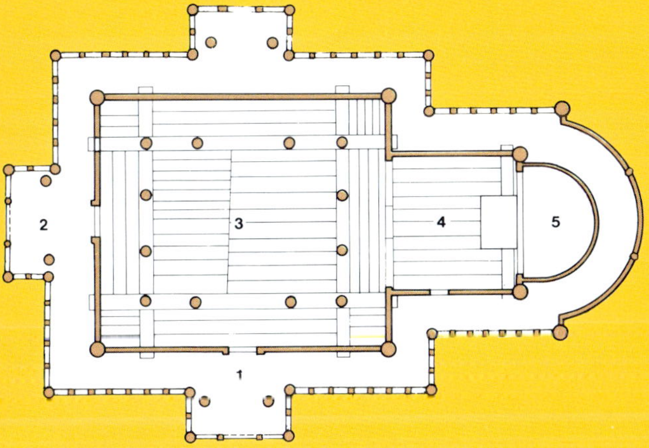

Gaupne (Kaupanger), Holzkirche

Kirche entstand im Jahre 1660. - Südlich v. Flåm, in *Undredal,* liegt die kleinste Kirche Norwegens. Sie ist nur 3,5 m breit und hat 40 Plätze. Urspr. eine Stabkirche, wurde sie 1722 grundlegend umgebaut. Die Kanzel entstand 1696.

Fortun (78 km nö): Urspr. Standort der Stabkirche Fantoft (→ Bergen).

Gaupne (43 km n): Das Portal der *Holzkirche* aus der 2. Hälfte des 17. Jh. stammt v. einer ma Stabkirche. - Bei Gaupne beginnt das Jostedal, das Norwegens größtem Gletscher, dem Jostedalsbre (1150 qkm), seinen Namen gegeben hat. Das Tal ist Ausgangspunkt für Wanderungen auf dem Gletscher.

Hopperstad Stavkirke/Vik (Fähre v. Hella nach Vangsnes, 60 km sw): *Stabkirche* v. ca. 1130, die 1885-92 nach dem Vorbild der Stabkirche in Borgund v. Peter Blix* restauriert wurde. Bemerkenswert sind das steile Dach und das W-Portal. Im Inneren ist die ma Chorschranke bewahrt. Renais-

Hopperstad Stavkirke ▷

Hopperstad (Kaupanger), Hove Kirke, Steinkirche aus dem späten 12. Jh.

Luster (Kaupanger), Dale Kirke, S-Portal

sancealtar v. 1621 mit got. Baldachin. – 1 km sö liegt die *Hove Kirke*, eine Steinkirche aus dem späten 12. Jh. Der Architekt Peter Blix*, der die Kirche im späten 19. Jh. restaurierte, ist in der Kirche begraben.

Kvamsøy Kirke (61 km w, über Balestrand): Die got. Kirche (ca. 13. Jh.) liegt auf einer kleinen Insel. Das Gotteshaus ist dem hl. Olav geweiht und war im MA eine Wallfahrtskirche. Der Altar stammt aus der Zeit v. ca. 1700.

Leikanger (36 km w): Die um 1250 erbaute *Kirche* wurde wiederholt umgebaut. Der Altar und die Kanzel entstanden 1605. – Bei Leikanger liegt *Fimreite*, wo 1184 die Schlacht zwischen Kong Sverre und seinem Rivalen Magnus Erlingson stattfand.

Luster (59 km n): *Dale Kirke*, eine got. Steinkirche. Im Inneren finden sich ma Fresken. Zur Einrichtung gehören ein ma Kruzifix, eine Kanzel aus dem 17. Jh. und ein Altar v. 1708.

Lærdal (Fähre nach Revnes, 14 km sö): In diesem Ort finden sich zahlreiche Holzhäuser aus dem 18. und 19. Jh.

Sogndal (11 km nw): 1,9 m hoher *Runenstein* (ca. 1100).

Urnes Stavkirke (Boot v. Solvorn, 25 km n): Man nimmt an, daß die Kirche in Urnes die älteste *Stabkirche* in Norwegen ist. Sie steht auf der World Heritage List für bewahrungswürdige Kunstdenkmäler der UNESCO. Das Bauwerk auf einer Landzunge im Lusterfjord wurde vermutlich Mitte des 11. Jh. errichtet und bereits im 12. Jh. umgebaut. Ältester Teil ist das N-Portal. Der achteckige Dachreiter entstand 1704. Die geschnitzten Türornamente repräsentieren einen eigenen Stil, den Urnes-Stil. Die Würfelkapitelle der 16 Masten im Innenraum sind reich verziert (Tiere und Fabelwesen). Über dem Chorbogen hängt eine roman. Kreuzigungsgruppe. Der Bischofsstuhl im Chor stammt aus dem 12. Jh., Altar und Kanzel entstanden im späten 17. Jh.

Vangsnes (Fähre v. Hella, 49 km w): *Fridtjof-Statue*. Die 12 m hohe Statue auf einem 14,5 m hohen Granitsockel wurde 1913 im Auftrag Kaiser Wilhelms II. errichtet. Kaiser Wilhelm war v. dem Epos »Fritiofs Saga« (1825) des schwed. Dichters Esaias

Hopperstad Stavkirke, Renaissance-Altar mit Baldachin ▷

Urnes Stavkirke

Tegnér so beeindruckt, daß er an dem Ort, wo der Wikingerheld der isländischen Saga vermutlich einmal lebte, dieses Denkmal errichten ließ.

Kirkenes Finnmark	
Einw.: 3800	S. 248 □ b 2

Kirkenes hat seine Entstehung und seine Existenz der A/S Sydvaranger zu verdanken. Der 1906 gegründete Betrieb verarbeitet das Eisenerz, das in Bjørnevatn abgebaut wird. Während des 2. Weltkriegs wurde Kirkenes bei russischen Bombenangriffen stark beschädigt und schließlich 1944 von den deutschen Truppen vollständig zerstört.

Kirkenes Kirke: Die schlichte Kirche wurde 1959 nach Plänen v. Sofus Hougen* erbaut. Der geschnitzte *Altar* ist ein Werk des Bildhauers Kristofer Leirdal*.

Außerdem sehenswert: Der Treppenaufgang der *Polizeiwache* wurde v. Kaare Espolin Johnson* dekoriert. – Ein *Denkmal* (die Statue eines russischen Soldaten) erinnert an die Befreiung 1944.

Umgebung

Bjørnevatn (11 km s): Eisenerzgruben, Tagebau. In den Stollen brachte sich die Bevölkerung v. K. während der Kämpfe 1944 in Sicherheit.

Bugøyfjord (66 km nw): Hier wuchs der lappische Graphiker Johan Savio* auf. Seine Werke sind u.a. in der Universitätsbibliothek in Tromsø und in der Nationalgalerie in Oslo zu sehen.

Grense-Jakobselv (60 km nö): In diesem Ort leben erst seit 1851 Norweger. Die ersten Siedler waren Lappen. – Die neugot. *Kong Oscar II's Kapell* wurde 1869 nach Plänen v. Jacob Wilhelm Nordan* erbaut als »ein geistlicher Wachtturm gegen den östlichen Koloß verschiedener Glaubens-

Kirkenes Kirke

richtungen« (»et åndelig vakttårn mot den østlige koloss forskjellige trosretninger«). Oscar II. besuchte die Kapelle 1873; bei dieser Gelegenheit erhielt sie auch seinen Namen. Altar mit einem Bild der Kreuzigung v. Gustav Adolph Lammers*. Außerdem 2 russische Ikonen (Christus und der hl. Trifon).

Neiden (45 km w): *St. Georgskapell*, griechisch-orthodoxe Kapelle aus der 2. Hälfte des 16. Jh. (1565?). Sie ist nur 3,5 × 3,25 m groß und 2,05 m hoch, das älteste Gebäude in Finnmark und soll v. dem hl. Trifon erbaut worden sein. Im Inneren finden sich alte Ikonen und Gemälde. – Die *Neiden-Kapelle* im Stil einer Stabkirche entstand 1902.

Nyrud (106 km sw): Die Fahrt nach Nyrud führt durch das landschaftlich reizvolle Pasviktal entlang der Grenze zur UdSSR. Hier liegt der Hof (*Noatun*, 1900) des Ornithologen Hans Th. L. Schaaning (1878–1956).

1970 wurde der *Øvre Pasvik Nasjonalpark* eingerichtet. Er ist 63 qkm groß und grenzt an Finnland und die Sowjetunion. Hier findet sich der größte Urwald in Norwegen, eine Art arktischer Nadelwald, der mit Birken durchsetzt ist. Höchster Punkt ist das 202 m hohe Steinfjell.

Storskog (15 km sö): Grenzübergang zur Sowjetunion.

Strand (über Ryeng, 39 km s): Im ehem. Internat v. 1905 ist das *Sør-Varanger-Museum* untergebracht. Die Sammlungen sind außerordentlich vielseitig, Scherenschnitte mit lappischen Motiven der Künstlerin Sigri Marie Riise* (1911–55), Trachten und andere Textilien, Möbel und Gegenstände aus dem 2. Weltkrieg.

Svanvik (42 km s): *Holzkirche* v. 1934. – *Bjørklund Bygdetun*, der Hof eines der ersten Siedler im Pasviktal. Er wurde im Jahre 1867 v. Jon Pedersen Fætten (1824–99) gerodet. – Einige Kilometer entfernt liegt die *Hohe 96* (Wachtturm). Von hier hat man eine gute Aussicht zur russischen Stadt Nikkel mit ca. 20 000 Einwohnern. Das Nickelwerk wurde 1934 von Finnen gegr.

Kirkenes, Eisenwerk

Kongsberg Buskerud	
Einw.: 21 000	S. 258 □ F 12

Ein Hirtenjunge und ein Hirtenmädchen fanden hier im Jahre 1623 Silber. Ein Jahr später wurde am Westufer des Flusses Lågen am Nybrufoss eine Stadt angelegt, die sich allmählich auch auf das Ostufer des Flusses ausbreitete. Von König Christian IV. erhielt sie den Namen *Konningsberg*. In der 2. Hälfte des 18. Jh. war sie mit etwa 10 000 Einwohnern nach Bergen Norwegens zweitgrößte Stadt. 1957 wurden die Silbergruben stillgelegt. Das war für die Stadt jedoch nicht von größerer Bedeutung, denn die 1814 gegründete Kongsberg Våpenfabrik war bereits seit langem der größte Arbeitgeber.

Kongsberg Kirke: Die Kirche ist einer der größten Barockbauten in Norwegen. Sie hat 2400 Sitzplätze und wurde 1740–61 als Kreuzkirche nach Plänen des Berghauptmanns Joachim Andreas Stuckenbrock errichtet. Als Vorbild diente vermutlich die Garnisonkirche in Potsdam bei Berlin. Die Einrichtung ist im Stil des Rokoko gestaltet. Der Altar mit darüberliegender Kanzel an der W-Seite des Langhauses und die Galerie für den König auf der gegenüberliegenden Seite wurden v. Brede Rantzau* und Hendrik Bech* geschaffen. Die Kirche wurde v. dem Rokokomaler Eric Gustav Tunmarck*, einem Schweden, dekoriert. Die Kronleuchter gelten als Norwegens schönste. Sie wurden um 1750 vom Nøstetangen-Glaswerk hergestellt.

Bergseminar (bei der Kirche): Das Bergseminar wurde 1757 eingerichtet. Das Schulgebäude, zweistöckig und 13 Fenster breit, entstand 1783. Heute befindet sich hier die Verwaltung eines Regiments.

Bergwerksmuseum (Hyttegate): Das Museum, das im Gebäude der alten Schmelzhütte untergebracht ist, dokumentiert die Geschichte der Silbergruben und Silberverar-

Kongsberg, Kongsberg Kirke, einer der größten Barockbauten Norwegens

Flesberg (Kongsberg), Kirche aus dem Jahre 1735

beitung. Große Silbersammlung sowie Münz- und Medaillensammlung der königlichen Münze.

Lågdalsmuseet (in Bahnhofsnähe): Kulturhistorisches Museum für das Gebiet K. und Numedal.

Außerdem sehenswert: In eine Felswand w des Zentrums haben sämtliche Könige v. Christian IV. (1623) bis Olav V. (1962) ihr Monogramm einhauen lassen. – *Norwegens älteste Landstraße* wurde 1624 im Auftrag v. Christian IV. v. K. über Hokksund nach Drammen gebaut. Der Abschnitt K.-Darbu (10 km nö) ist noch weitgehend in seinem urspr. Zustand bewahrt. – Auf dem *Knutefjell* befindet sich eine Damm- und Kanalanlage, die im 17. Jh. nach Plänen des dt. Grubendirektors Heinrich Schlanbusch angelegt wurde. Fertiggestellt war sie Ende des 18. Jh. und bestand aus 59 Dämmen und 50 km Kanälen. Erhalten sind noch etwa 20 Dämme und ein guter Teil des Kanalsystems.

Umgebung

Efteløt Kirke (20 km sö): Roman. Steinkirche, 1954 restauriert. Die Wanddekoration entstand 1649.
Fiskum (10 km nö): Mittelalterliche *Steinkirche*, eines der am wenigsten veränderten Gotteshäuser in Norwegen. Der Altar mit Kreuzigungsgruppe und das Taufbecken wurden in der 1. Hälfte des 18. Jh. v. Lars Sivertsen* geschnitzt. Die Kanzel datiert v. 1650 (bemalt 1747).
Flesberg (33 km nw): Die kreuzförmige *Kirche* v. 1735 geht auf eine Stabkirche aus dem 12. Jh. zurück.
Hedenstad Kirke (6 km s): Mittelalterliche Steinkirche mit Wandgemälden aus dem 17. Jh.
Hvittingfoss (36 km sö): *Felszeichnungen* aus der Bronzezeit. Zu sehen sind Schiffe, Fußsohlen und eine Hand.
Lyngdal (33 km n): *Kirche* v. 1697 mit sehenswerten Rosenmalereien im Inneren.
Nore Stavkirke (72 km nw): *Stabkirche* aus dem späten 12. Jh. Sie wurde zwischen 1650 und 1750 in Blockbauweise in eine

Rollag (Kongsberg), Stabkirche, Altardetail ▷

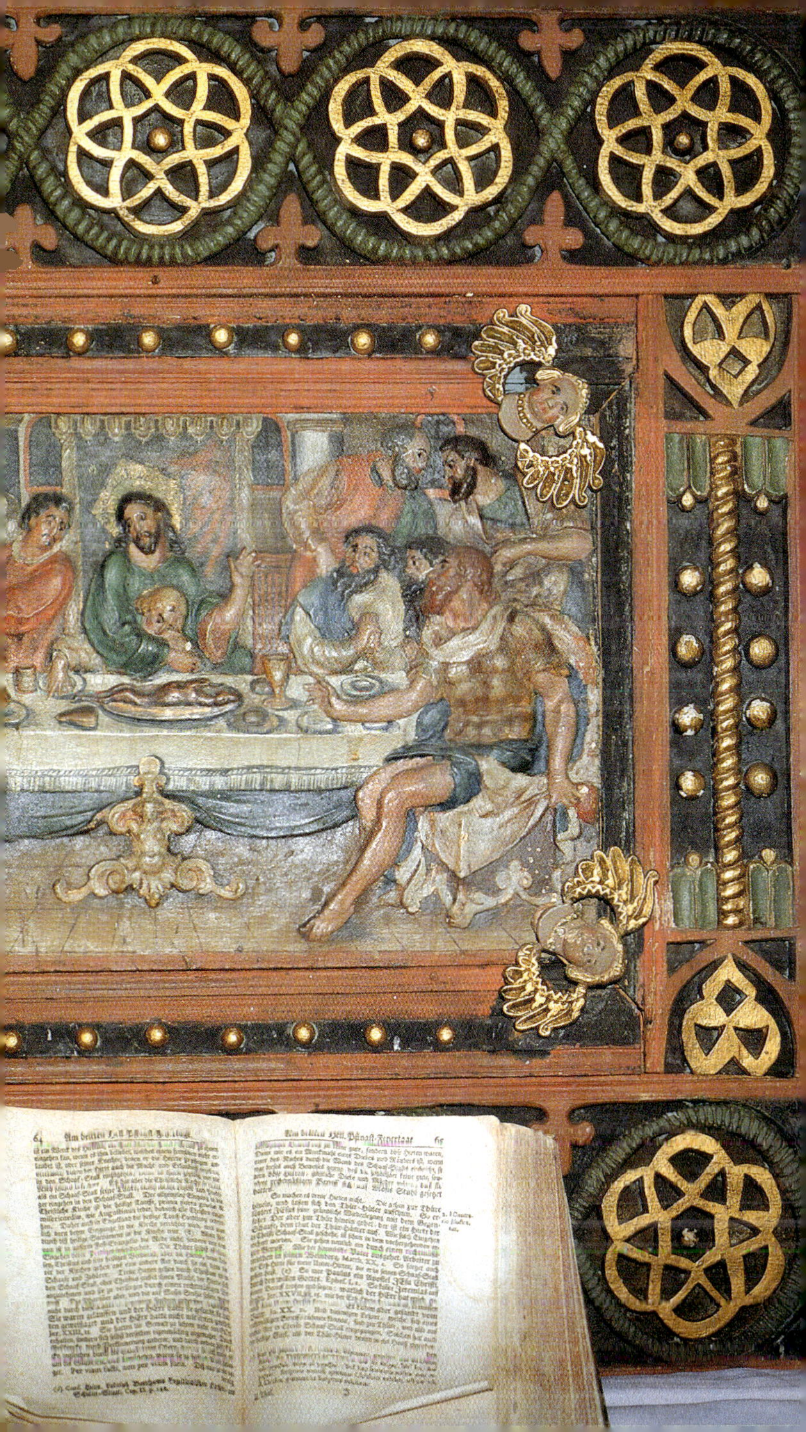

kreuzförmige Kirche umgebaut. Bes. sehenswert ist das W-Portal. Die bemalte Zwischendecke wurde Anfang des 18. Jh. eingezogen. Altar mit einem Gemälde des Abendmahls (Niels Bragernæs*) v. 1704, ma Taufstein. – *Frygnefelt,* Gräberfeld aus der Völkerwanderungszeit.

Rollag (58 km nw): *Stabkirche* aus dem 13. Jh., die wiederholt umgebaut wurde. 1932 restauriert.

Saggrenda (7 km sw): *Kongens Gruve.* Zusammen mit der Grube »Gottes Hülfe in der Noth« war sie die größte Silbergrube in K. Die Stollen und Schächte sind bis zu 1000 m tief. Mit einer Bahn kann man 2,3 km in den Berg fahren und befindet sich dann 342 m unter der Erdoberfläche. Hier kann man den ersten Lift (Fahrkunsten) der Grube besichtigen. Insgesamt wurden in den 78 Gruben 1300 t Silber gewonnen. Bis zu 4000 Menschen waren hier beschäftigt. – Von Saggrenda führt ein schmaler Weg (8 km) zur Knute-Hütte (722 m). Sie liegt am Fuß des Jonsknute (904 m). Hervorragende Aussicht.

Uvdal (105 km nw): Am Ende des Numedals gelegener Gebirgsort. – *Stabkirche* aus dem 12. Jh., die wiederholt umgebaut und erweitert worden ist. Von der alten Stabkirche ist das W-Portal erhalten. – Bei der Kirche liegt ein *Freilichtmuseum* (Uvdal Bygdetun) mit einem etwa 400 Jahre alten Gebäude, das erst als Pfarr- und später als Schulhaus diente.

Vestfossen (15 km nö): Alter Industrieort. Der *Herrensitz Fossesholm* wurde 1763 für Jørgen v. Cappelen erbaut. Die bemalten Tapeten im Salon stammen v. Eric Gustav Tunmarck*.

Nore Stavkirke (Kongsberg), Interieur mit Malerei aus dem 17. Jh.

Kongsvinger Hedmark	
Einw.: 17 500	S. 258 □ H 11

Der Ort am Knie des Glomma entstand bei einer Festung, die 1673–82 angelegt wurde. 1720 wohnten hier nur etwa 200 Menschen. Der Name war damals *Kongsvinger leir* (»Lager«). Nach der Union mit Schweden 1814 nahm der Grenzhandel erheblich zu. 1854 bekam Kongsvinger Stadtrechte.

Im Øvreby, unterhalb der Festung, stehen zahlreiche Häuser aus dem 18. und 19. Jh.

Kongsberg, Lågendalsmuseet, Blockhaus »Ulrich-hof-stua« aus dem Jahre 1741

Uvdal (Kongsberg), Stabkirche

Kongsvinger Festning

Vinger Kirke: Kreuzförmige *Kirche* aus Holz (1697). Der Turm mit Zwiebelkuppel.

Kongsvinger Festning: Die Festung, im wesentlichen 1681–82 erbaut, hat eine unregelmäßige Sternform und 16 Batterien. Bes. sehenswert sind eine Kaserne v. 1702 und das Kommandantenhaus. Die Festung, die die Schweden dann doch nie angegriffen haben, wurde 1823 aufgegeben. Seit 1982 ist hier ein militärhistorisches Museum untergebracht. – Das *Gullbekkfort,* eine neuere Festungsanlage 2 km w, war am 16.4. 1940 Schauplatz v. Kämpfen mit dt. Truppen.

Aamodtgården (in der Nähe der Festung): *Kongsvinger Museum und Kunstvereinigung.* Das Gebäude wurde 1801 für den Magazinverwalter der Festung, Rynning, errichtet. Das Museum hat eine eigene Abteilung für die Geschichte der Frau.

Außerdem sehenswert: *Hängebrücke* über den Glomma v. 1949.

Umgebung

Eidskog Kirke (bei Matrand, 23 km sö): Kreuzförmige *Holzkirche* v. 1665. Ausstellung v. Münzen, die 1966 bei der Restaurierung der Kirche gefunden wurden. Zur Einrichtung gehören u.a. ein ma Kruzifix, ein ma Taufstein und ein Altar aus dem 17. Jh. – In *Matrand* befindet sich das *Eidskog-Skolemuseum* in der ehem. Schule v. 1879.

Grinder Gård (24 km n): Der Herrensitz im Rokokostil wurde 1769 für die Familie v. Arntzen erbaut.

Kirkenær (35 km n): *Grue Kirke.* Die Steinkirche im Empirestil wurde 1828 nach Plänen v. H. D. F. Linstow* erbaut. Sie besteht aus Langhaus und einem Turm im W. Vor der Kirche erinnert ein Gedenkstein an die 113 Menschen, die beim Brand der Vorgängerkirche Pfingsten 1822 ums Leben kamen. – *Gruetunet/Freilichtmuseum:* Es sind

Kongsvinger, Vinger Kirke ▷

»Straße in Kragerø«, Gemälde v. Frits Thaulow, Nationalmuseum Oslo

u.a. zwei 400 Jahre alte Vorratshäuser zu sehen.

Magnor (33 km sö): *Glassverk.* Hier wird seit dem 18. Jh. Glas hergestellt. – An der Grenze zu Schweden steht ein 18 m hohes *Friedensmonument,* das v. Schweden und Norwegen 1914 gemeinsam errichtet wurde.

Odals Verk (10 km nw): *Eisenwerk,* in dem v. 1689 bis 1836 gußeiserne Öfen hergestellt wurden. Hauptgebäude v. 1767. Die zweigeschossige Rokokoanlage hat zum Hof Kolonnaden in beiden Etagen. *Pulverhaus* v. ca. 1600, *Kornspeicher* v. 1799. Im Park steht ein chinesischer *Pavillon.*

Skarnes (19 km nw): *Odalstunet/Freilichtmuseum.*

Skinnarbøl (bei Lier, 8 km ö): *Gutshof.* Haupthaus mit Empirefassade v. 1849. – Nördlich v. Skinnarbøl liegt die *Opstad Kirke,* eine kreuzförmige Holzkirche v. 1725. Ein Kruzifix und der Taufstein sind ma, der Altar wurde 1941 v. Dagfin Werenskiold* geschaffen.

Svullrya (45 km nö): Der Ort liegt inmitten des Finnskog, des Finnenwaldes, so genannt, weil hier im 17. Jh. nur Finnen lebten. Sie hatten sich um 1600 nach Jahren der Mißernte in diesem unbewohnten Gebiet angesiedelt.

Det gamle Finnetunet ist ein finnischer Hof aus dem 18. Jh.

Åsnes Kirke (58 km n, über Flisa): Kreuzförmige *Holzkirche,* 1876 umgebaut. Nach der Schlacht bei Trangen (ö) 1808 brachte man hier die schwed. Gefangenen unter. Die Gefallenen liegen in einem Gemeinschaftsgrab bei der Kirche.

Kragerø Telemark	
Einw.: 5900	S. 258 □ F 13

Auf der Insel Kragerøy gelegener Ort an der Grenze zwischen Østland und Sørland. Er hatte von 1666 bis 1960 Stadtrechte. Der Maler und Graphiker Theodor Kittelsen* (1857–1914) wurde hier geboren; Edvard

Kristiansand, Arne Vigelands Samlinger

Munch*, Frits Thaulow* und Wilhelm Otto Peters* waren hier tätig.

Kragerø Kirke: 1870 erbaute Backsteinkirche. Sie ersetzt eine kreuzförmige Holzkirche v. 1652. Die Einrichtung stammt überwiegend aus der alten Kirche. Das Altarbild v. 1878 ist eine Kopie v. Guido Renis Gemälde »Christus am Kreuz«.

Berg-Kragerø-Museum (am Hellefjord, 4 km außerhalb): Das Museum ist in einem Holzhaus (ca. 1800) untergebracht. Ausgestellt sind Gegenstände aus der Zeit v. 1650 bis 1850. In dem modernen Gebäude finden wechselnde Ausstellungen statt.

Batteriet på Gundersholm: *Befestigungsanlage*, die auf eine 1666 erbaute Schanze zurückgeht.

Außerdem sehenswert: Von der Höhe Storkollen (145 m) w des Ortes hat man eine

Kristiansand, Domkirke ▷

sehr gute Aussicht. – *Zollamt* v. 1783. – *Kittelsenhus* (Kittelsens vei 5), das Geburtshaus des Malers Theodor Kittelsen *(Museum)*.

Umgebung

Drangedal (44 km nw): *Emanuelkirke*, Holzkirche aus dem 18. Jh., umgebaut 1840–42. Klassizistische Kanzel v. 1847.

Sannidal Kirke (15 km w): Die kreuzförmige *Holzkirche* wurde 1771 errichtet. Sie ersetzt eine Stabkirche aus dem 13. Jh. Teile des Portals sowie der Taufstein dieser Kirche sind erhalten. – Bei der Kirche liegt ein *Freilichtmuseum*.

Kristiansand
Vest Agder

Einw.: 63 000	S. 256 □ E 13

Kristiansand liegt an der Mündung des Otra in den Byfjord und wurde 1641 von Christian IV. gegründet. Es ist Norwegens einzige Renaissancestadt. Der Stadtplan bildet ein Schachbrettmuster mit 54 Karrees. Große Teile der Stadt wurden bei einem Brand 1892 zerstört. Kristiansand ist der Geburtsort der Schriftsteller Jens Bjørneboe (1920–76) und Henrik Wergeland (1808–45).

Kristiansand Domkirke: Der Dom im neugot. Stil wurde 1885 v. Henrik Thrap-Meyer* erbaut. Er hatte 3 Vorgänger (1645, 1696 und 1738). Der Chor des Backsteinbaus befindet sich im W, der Turm (zum Markt) im O. Die Einrichtung stammt überwiegend aus dem späten 19. Jh. Der Altar ist mit einem Gemälde (Christus in Emmaus) v. Eilif Petersen* geschmückt. Die Bildfelder der Kanzel wurden v. Hugo Lous Mohr* geschaffen. Die 4 Statuen der Evangelisten stammen aus der Vorgängerkirche.

Christiansholm Festning: Die *Festungsanlage* wurde 1667 begonnen und 1674 fertiggestellt. Hier finden heute Kunst- und Kunsthandwerksausstellungen sowie Konzerte statt.

Kristiansand, Christiansholm Festning

»Morgen in Ny-Hellesund« (Kristiansand), Gemälde v. Amaldus Nielsen in der Nationalgalerie in Oslo

Setesdal (Kristiansand), Stube

Arne Vigelands Samlinger (Lagmannsholmen): In einem ehem. Pulverhaus (Kruttheset), Teil einer ehem. Festung, sind Gipsentwürfe sämtlicher Skulpturen v. Arne Vigeland* ausgestellt, außerdem Zeichnungen und einige seiner Skulpturen in Bronze. Vigeland, der übrigens nicht mit Gustav Vigeland verwandt war, modellierte überwiegend Tiere.

Gimle-Herrgård-Museum (Gimlemoen, in der Nähe der Oddernes Kirke): Das Herrenhaus wurde 1807 fertiggestellt. Hier sind Gemälde und Inventar aus dem 17., 18. und 19.Jh. ausgestellt.

Vest-Agder-Fylkesmuseum (Oddernes): Eines der größten und interessantesten Freilichtmuseen in Norwegen. Die 26 Gebäude sind in 3 Gruppen aufgeteilt: Vest Agder, Setesdal und K. Die Sammlungen enthalten u.a. Kircheninventar, Textilien, Möbel, Glas und Steingut.

Oddernes Kirke (Oddernes): Sie ist eine Steinkirche aus dem frühen MA mit einem W-Turm aus Holz v. 1699. Im Inneren hängt über dem Chorbogen ein ma geschnitzter Kopf eines Teufels, an der N-Seite des Chorbogens der Kopf eines Königs; das Pendant an der S-Seite wurde 1887 abgenommen, um dem Pfarrer den Zugang zur Kanzel zu erleichtern. Die barocke Kanzel entstand 1704, der ebenfalls barocke Altar ungefähr gleichzeitig. – Bei der Kirche stehen ein *Runenstein* mit Inschriften aus dem 10. und 11.Jh. und ein *Kriegerdenkmal* v. Ingemund Berulvson* (Mutter und Kind).
Nach Oddernes führt die 339 m lange Oddernes-Brücke.

Außerdem sehenswert: *Statue v. Henrik Wergeland* im Stadtpark (Byparken), ein Werk v. Gustav Vigeland*. Sie wurde am 17.6. 1908 am hundertjährigen Geburtstag des Dichters enthüllt. Das Denkmal der Schwester Wergelands, der Schriftstellerin Camilla Collett, wurde erst 1973 auf dem Platz bei der Festung (Retranchementet) enthüllt. Es wurde v. Ingemund Berulvson* geschaffen. – Im NO der Stadt, u.a. in der Skippergata, sind zahlreiche *Häuser* aus dem 18. und 19.Jh. erhalten. – Nördlich des Zentrums liegen der *Baneheia-* und der *Ravnedalen-Naturpark*, der 1875 v. General Oscar Wergeland angelegt wurde. – Die *Statue des Stadtgründers Christian IV.* (Arne Vinje Gunnerud*, 1981) steht in der Festningsgata.

Umgebung

Bygland (96 km n): *Holzkirche* v. 1838. Die Einrichtung ist erheblich älter. – *Heimatmuseum* mit alten Gebäuden aus der Gegend.
Bykle Kirke (190 km n): Eine der kleinsten Kirchen in Norwegen (11 m lang). Der Holzbau wurde wahrscheinlich 1619 errichtet. Altar und Kanzel entstanden im 17.Jh. 1826 wurde die Kirche v. dem Rosenmaler Anders Vasshus* mit Akanthusranken ausgemalt.
Grovane (20 km n): *Museumseisenbahn* (Relikte der Setesdalbahn). Der Zug wird v. einer Lokomotive v. 1895 gezogen. Die Brücken, Tunnels und engen Kurven sind ein Erlebnis.

Valle (Kristiansand), Rygnestad Gård

Ny-Hellesund (sw, Fähre): Idyllischer Fischerort, der wegen seiner Schönheit auch »Sørlandets Perle« genannt wird. Die Bebauung geht teilweise auf das 17. Jh. zurück.

Søgne (15 km sw): *Holzkirche* v. 1604. Im Inneren ist bes. die Galerie sehenswert, die mit Bildern v. Propheten und Heiligen geschmückt ist (1727). Beim Pfarrhof steht eine Büste des Dichters Bjørnstjerne Bjørnson. Sein Vater war hier ab 1853 Geistlicher.

Tveit Kirke (17 km nö): *Steinkirche* aus dem 11. Jh. Altar und Kanzel stammen aus dem 17. Jh.

Valle/Setesdal (160 km n): Von K. führt die Reichsstraße 12 durch das Setesdal bis nach Haukeligrend (241 km) am Rande der Hardangervidda. Folgt man dieser Straße, so erlebt man die Vielfalt der norweg. Natur v. den Schären der Küste bis zu den baumlosen Gipfeln und Ebenen des Hochgebirges. Valle gilt als der schönste Ort im Setesdal. *Kirche* v. 1844. – 12 km n v. Valle liegt der *Rygnestad Gård*, Teil des Setesdalsmuseums. Der Hof besteht aus Bauwerken aus dem 14. bis 19. Jh.

Årdal (bei Byglandsfjord, 76 km n): *Holzkirche* v. 1827. Auf dem Kirchhof steht ein *Runenstein* v. ca. 1100.

Kristiansund Møre og Romsdal	
Einw.: 18000	S. 250 □ D 8

Kristiansund wurde nach dem damaligen König Christian VI. benannt, als der Ort 1742 die Stadtrechte bekam. Der ursprüngliche Name war *Fosna*. Ausgrabungen haben bewiesen, daß hier schon vor 10000 Jahren Menschen lebten.

Kristiansund, das auf 3 Inseln (Kirkelandet/Gomalandet, Innlandet und Nordlandet) liegt, besitzt einen sehr guten Hafen. Bei einem deutschen Bombenangriff 1940 wurde fast die ganze Stadt zerstört.

Kristiansund Kirke/Kirkelandet Kirke: Die

Kristiansund, Nordlandet Kirke mit zentralem Turm

Tingvoll (Kristiansund), Kanzel in der roman. Steinkirche

Kirche wurde 1964 nach Plänen v. Odd Østbye* erbaut. Der Grundriß ist fächerförmig; die vorherrschenden Baumaterialien sind Glas und Beton.

Lossiusgård: *Patrizierhaus* (spätes 18. Jh.), eines der 3, die den Krieg überstanden. Die anderen sind der *Brodtkorpsgård* v. 1786 und der *Christiegård* v. 1835.

Mellomværft: Werft aus dem 19. Jh., in der Segelschiffe restauriert werden. Abteilung des Nordmøre-Museums.

Nordlandet Kirke: Kreuzförmige Kirche mit zentralem Turm, 1914 nach Plänen v. H. Schytte Berg* erbaut. Die Fenster schuf Emanuel Vigeland*.

Nordmøre-Museum: Kulturhistorisches Museum. Bes. sehenswert ist die Fischereiabteilung. In der archäologischen Abteilung sind Funde der Fosna-Kultur ausgestellt.

Steinalderboplasser Voldvatnet (Nordlandet, Nähe Flugplatz): Hier fand der Lehrer und Hobbyarchäologe Anders Nummedal in Form einer Speerspitze 1909 die ersten Spuren der Steinzeitkultur, der später der Name Fosna-Kultur gegeben wurde. Die 4 Wohnplätze lagen damals direkt am Wasser auf einer Insel. Der Wasserstand lag etwa 40 m höher als heute.

Außerdem sehenswert: *Wold Brygga*, eine Böttcherwerkstatt aus der Zeit um die Jahrhundertwende. – *Sørsundbrua*. Die Brücke über den s Sund ist 430 m lang. Auf ihr befindet man sich 43,5 m über der Wasseroberfläche. – *Varden*, Aussichtspunkt auf Kirkelandet mit 10,5 m hohem Aussichtsturm. In unmittelbarer Nähe liegen die Teiche (Vanndamman), die K. in früheren Zeiten mit Trinkwasser versorgten.

Umgebung

Grip (mit der Fähre, nw): Malerischer Fischerort. 1650, in seiner Blütezeit, wohnten hier etwa 350 Menschen. Die letzten ständigen Bewohner verließen 1974 die Insel. – Die *Kirche* aus dem 17. Jh. birgt Reste einer Stabkirche aus dem 14. Jh. Die Chorwand wurde 1621 mit Szenen aus dem Alten und

Kristiansund, Panorama

Kristiansund, Lossiusgård, Patrizierhaus aus dem späten 18. Jh.

Hedrum Kirke (Larvik), Portaldetail

Stavern (Larvik), Rokokokirche

Neuen Testament ausgeschmückt. Der Altar ist ma.

Der 47 m hohe *Leuchtturm* stammt aus dem Jahre 1888.

Halsa (27 km ö): *Holzkirche* v. 1724. Altar, Kanzel und Taufe datieren aus dem 18. Jh.

Kvernes (auf der Insel Averøya, 12 km s): Die *Stabkirche* v. ca. 1200 wurde 1633 grundlegend umgebaut. Der barocke Altar entstand 1603. Die Wände des Chors sind mit Szenen aus dem Alten und Neuen Testament dekoriert (17. Jh.), die Chorschranke ist mit einem Monogramm Christians VI. geschmückt.

Gamle Kvernes Bygdemuseum ist ein Freilichtmuseum.

Tingvoll (46 km sö): Roman. *Steinkirche* aus dem 12. Jh. Einer Runeninschrift zufolge hat sie ein gewisser Gunnar erbaut. In den etwa 2 m dicken Mauern verbergen sich Gänge und Treppen. Die Kanzel entstand 1632, der Altar 1660. - Bei der Kirche steht ein *Pranger*. Pranger waren in Norwegen bis 1840 in Gebrauch.

L

Larvik Vestvold	
Einw.: 37 500	S. 258 □ G 12

In Larvik, das 1671 Stadtrechte erhielt, hatte der dänische Statthalter Ulrik F. Gyldenløve seine Residenz. Die Stadt am Fluß Lå-

Lillehammer, De Sandvigske Samlinger på Maihaugen, Speicher

gen machte sich schon früh durch Holzhandel und Schiffsbau einen Namen. 1642 wurde das Fritzø Jernverk (Fritzø-Eisenwerk) gegründet. Es war, bis es 1868 stillgelegt wurde, der wichtigste Hersteller von Kanonen und Kanonenkugeln in Skandinavien. 1880 entdeckte man eine Heilquelle, und Larviks große Zeit als Badeort begann. In Larvik wurde das Polarforschungsschiff »Fram« gebaut. Von hier gibt es Fährverbindungen nach Frederikshavn in Dänemark.

Langestrand Kirke: Achteckige Holzkirche v. 1818. Altarbild ist das *Abendmahl* v. Leonardo da Vinci (Kopie v. C. Krohg*).

Larvik Kirke: Die Backsteinkirche wurde 1677 eingeweiht. Im Innenraum hängt das berühmte Gemälde v. Lucas Cranach d. Ä.*, »Jesus segnet die unschuldigen Kinder«. Das übrige Inventar stammt aus dem 19. Jh. In der Nähe der Kirche liegt das *Hospital,* eine dreiflügelige Anlage nach dänischem Vorbild (1762).

Fritzøehus (etwas außerhalb): *Fabrikantenvilla,* wurde 1863 v. Jacob Wilhelm Nordan* im historisierenden Stil für Michael Treschow erbaut. Der Turmflügel entstand 1897–98. Das Gebäude beherbergt seit 1978 eine Stiftung.

Herregården (Herregårdsbakken): Die ehem. *Residenz* des dän. Statthalters in Norwegen wurde 1674–77 erbaut und 1733 umgebaut. Das zweistöckige Holzgebäude hat nur nach S eine symmetrische Fassade. Inneneinrichtung im Barock-, Rokoko- und Empirestil. Heute ist hier das *Stadtmuseum* untergebracht. – In die Felswand beim Herregård sind die Namen der Könige eingehauen, die hier zu Besuch weilten.

Larvik-Sjøfartsmuseum (Tollerodden): Das Seefahrtmuseum ist im alten Zollhaus aus der 1. Hälfte des 18. Jh. untergebracht. Eine Abteilung ist dem Walfang gewidmet, eine weitere dem Bootsbauer Colin Archer: Hier finden sich Modelle des Rettungsschiffes »Colin Archer« und des Expeditionsschiffes »Fram«. In der Thor-Heyerdal-Abteilung Modelle der »Kon-Tiki« und »Ra II«. Vor dem Museum eine Statue des Kapitäns der »Fram«, Oscar Wisting. – Der *Larvik-Kunstverein* hat seine Räume in der 1. Etage.

Fritzøe-Verksmuseum (Fritzøe Verk): Die Sammlung dokumentiert die Arbeit der Eisenhütte v. ca. 1640 bis 1868. Das Eisenerz wurde überwiegend aus Arendal mit dem Schiff herangeschafft.

Bøkeskogen: Nördlichster Buchenwald der Welt. Hier findet sich ein *Gräberfeld* (das größte in Vestfold) mit ca. 90 Grabhügeln. Der älteste stammt aus der Wikingerzeit (um 1000).

Außerdem sehenswert: Auf der Storgate befindet sich die *Haakon 7's Kilde* (Quelle): Hier wird das Farris-Mineralwasser hergestellt. Es handelt sich um die einzige Mineralwasserquelle Norwegens.

Umgebung

Berg Kirke (über Stavern, 15 km sw): Die Kirche aus dem frühen 12. Jh. wurde bis 1970 wiedererrichtet. Kanzel 1592.

Hedrum Kirke (10 km n): Steinkirche aus dem 11. Jh. Der quadratische W-Turm ist aus Holz. Bes. sehenswert sind die S-Portale in Chor und Langhaus. Im Inneren finden sich eine Renaissancekanzel v. 1589, ein Barockaltar v. ca. 1660, eine Madonna v. ca. 1300 sowie eine spätgot. Kreuzigungsgruppe. Grabplatten in Schiff und Chor.

Stavern (8 km s): *Hafenort* an der Mündung des Larvikfjords. 1943 erhielt er die Stadtrechte. Mit ca. 2600 Einw. ist Stavern die kleinste Stadt in Norwegen. – 1750–56 wurde die *Festung Frederiksvern* errichtet. Sie war damals der Hauptflottenstützpunkt in Norwegen und gab dem Ort bis 1930 seinen Namen. Das Kommandantenhaus entstand 1751, die Wache 1752. Weiterhin finden sich ein Zeughaus, Magazine und ein Pulverturm. Außerhalb der Wälle liegen die Häuser der Offiziere und Garnisonssoldaten. Heute dienen sie als Altenheim für Seeleute. – Die *Rokokokirche,* eine kreuzförmige Kirche aus Backstein, gehörte urspr. zur Festung. Über dem Portal ist das Monogramm v. Frederik V. zu sehen. Im Inneren findet sich eine Königsloge mit dem Monogramm v. Christian VII. (1778, Joen Jacobsen*). Der Altar ist mit Gemälden der Kreuzigung und der Himmelfahrt v. Jacob Pedersen Lindgaard* geschmückt.

Lillehammer, Schaufelraddampfer Skibladner (1857)

Die Altarfiguren stammen v. dem Kopenhagener Schnitzer S.C. Stanley*. Die Dekke hat ein Sternenhimmeldekor und eine sehenswerte Uhr in der Mitte. – Auf dem *Kirchhof* ist der Schriftsteller Jonas Lie (1833–1908) mit seiner Frau Thomasine begraben. Sie sind auf dem Relief v. Jo Visdal* zu sehen, das den Grabstein ziert. Lie schrieb in Stavern den Roman »Kommandørens døtre« (»Die Töchter des Kommandanten«).

Auf der *Citadelløy* im Fjord wurde 1677 für den Statthalter Ulrik Frederik Gyldenløve ein Blockhaus errichtet. Die Befestigungen entstanden 1687–89.

Oberhalb des Ortes (Mølleberg) steht eine *Statue des Seehelden Peter Wessel Tordenskiold* v. Gustav Vigeland* (1926).

Die Innendekoration der *Minnehalle* (Gedächtnishalle; 1925) für die Seeleute, die 1914–18 und 1939–45 ums Leben kamen, schuf der Bildhauer Nicolas Schiøll*.

Tanum Kirke (7 km sw). Steinkirche aus dem frühen 12. Jh. mit W-Turm aus Holz. Der ma Taufstein stammt v. der Insel Gotland. Bemerkenswert sind die Tierreliefs. Der Altar entstand 1685. – Der *Pfarrhof* im Barockstil wurde 1760 erbaut.

Tjølling Kirke (7 km ö): Steinkirche aus dem 12. Jh. Schiff und Chor haben, was ungewöhnlich ist, dieselbe Höhe. Das Gebäude wurde bei einem Erdbeben 1755 beschädigt und 1762–67 wiederhergestellt. Altar v. 1632, Renaissancekanzel v. 1598, Rokokotaufe, umgeben v. einem sog. Taufhaus (Jacob Pedersen Lindgaard*). – Das *Pfarrhaus* entstand im Jahre 1805.

Lillehammer Oppland	
Einw.: 22300	S. 254 □ G 10

Lillehammer liegt am Anfang des Gudbrandsdals, wo der Mesna in den Mjøsa, den größten See Norwegens, mündet, und erhielt 1827 Stadtrechte.

De Sandvigske Samlinger på Maihaugen: Das größte Freilichtmuseum Norwegens wurde 1887 v. dem Zahnarzt Anders Sandvig (1862–1950) gegr. Sandvig kam 1885 nach L. Der erste Gegenstand, den er erwarb – Honorar für eine Zahnbehandlung – war ein geschnitztes Holzgefäß, die Apostelkanne v. ca. 1750.

Die Sammlungen umfassen ca. 125 historische Bauwerke und ca. 30000 Gegenstände. Man kann die Bautraditionen im Gudbrandsdal studieren, v. den Blockhäusern mit offener Feuerstelle (årestue) bis zu Ge-

Lillehammer, De Sandvigske Samlinger

Lillehammer, De Sandvigske Samlinger

bäuden mit 2 Stockwerken. Zu sehen sind u.a. der Hof eines Häuslers (Knutslykkja) aus dem 18. Jh., ein Hof aus dem Gebirge (Øygarden) mit 17 Gebäuden und der Gutshof Bjørnstad mit 26 Gebäuden. De gamle verksteder ist eine eigene Abteilung, in der 30 verschiedene Handwerksbetriebe aus Stadt und Land zu sehen sind. Das Wandgemälde »Mai« im Store Maihaugsal schuf Jacob Weidemann* (1967). Weidemann lebt auf dem Hof Ringsveen bei L. Größter Schatz des Museums ist wohl die *Stabkirche v. Garmo*. Sie wurde ca. 1200 in Garmo bei Lom v. Thorgeir dem Alten erbaut. Das Querschiff und die Sakristei stammen aus der Zeit nach der Reformation. Knut Hamsun wurde 1859 in dieser Kirche getauft. Der Taufstein entstand ca. 1100, die Kanzel stammt aus der Hustad Kirke in Romsdal und datiert v. 1730, der Altar v. 1695 (Sigvard Guttormsen*).

Lillehammer Bys Malerisamling (Stortorget): Eines der besten Kunstmuseen in Norwegen. Fast alle norweg. Maler v. Jo-

Webkunst

Die Textilkunst ist sehr alt in Norwegen. Älteste Spuren führen zurück bis in die Steinzeit. Beispiele der groben Gewebe (Wolle) der Bronzezeit und der raffinierten gemusterten Stoffe und Borten der Eisenzeit sind erhalten. In der Wikingerzeit kamen die Webgerätschaften nach Norwegen, die für Hunderte von Jahren nicht verändert werden sollten.

Die Weberei war durch Generationen der Stolz der norwegischen Frauen. Bei feierlichen Anlässen schmückten sie die Wände der besten Stube (storstue) von der umlaufenden Bank bis zur Decke mit ihren Erzeugnissen.

Man konnte kein Fest feiern, ohne Teppiche an der Wand aufzuhängen, wofür man sogar ein eigenes Wort hatte, »tjelde«. Die Kirchen wurden auf dieselbe Art geschmückt.

Das größte Interesse gilt den Bildteppichen. Aus dem 9. Jahrhundert stammt der friesartige Teppich aus dem Osebergschiff. Er wird an Klarheit der Form jedoch weit von dem Prachtstück aus der Baldishol-Kirche aus dem 12. Jahrhundert übertroffen. Von diesem Teppich geht die Entwicklung weiter zu dem reichen Schatz an Bildteppichen mit biblischen Motiven aus dem 16. und 17. Jahrhundert (u.a. im Kunstindustriemuseum, Kunsthandwerksmuseum in Oslo).

Daß das Weben von Bildern damals eine Blüte erreichte, ist auf einheimische Traditionen und neue Impulse von außen zurückzuführen. Die Bauerngesellschaft des 17. Jahrhunderts wurde Einflüssen der Stadtkultur ausgesetzt. Das Resultat war ein volkstümlicher Stil mit starken Farben und klare und eindeutige Wiedergabe damals populärer Motive.

Zeichnung der Hjaltarstue von ca. 1570, die ▷ *heute Teil der Sandvigske Samlinger ist. Der erste Stock ist über eine Außentreppe zugänglich, das Dach mit Gras gedeckt.*

»Baldishalteppet« (12. Jh.) aus dem Kunstindustriemuseum in Oslo

Ringebu Stavkirke (Lillehammer)

han Christian Clausen Dahl* bis heute sind hier vertreten. Besondere Beachtung verdienen die Aktzeichnungen v. Rolf Lunde*. Das Gebäude, in dem sich auch das Kino befindet, wurde 1963 v. Erling Viksjø* erbaut. - Auf dem Stortorg steht ein *Denkmal für Anders Sandvig*. Es zeigt den einzigen Ehrenbürger v. L. sitzend, mit der Apostelkanne im Schoß. - Auf dem Lilletorv steht eine *Statue v. Ludvig Wiese*, dem Gründer v. L. (Rolf Lunde*, 1927).

Norsk kjøretøyhistorisk Museum (Mesnasentret): Das Fahrzeugmuseum wurde 1983 gegr. und zeigt Ausstellungsstücke vom Schlitten bis zum Automobil.

Außerdem sehenswert: *Breiseth Hotel*, beliebter Versammlungsort der Maler um die Jahrhundertwende. An den Wänden hängen u.a. Gemälde v. Thorvald Erichsen*. - Die *Backsteinkirche* entstand 1882. - In *Bjerkebæk* (Sigrid Undsets vei) lebte die Schriftstellerin Sigrid Undset (1882-1949) ab 1921 bis zu ihrer Flucht aus Norwegen.

Umgebung

Drotten (10 km n): Ca. 4000 Jahre alte *Felszeichnungen*. Dargestellt sind überwiegend Tiermotive.

Follebu (19 km nw): *Aulestad*. Auf diesem Hof lebte der Schriftsteller Bjørnstjerne Bjørnson (1832-1910, Nobelpreis 1903) ab 1875. Hier schrieb er seine bekanntesten Werke. Die *Follebu-Kirche* stammt aus dem MA.

Fåvang Kirke (vor Fåvang, 47 km n): Die Steinkirche aus dem 13. Jh. wurde im 17. Jh. in eine kreuzförmige Kirche umgebaut. Altar und Kanzel im Renaissancestil.

Jørstadmoen (8 km nw): Exerzierplatz und Militärschule. Der Exerzierplatz wurde schon im 18. Jh. benutzt.

Ringebu Stavkirke (57 km n): Die *Stabkirche* mit 12 Trägermasten im Innenraum ist ungewöhnlich groß und wurde 1630 umgebaut (Querschiff, Chor, Turm). Der Tauf-

Sørum Kirke (Lillestrøm), Barockaltar ▷

Lom Stavkirke

stein stammt aus dem 12. Jh., die geschnitzte Figur des hl. Laurentius aus dem 13. Jh., das Kruzifix aus dem 14. Jh. Die Kanzel wurde v. Lars Jensen Borg* geschaffen (1703), der Altar v. Johannes Skraastad* (1686).

Sør-Fron Kirke (bei Hundorp, 73 km nw): Achteckige Steinkirche v. 1787. Einrichtung im Louis-seize-Stil. Die Kanzel (1706, aus einer Vorgängerkirche) befindet sich über dem Altar, wie es zur Zeit des Pietismus üblich war. Der Baumeister der Kirche, Svend Halvorsen Aspaas*, war auch beim Bau der Røros Kirke beteiligt.

Tretten Kirke (30 km nw): Kreuzförmige Kirche aus Holz v. 1728.

Østre Gausdal Kirke (28 km nw): Steinkirche aus dem 13. Jh. Der Altar und die Kanzel stammen aus dem 18. Jh. Der *Pfarrhof* aus der 2. Hälfte des 18. Jh. ist der größte in Norwegen. Er hat 36 Zimmer.

Øyer Kirke (22 km n): Die Kirche wurde 1725 erbaut und ist vermutlich die erste kreuzförmige Kirche aus Holz im Gudbrandsdal.

Lillestrøm Akershus/Romerike	
Einw.: 12000	S. 258 □ H 12

Lillestrøm erhielt bereits 1854 als einer der ersten Orte in Norwegen einen Eisenbahnanschluß. Die Wirtschaftsgrundlage bildete damals wie heute die holzverarbeitende Industrie.

Der Maler Henrik Sørensen (1882–1962) stammte aus Lillestrøm. Das Gymnasium in Lillestrøm besitzt mehrere Gemälde v. ihm.

Lillestrøm Kirke: Die mit Backsteinen verblendete Betonkirche wurde im Jahre 1935 v. dem Architekten Dagfinn Morseth* erbaut. Im Innenraum sieht man hinter dem Altar ein Fresko v. Henrik Sørensen* (Christus in der Mandorla). Der Altar, die Kanzel und das Taufbecken sind mit Bronzereliefs v. Trygve Dammen* geschmückt. Die Glasmalerei über der Galerie schuf Per Vigeland*.

Lom Stavkirke, Giebeldetail

Lom Stavkirke

Umgebung

Enebakk Kirke (27 km s): Steinkirche aus dem frühen MA. Sie wurde um 1300 errichtet und ist die einzige ma Kirche in Akershus mit einem jedenfalls teilweise intakten W-Turm. Das W-Portal besitzt eine Tür v. ca. 1700 mit got. Beschlägen. Die Kanzel entstand 1667 (Christopher Ridder*), der Altar im 17. Jh., die Taufe ist ma, und die Wandmalereien stammen aus dem späten 16. Jh. - Westlich der Kirche in *Eikeberg* (Ekeberg) liegt der *Børter Gård* mit einem Hauptgebäude v. 1771. Die Schriftstellerin Ragnhild Jølsen (1875-1908) hat ihn in ihren Büchern beschrieben.

Lørenskog Kirke (5 km sw): Mittelalterliche Steinkirche, dem hl. Laurentius geweiht. Bemerkenswert sind die Kanzel v. 1658 und eine Holzskulptur des hl. Laurentius aus dem 14. Jh.

Rælingen (4 km s): *Holzkirche* v. 1828. - Freilichtmuseum *Rælingen Bygdetun* mit Bauernhaus und Vorratshaus v. ca. 1800.

Rånåsfoss (25 km nö): Das Kraftwerk am Glomma wurde 1918-22 erbaut. Es ist nicht mehr in Betrieb. - S. v. Rånåsfoss liegt die *Blaker Skanse,* eine Verteidigungsanlage an der Glomma linje, die 1683 zur Sicherung des Blakersunds errichtet wurde.

Skedsmo Kirke (5 km n): Die ma Steinkirche wurde 1858-64 umfassend umgebaut. Kanzel v. 1587, Altar v. 1693, ma Taufstein. - Im *Skedsmotun-Bygdemuseum* ist ein Beamtenhaushalt aus dem frühen 19. Jh. zu sehen.

Sørum Kirke (bei Lørenfallet, 20 km nö): Mittelalterliche Steinkirche. Zur Einrichtung gehören ein ma Taufstein, eine Kanzel (17. Jh.) und ein Altar (18. Jh.)

Lom Oppland/Gudbrandsdal	
Einw.: 800	S. 254 □ E 10

Südwestlich dieses Ortes im nördlichen

Holzschnitzerei

In kaum einem anderen Land hat die Schnitzerei so alte und reiche Traditionen wie in Norwegen. Die Saga berichtet, daß König Olav der Heilige ein guter Handwerker war und daß er die Drachenköpfe seiner Langschiffe selber schnitzte.
Bereits im 9. Jahrhundert erreicht die Holzschnitzerei ihren ersten Höhepunkt, wie der Osebergfund beweist. Im Mittelalter wurden die Portale der Stabkirchen mit üppigen geschnitzten Ornamenten im Drachenstil geschmückt. Von den Giebeln der Dächer glotzten phantastische Drachenköpfe. Auf den Portalpfosten sieht man noch heute Ornamente im heidnischen Tierstil, gemischt mit Stilformen, die mit dem Christentum nach Norwegen kamen. Die Ornamente im Tierstil legen von einer hochentwickelten Technik Zeugnis ab; die Reliefs sind mehrere Zentimeter tief.
Nach und nach wurden dann auch Wohnhäuser, Stuben und Betten mit Schnitzereien geschmückt. Türrahmen und Verkleidungen von offenen Umgängen (svalganger) wurden von tüchtigen Holzschnitzern künstlerisch ausgestaltet.
1699 fertigte ein holländischer Meister für den Dom in Christiania (Oslo) einen neuen Altar und eine neue Kanzel. Er führte den Akanthusstil in Norwegen ein, wo er sich schnell verbreitete. Im Gudbrandsdal fand er zu einer beachtenswerten eigenwilligen Ausformung.
Die Holzschnitzer haben die eindrucksvollsten Werke der norwegischen Volkskunst geschaffen. Der Akanthusstil des Gudbrandsdals blieb nicht nur auf die Kirchen beschränkt, er fand seinen Weg auch in das norwegische Heim. Akanthusranken schmükken Schränke, aber auch Gebrauchsgegenstände wie Reisetruhen, Gefäße mit Deckel für Grütze und Mangelhölzer. Sogar Zaumzeug und Schlitten werden mit den charakteristischen Blättern verziert.

Trolle

»Troll, sei dir selbst genug«, heißt es in Henrik Ibsens »Peer Gynt« (2. Akt). In der nordischen Überlieferung stößt man oft auf Trolle, meist als übernatürliche Wesen, groß wie Riesen (norwegisch »jutul« oder auch »jotun«). Sie hatten drei, sechs oder neun Köpfe und stellten im alten Volksglauben das Böse dar. Das Gutmütige, das die Trolle in den Märchen gelegentlich haben, wurde ihnen erst später angedichtet.
Trolle und andere übernatürliche Wesen wohnten hoch im Norden oder in den Bergen. In *Jotunheimen* gab es schon vor Urzeiten Trolle, und auf dem *Dovrefjell* wurde Peer Gynt fast mit der Tochter des Dovre-Alten, einem Trollkönig, verheiratet. Im *Romsdal* gab es früher auch viele Trolle. Einmal hielten sie Hochzeit und tranken so viel, daß sie nicht merkten, wie es hell wurde. Als die Sonne aufging, wurden sie alle zu Stein. Sie sind immer noch da und haben heute den Namen Trolltindene (tind = Zinne, Gipfel, s von Åndalsnes). Ähnliche Sagen gibt es in ganz Norwegen, und das Wort »troll« findet sich in vielen Ortsnamen. Ein größeres Gebirge zwischen Nordmøre und Süd-Trøndelag heißt Trollheimen. Der Trollstigvei bei Åndalsnes ist eine bekannte Touristenattraktion. Edvard Grieg nannte sein Haus bei Bergen Troldhaugen. Von der Trollwand – Trollveggen – in Romsdal kann man mit dem Fallschirm springen.
Fast alle norwegischen Kinder kennen das Märchen »Die Trolle im Hedalsskog« aus Asbjørnsen und Moes »Volksmärchen« (1840–44 und 1845–47, dt. 1881). Um 1835 begannen diese beiden, Märchen und Sagen zu sammeln. – Einige der bekanntesten norwegischen Künstler haben Trolle gezeichnet. Der Meister war ohne Zweifel Theodor Kittelsen* (1857–1914). Dieser phantasiebegabte Künstler ist heute als der Inbegriff des Trollzeichners bekannt.

Vågåmo (Lom), Vågå Kirke, Portal

Gudbrandsdal befindet sich der höchste Berg Norwegens, der 2469 m hohe Galdhøpiggen.

Früher waren es die Pilger, die das Gudbrandsdal auf dem Weg nach Trondheim zum Schrein des hl. Olav besuchten, heute sind es die Touristen.

Lom Stavkirke: Die Stabkirche wurde Ende des 12. Jh. erbaut. Nach ungefähr 30 Jahren ersetzte man den Chor durch einen größeren mit Apsis. 1634 wurde nach W hin angebaut, 1663 errichtete man das Querschiff. Barockkanzel v. 1793 (Jakob Sæterdalen*), Renaissancealtar mit Abendmahlsbild v. 1669. – Zwischen Kirche und Schule befindet sich ein *Denkmal* für den Dichter Olav Aukrust (1883–1929) v. Dyre Vaa*. Aukrusts Sammlungen bilden die Grundlage für das *Museum* v. L. Lom Bygdemuseum.

Umgebung

Bjølstad Gård (über Randen und Randsverk, 58 km sö): *Hof*, der unter Denkmalschutz steht. Das alte Hauptgebäude entstand 1743, das neue 1820. Vorratshaus v. 1531.

Das nahe gelegene *Heider* hat die größte Zahl denkmalgeschützter Gutshäuser (Höfe) in Norwegen.

Garmo (Lom), Geburtshaus Hamsuns

Bøverdal (22 km sw): Achteckige *Holzkirche* v. 1864. – Von Galdesand führt ein Mautweg zur Juvasshytta (1841 m). Von hier aus kann man den Gipfel Galdhøpiggen besteigen.

Dombås (109 km nö): Größter Wintersportort im Gudbrandsdal.

Dovre (96 km nö): *Zions Kirke*, kreuzförmige Holzkirche (1740), die außen mit Schiefer verkleidet ist. Altar v. 1686, Kanzel v. 1736, ma Taufstein. Von der Vorgängerkirche, einer ma Stabkirche, ist eine Portalplanke erhalten. – Nördlich liegt der *Tofte Gård* (1785 m). Die norweg. Könige v. Harald Hårfagre bis Carl Johan pflegten hier auf ihren Reisen Station zu machen. Hier verläuft der Kongevei (Königsweg); er ist einer der ältesten befahrbaren Wege in Norwegen (fertiggestellt vor 1733). Stellenweise sind noch alte Brücken und Stützmauern zu sehen.

Garmo (12 km ö): Geburtsort des Schriftstellers Knut Hamsun (1859–1952). Die Kirche, in der er getauft wurde, eine Stabkirche, steht jetzt auf Maihaugen bei Lillehammer.

Kringen (bei Otta, 62 km ö): Hier wurde am 26. 8. 1612 eine schottische Armee (300 Soldaten) geschlagen und gefangengenommen. Sie war auf dem Weg nach Stockholm, um für Schweden am Dreißigjährigen Krieg teilzunehmen.

Skjåk Kirke (vor Bismo, 13 km w): Kreuzförmige Holzkirche v. 1752. Die Einrichtung stammt aus dem 18. Jh.

Vinstra (91 km sö): *Sødorp Kirke*, kreuzförmige Holzkirche v. 1752. Das Gebäude stand bis 1910 in Sødorp (s). Die Einrichtung der Kirche (18. Jh.) wurde v. Kristen Listad* geschaffen. – Östlich v. Vinstra liegt der *Peer Gyntgård Hågå*. Hier lebte das Vorbild für den Helden in Henrik Ibsens Schauspiel »Peer Gynt«, Peder Lauritson (†1665).

Vågåmo (33 km ö): *Vågå Kirke*, Stabkirche aus dem 12. Jh., die 1625 in eine kreuzförmige Kirche umgebaut wurde. Bes. sehenswert ist das S-Portal. Der Taufstein und ein Kruzifix sind ma. – Auf dem Hof *Sandbugård* hielten sich König Haakon VII., Kronprinz Olav und Staatsminister Johan Nygaardsvold auf ihrer Flucht vor den dt. Truppen (17. 4.–22. 4. 1940) auf.

Mandal Aust Agder	
Einw.: 12500	S.256 □ D 13

Mandal, die südlichste Stadt Norwegens, liegt an der Mündung des Mandalselv. Auf der Westseite des Flusses finden sich die älteren Stadtteile. Der Hafen (Kleven) liegt 2 km südöstlich. Erste Bedeutung erlangte Mandal im 15. und 16.Jh. durch den Lachsexport und den Holzhandel mit England. Seine Blütezeit erlebte es Ende des 18.Jh. Sie endete, als die Handelshäuser Knutzen und Giersen 1821 Konkurs machten. 1779 erhielt Mandal alle Handelsrechte, jedoch erst 1921 die Stadtrechte. 1810 geriet die Stadt in Brand; die Kirche und die prächtigen Patrizierhäuser blieben jedoch verschont.

Mandal Kirke: Die Kirche im Empirestil wurde 1821 nach Plänen v. Gerhard Jørgen Løser* erbaut. Sie ist mit 1800 Plätzen eine der größten Kirchen in Norwegen. Das mit Backstein ausgemauerte Fachwerk ist innen verputzt und außen mit Holz verkleidet. Alle Arbeiten wurden freiwillig v. Mitgliedern der Gemeinde ausgeführt. Das Innere der Kirche wird v. den mächtigen Holzsäulen beherrscht, die Galerie und Dach tragen. Das Mittelschiff hat ein Tonnengewölbe. Die Kanzel befindet sich an der Wand über dem Altar, ganz im Geiste des Pietismus (das Wort steht über dem Sakrament).

Andorsengården/Bymuseum: Das Gebäude wurde 1800–05 v. englischen Handwerkern für den Kaufmann Mathias Knutzen aus ausgemauertem Fachwerk, mit Holz verkleidet, erbaut. Von der Innenausstattung ist nur das neoklassizistische Treppenhaus erhalten. Heute sind hier das *Stadtmuseum* und eine *Galerie* mit Werken u.a. v. Adolph

Mandal Kirke

Gustav Vigeland 1869–1943

Der bekannteste Bildhauer Norwegens wurde als Gustav Thorsen in Mandal geboren. Die Familie seiner Mutter stammte aus Vigeland, einem kleinen Ort, der 11 km westlich liegt. Einer seiner drei Brüder, Emanuel, wurde ebenfalls Künstler. Vigeland begann seine Karriere 1884 als Holzbildhauer. Ab 1889 arbeitete er in den Ateliers von Brynjulf Bergslien* und Mathias Skeibrok*, an dessen Giebelfeld für das Universitätshauptgebäude in Oslo er beteiligt war. 1889 wurde auch Vigelands erste Arbeit ausgestellt: Das Relief »Hagar und Ismael«, es ist stark von dem klassizistischen dänischen Bildhauer Bertel Thorvaldsen beeinflußt. 1891–92 war Vigeland im Atelier des Bildhauers Vilhelm Bissen in Kopenhagen tätig. Hier entstand seine erste Skulpturengruppe, »Forbandet« (»Verflucht«, in der Nationalgalerie Oslo), mit der er mit dem Spätklassizismus seiner frühen Arbeiten brach. Bei einem Aufenthalt in Paris 1892–93 empfing er starke Eindrücke von Rodin. Rodins Einfluß ist beim Relief »Helvede« (»Hölle«, 1896–97, im Kunstverein Trondheim) deutlich zu erkennen. Zwischen 1897 und 1902 arbeitete er auch am Nidarosdom in Trondheim: Er schuf die 16 Wasserspeier am Hauptturm und die Holzskulpturen im Chorbogen in einem pseudogotischen Stil, der vom Jugendstil beeinflußt ist. Vigeland war auch ein bedeutender Porträtkünstler: 1901 modellierte er in Paris den Schriftsteller Bjørnstjerne Bjørnson, 1902 schuf er das Abel-Monument (Oslo, Schloßpark), 1907 eine Statue des Dichters Henrik Wergeland (Kristiansand), 1909 die seiner Schwester, der Schriftstellerin Camilla Collett (ebenfalls Oslo, Schloßpark). Vigelands später entstandene Statuen gelten als weniger bedeutend, zu ihnen zählen u. a. die von Bjørnson (1915) und Snorre Sturluson (1938, beide Bergen). – 1900 begann Vigeland mit der Arbeit an dem Brunnen, der den Mittelpunkt der Vigelandanlage bildet. Ihre Anlage wurde 1924 vom Stadtrat von Oslo beschlossen. Mit diesem seinem Lebenswerk hat sich Vigeland ein Denkmal geschaffen, das Generationen überdauern wird. Als seine bedeutendsten Werke gelten vielen Kritikern jedoch einige Skulpturen, die zwischen 1906 und 1912 entstanden, »Mann og Kvinne« (»Mann und Frau«), »Mor og Barn« (»Mutter und Kind«, in Bergen und Tønsberg) und »Søvngjengersken« (»Die Schlafwandlerin«, Bergen). Die größte Sammlung seiner Werke ist im Osloer Vigeland-Museum zu sehen.

Tidemand*, Amaldus Nielsen* und Olaf Isaachsen*, die alle aus M. stammten. Tidemand, der bedeutendste Vertreter der norweg. Nationalromantik, verbrachte den größten Teil seines Lebens in Düsseldorf. Das Museum besitzt außerdem eine Seefahrtsammlung.

Skrivergården/Rådhus: Das Haus aus Backstein mit Details aus Sandstein wurde für den Amtsrichter Fridrich Fridrichsen komplett aus Schottland importiert und 1766 errichtet. Baumeister war George Johnstone. Der Garten ist parkartig angelegt mit Terrassen, Hecken und Teichen. In dem Gebäude befindet sich heute das Rathaus.

Außerdem sehenswert: Der *Wattnegård,* ein Patrizierhaus v. 1760, ist heute ein Hotel. – Das älteste Haus v. M. ist der *Lohne Gård* (um 1680). – Der *Christensen Gård* gegenüber dem Postamt wurde 1759 errichtet. – Der Badestrand Sjøsanden, 900 m lang, ist in ganz Norwegen berühmt und nur einige Gehminuten vom Zentrum entfernt. Hier liegt auch der *Naturpark Furulund.*

Umgebung

Grindheim Kirke (bei Byremo, 58 km n): Holzkirche v. 1783. Der Innenraum (1791) wurde v. dem Rosenmaler Tore Asbjørnsen Risøyne* ausgemalt.

Mandal, Andorsengården

Mandal, Skrivergården

Harkmark Kirke (bei Valand, 10 km ö): Das Baumaterial des Holzbaus v. 1613 stammt teilweise v. einer ma Kirche. Der Altar datiert aus dem 17. Jh.

Holum Kirke (15 km n): Kreuzförmige Holzkirche v. 1825. Das Sterngewölbe im Inneren ist aufgemalt. An den Wänden hängen 15 Bilder v. Propheten (1648). Der 16. »Prophet« ist der dänisch-norweg. König Christian IV. – Außerhalb der Kirchhofsmauer finden sich der *Pranger* und der *Lehnsmannsstein*, v. dem einst die Verordnungen verlesen wurden.

Lindesnes (40 km w): Südlichster Punkt Norwegens auf dem Festland (57° 58′43″). Von hier aus sind es 2518 km bis zum Nordkap. Das erste Leuchtfeuer v. Lindesnes wurde 1655 erbaut. Der heutige Leuchtturm datiert v. 1915 (Aussicht). – Reste v. Befestigungsanlagen aus dem 2. Weltkrieg.

Spangereid Kirke (28 km w): Der aus Stein errichtete Chor der Holzkirche v. 1840 ist ma (vor 1328).

Valle Kirke (bei Vigeland, 13 km nw): Holzkirche v. 1792. Die Altarvorderseite ist mit Gemälden v. Peter Reimers* geschmückt. Das Porträt des Geistlichen und Schriftstellers Peder Claussøn Friis (1545–1614), das in der Kirche hängt, stammt vom selben Künstler und wurde kurz vor Friis' Tod gemalt. Friis schrieb eine topographische Beschreibung Norwegens (»Norriges oc Omliggende Øers sandfærdige Bescriffuelse«, 1613, erschienen 1632) und übersetzte als erster u. a. die »Snorre Saga« aus dem Altnordischen. – Vor dem Pfarrhof steht eine *Statue v. Friis*, geschaffen v. Gustav Vigeland* (1937).

Øyslebø (21 km n): Kreuzförmige *Holzkirche* v. 1797. – *Mandal og Opplands Folkemuseum*, bestehend aus 3 historischen Bauwerken. Die Mjaalandstova wurde 1800 v. Ole Thorson Kvinlog* ausgemalt. – In *Haddelandsgrenda* bei Øyslebø befinden sich die *Olav Holmegards Samlinger*, ein Teil des Museums v. M. Beachtenswert sind die gezeigten Trachten und Textilien.

Åseral (80 km n): Folgt man dem Mandalselv, kommt man nach Åseral. Das Flußtal ist überwiegend bewaldet, zwischen Bjelland und Åseral liegen zahlreiche Stromschnellen und Wasserfälle. – Die kreuzförmige *Holzkirche* wurde 1822 erbaut. – In *Sostelid* (w) hat man 1945–47 einen Hof aus der Völkerwanderungszeit (400–600 n. Chr.) ausgegraben. Das größte der 3 Gebäude ist 45 m lang.

Mo i Rana Nordland	
Einw.: 20700	S. 248 □ L 5

Mo i Rana am Ende des Ranafjordes ist flächenmäßig die viertgrößte Gemeinde in Norwegen. Im frühen 18. Jh. lag hier nur ein einsamer Hof. 1720 wurde die erste Kirche gebaut. Es gab einen Markt, auf dem ein Tauschhandel zwischen den norwegischen Küstenbewohnern und den schwedischen Bewohnern des bewaldeten Hinterlands stattfand. 1860 wurden der erste Laden und die erste Wirtschaft eröffnet. Der deutschstämmige L. A. Meyer besaß das Handelsmonopol. Um die Jahrhundertwende begann man im Dunderlandsdal mit dem Abbau von Eisenerz. 1942 führte die Nordlandbahn bis nach Mo i Rana, 1946 beschloß der Storting, hier eine Eisenhütte bauen zu lassen. 1955 nahm die A/S Norsk Jernverk ihren Betrieb auf. Der Charakter des beschaulichen Provinzortes änderte sich dadurch grundlegend.

Mo Kirke: Die kreuzförmige Holzkirche wurde 1832 erbaut und 1860 erweitert. Der Altar entstand ebenfalls 1860 (Balle Lund*). Das Altarbild der Vorgängerkirche v. 1786 findet sich in der Kapelle hinter dem Chor.

Rådhus: Das Rathaus entstand 1964–70 nach Plänen v. Are Telje*, Frederik A. S. Torp* und Knut Aasen*.

Rana-Museum (beim Meyergården Hotel): Das *kulturhistorische Museum* in Rana geht auf die Sammlung des ersten Kaufmanns des Ortes, H. A. Meyer, zurück. Es zeigt überwiegend kunsthandwerkliche Exponate.

Außerdem sehenswert: Eine 1080 m lange *Seilbahn* führt auf das Mofjell. Die Fahrt dauert 6 Minuten. – M. ist Ausgangspunkt

Mo i Rana, Polarsirkelen

POLARCIRKEL
1937
19 40

für den *Blå Väg* nach Vilhelmina in Schweden.

Umgebung

Bjøllånes (50 km nö): *Statue* des Geistlichen Ole Tobias Olsen (1830–1924) oberhalb des Hofes, in dem er geboren wurde. Olsen war Gründer (1862) der Vereinigung der Nordnorweger in Oslo (Nordlændingernes Forening) und außerdem geistiger Vater der Nordlandbahn. Er hatte als erster die Idee einer Eisenbahnverbindung zwischen Trondheim und Nordnorwegen in einem Artikel im »Morgenblad« (1872) vorgetragen.
Grønligrotten (23 km n): Die 1500 m lange *Tropfsteinhöhle* (Kalkstein) ist Norwegens größte.
Nesna (66 km w): Der Dichter Petter Dass (1647–1707) war hier 17 Jahre lang Kaplan. – *Nesna Bygdemuseum*, ein Heimatmuseum.
Polarsirkelen (74 km nö): Eine Säule markiert den Punkt, wo der Polarkreis verläuft. – *Gedenkstein* für die jugoslawischen Zwangsarbeiter, die 1942–45 beim Bau der Eisenbahn über das Saltfjell ums Leben kamen.
Stenneset (9 km w): *Freilichtmuseum* beim ehem. Pfarrhof.
Svartisen (32 km n): Mit dem Auto kann man zum Svartisvann fahren. Man befindet sich dort am Rand v. Norwegens zweitgrößtem Gletscher, Svartisen, der 320 qkm groß ist.

Molde
Møre og Romsdal

Einw.: 21800	S. 252 □ D 9

Der Hauptort der Provinz Møre og Romsdal erhielt 1742 die Stadtrechte. Im 19. Jh. wurde Molde mehr und mehr zu einer Kaufmanns- und Beamtenstadt. Am 29.4. 1940 wurden große Teile der Stadt bei einem deutschen Bombenangriff zerstört. Molde verdankt es dem Golfstrom und milden südwestlichen Winden, daß hier trotz seiner nördlichen Lage (60°, 44′, 7″ N) Kastanien, Blutbuchen, Linden und andere Laubbäume wachsen, die sonst nur in südlicheren Gefilden heimisch sind. Anfang August findet in Molde ein weltbekanntes Jazzfestival statt.

Molde Domkirke: Betonkirche mit frei stehendem Turm, die 1957 nach Plänen v. Finn Bryn* erbaut wurde. Der Innenraum ist 65 m lang und 25 m hoch. Die Säulen zum Seitenschiff sind aus grünem Marmor. Die Glasmalereien stammen v. Oddmund Kristiansen*, das Altarbild ist ein Werk des Bildhauers Stinius Fredriksen*. An der O-Wand des Seitenschiffs hängt ein Gemälde (Auferstehung) v. Axel Ender*, das einmal das Altarbild der Vorgängerkirche v. 1887 war, die beim Bombenangriff 1940 zerstört wurde. Das Mosaik über dem Haupteingang schuf Ørnulf Bast*.

Moldegård (Fannestrandveien): Das ehem. Haus des Amtmanns wurde Anfang des 18. Jh. erbaut. Henrik Ibsen schrieb hier im Blauen Zimmer sein Drama »Rosmersholm« (1886).

Rådhus: Das Rathaus wurde 1966 nach Plänen v. Paul Cappelen* und Thorbjørn Rodahl* errichtet. Auf dem Dach befindet sich ein kleiner Rosengarten. M. heißt nicht ohne Grund »rosenes by« (»Rosenstadt«).

Fiskerimuseum (auf Hjertøya): Im Fischereimuseum ist u. a. eine Trankocherei zu besichtigen.

Romsdalsmuseum: Freilichtmuseum mit 27 historischen Bauwerken, u. a. einer kleinen Kapelle.

Bolsøya (eine halbe Stunde mit der Fähre): Auf der Insel finden sich die Fundamente einer *ma Kirche.*

Außerdem sehenswert: Vom Aussichtspunkt *Varden* (n, 407 m) hat man den besten Blick auf das sog. Moldepanorama, eine Gebirgskette mit 87 Gipfeln, vom Julsund im W bis zum Fannefjord im O. – Im Reknespark steht eine *Büste* des Schriftstellers Alexander Kielland (1849–1906), ein Werk v. P. S. Krøyer* (1907). Kielland war zeitweilig Amtmann in M.

Veøy (Molde), Veøy Kirke □

Am Langfjord in Møre og Romsdal

Umgebung

Bud (47 km nw): Im MA war Bud einer der wichtigsten Orte in Norwegen. 1533 fand hier eine Reichsversammlung statt, die Erzbischof Olaf Engelbrektson einberufen hatte (Gedenkstein).
Eidsvåg (54 km ö): Die *Nesset Kirke* birgt einen Teil der Einrichtung der Stabkirche v. Rød (w), die man 1885 abgebrochen hat. Südlich der *Nesset Prestegård,* erbaut vom Vater des Schriftstellers Bjørnstjerne Bjørnson, der hier 1837–52 Pfarrer war.
Veøy (Insel, sö): Ältester Ort in Romsdal. – *Veøy Kirke,* eine ma Steinkirche mit Altar v. 1625.

Mosjøen
Nordland

Einw.: 10000	S. 248 □ K 6

Mosjøen liegt an der Mündung des Vefsna in den Vefsnafjord. Das Mosjøen Aluminiumverk wurde im Jahre 1940 gegründet und ist der größte Betrieb des Ortes. Er liegt nördlich des Flusses Skjerva, das Zentrum von Mosjøen befindet sich südlich davon.

Dolstad Kirke: Holzkirche v. 1734, eine der ältesten achteckigen Kirchen in Norwegen. Baumeister war Nils Pedersen Beck* aus Trondheim. Die Kanzel (1734) ist mit den Gemälden der zwölf Apostel geschmückt (der Künstler war wahrscheinlich Gottfried Ezechiel*). Der lebensgroße Taufengel, der an der Decke des Chores hängt, entstand 1783 (Roald Solberg*), das Altarbild 1856 (Balle Lund*):

Vefsn Bygdetun (bei der Kirche): *Freilichtmuseum und kulturhistorisches Museum.* Hier finden sich 12 historische Gebäude und etwa 5000 Gegenstände.

Außerdem sehenswert: In der Sjøgate stehen zahlreiche *alte Holzhäuser.*

Rygge Kirke bei Moss, Renaissance-Altar

Umgebung

Alstahaug (über Sandnessjøen, 90 km w): Roman. Kirche, die um 1200 erbaut wurde. Der Altar entstand 1636. Der Geistliche Petter Dass (1647–1707) ist unter dem Chor beigesetzt. Er lebte ab 1689 in Alstahaug und schuf hier eines der ersten Werke der norweg. Literatur, das Epos »Nordlands Trompet« (1739). Ein *Gedenkstein* für Petter Dass (Andreas Heggelund*, 1908) steht in der Nähe der Kirche. – Im *Pfarrhaus* (ältester Teil aus dem frühen 18. Jh.) ist das Petter-Dass-Museum untergebracht.

Sandnessjøen (70 km w): Fischer- und Hafenort, Anlaufplatz der Hurtigrute. Von hier aus kann man die Fähre nach *Herøy* (Herøyholmen oder Engan) nehmen. Die *Herøy Kirke* hat einen Chor aus dem 12. Jh. Das O-Ende des Kirchenschiffes ist ebenfalls ma, W-Ende und Turm stammen aus dem 19. Jh. Altar und Kanzel v. 1764. Die Altargemälde schuf wahrscheinlich Gottfried Ezechiel*. – Auf der Insel *Dønna* (n) liegt die *Dønnes Kirke* (Fähre nach Bjørn). Sie stammt aus dem MA und wurde 1866 grundlegend umgebaut. Bes. sehenswert sind 2 ma Holzskulpturen.

Tjøtta (über Sandnessjøen, 109 km w): Nordöstlich des Gutshofs (1878) hat man eine *Siedlung* aus der *Wikingerzeit* ausgegraben. Die Fundamente v. 12 Häusern sowie 90–100 Grabhügel sind sichtbar. Kirche v. 1851. – Nördlich liegt ein Friedhof. Hier sind mehrere tausend russische Kriegsgefangene begraben, die hier umkamen. Hier sind auch 1011 der 2587 Russen, Deutschen, Polen und Norweger beigesetzt, die den Tod fanden, als das Gefangenenschiff »Rigel« während des 2. Weltkriegs versenkt wurde.

Moss Østfold	
Einw.: 25 000	C. 258 □ G 12

Moss am Mossesund und der Værlebukt

bekam 1720 Stadtrechte. Im 14. und 15. Jh. gab es hier Mühlen und Salzkochereien, im 16. Jh. bildeten Holz und Holzverarbeitung die Lebensgrundlage der Einwohner. 1704 wurde auf der Nordseite des Mossefoss ein Eisenwerk gegründet. Dort wird seit 1874 Zellulose hergestellt. In der 2. Hälfte des 19. Jh. fand eine starke Industrialisierung statt.

Jeløy Kirke: Sie wurde 1975 v. Eva und Bernt Mejlander* erbaut. Die Glasmalerei im Chor v. Victor Sparre* zeigt die 14 Stationen der Via Dolorosa und ist 100 qm groß. – Die *alte Kirche* entstand 1861.

Moss Kirke: Neugot. Backsteinkirche, 1861 v. W. v. Hanno* und H. M. A. Schirmer* erbaut. Die Glasmalereien schuf Oluf Wold-Torne*.

Konventionsgården: Hauptgebäude des ehem. Moss Jernverk v. 1778. Es wurde für Jess und Bernt Anker errichtet. Hier wurde am 14. 8. 1814 die »Konvention til Moss« unterzeichnet, eine Vereinbarung zwischen der norweg. Regierung und dem schwed. König Carl Johan. Sie sah die Vereinigung beider Reiche vor. Carl Johan verpflichtete sich, das Grundgesetz v. Eidsvoll anzuerkennen. – In der Straße (Verket), in der der Konventionsgård liegt, stehen viele alte *Holzhäuser.*

Moss Kunstgalleri: Gemäldesammlung (vor allem norweg. Künstler) und wechselnde Ausstellungen.

Alby Gård/Galleri F 15 (auf Jeløy): Alter *Gutshof,* der sich seit 1963 im Besitz der Gemeinde M. befindet. Seit 1967 ist hier die Galleri F 15 der dänischen Brüder Nils und Lars Brandstrup untergebracht. – Auf dem *Grimsrød Gård* auf Jeløy lebte 1913–16 Edvard Munch*. Beim Hof steht eine Skulptur »Stående naken pike« (»Stehendes nacktes Mädchen«, 1933–38) v. Emil Lie*, eines seiner Hauptwerke.

Außerdem sehenswert: In M. finden sich über 50 *Skulpturen,* u. a. »De tre Kongsdøtre« v. Dyre Vaa* (1929), »The Norwegian Lady« v. Ørnulf Bast* (1962) und »Den seirende Vår« (»Der siegende Frühling«) v. Stephan Sinding* (1918). – *Bytårn* (Aussichtsturm; 1920) auf dem Skarmyrfjell.

Umgebung

Rygge Kirke (10 km sö): Eine der größten ma Steinkirchen in Østfold. Sie wurde im

Moss, Konventionsgården

12. Jh. aus Granitquadern erbaut. Zur Einrichtung gehören ein Taufstein v. ca. 1225, ein Kruzifix v. ca. 1150, eine Renaissancekanzel v. 1744 und ein Renaissancealtar v. 1731 (Thomas Blix*, Erik Revhaug*):
Værne-Kloster (6 km s): Gutshof, urspr. Königshof. Ende des 12. Jh. vermachte der König den Besitz dem Johanniterorden. *Ruinen des Klosters* sind im Park zu sehen. Das Hauptgebäude des Guts datiert teilweise aus dem späten 17. Jh.
Våler Kirke (15 km nö): Roman. Steinkirche aus der 2. Hälfte des 12. Jh. Sie besteht aus Langhaus, Chor und Chorapsis. Langhaus und Chor werden nach O hin schmaler. Kanzel, Altar und Taufe stammen aus dem 17. Jh.

N

Namsos
Nord-Trøndelag

Einw.: 11500	S. 250 □ H 7

Die Stadt wurde 1845 gegründet. Damals standen an der Mündung des Namsen (Trøndelags größtem Fluß) in den Namsen-Fjord nur einige wenige Holzhäuser. Von hier aus wurde das Holz verschifft, das im Namdal geschlagen wurde.
Die Stadt wurde 1872 und 1897 durch Brände und im April 1940 im Verlauf von Kriegshandlungen zerstört.

Namsos Kirke: Die Backsteinkirche wurde 1960 nach Plänen v. Ola B. Aasnes* erbaut. Bronzerelief v. Arne Durban*.

Namdalsmuseum (am ö Ortsrand): Kulturhistorisches Museum. Bes. sehenswert ist die Lappen-Abteilung.

Außerdem sehenswert: Vom 115 m hohen Bjørumsklomp hat man eine hervorragende Aussicht.

Umgebung

Gartland (n v. Grong, 53 km ö): *Gløshaug Kirke,* Holzkirche v. 1689. Das Baumaterial stammt teilweise v. einer ma Stabkirche.
Jøa (Insel, nw): Auf dem *Duun-Gård* wurde der Schriftsteller Olav Duun (1876 bis 1939) geboren. Gedenkstein.
Leka (Insel, über Foldereid, Gutvik, 150 km n): Mittelalterliche *Kirche* mit Altar aus dem 15. Jh.
Ranem (bei Overhalla, 22 km ö): Mittelalterliche *Steinkirche* aus dem 12. Jh. mit Sakristei v. 1648 und W-Turm v. 1901. Die Ecksteine des Schiffs und des Chors sowie die Portal- und Fenstereinfassungen sind aus Marmor. Zur Einrichtung gehören u. a. eine Renaissancekanzel und ein Altar aus dem späten 17. Jh. (Marcus Nielsen Gram*, bemalt v. Borach Sethson Boghardt*).
Rørvik (auf Vikna, über Foldereid, 160 km nw): *Woxengs Samlinger* (Berggård), Heimatmuseum. – Auf Nærøy (s) liegt eine *Kirche* aus dem 12. Jh., die teilweise zerstört wurde, als im vorigen Jh. der Blitz einschlug; restauriert.
Skage (10 km ö): Neugot. *Kirche* v. 1903. Die Einrichtung stammt zum Teil aus der 2. Hälfte des 18. Jh.

Narvik
Nordland

Einw.: 18500	S. 248 □ O 3

Der Ort am Ofotfjord bestand im vorigen Jh. nur aus 4 Höfen, von denen einer Narvik hieß. Die Stadt entstand mit der Fertigstellung der Ofotbahn 1902 (Stadtrechte im selben Jahr), die von einer schwedischen Gesellschaft für den Erztransport von Kiruna zum eisfreien Hafen in Narvik gebaut wurde. – 34 Kriegsschiffe liegen auf dem Grund des Narviker Hafenbeckens, u. a. die beiden norwegischen Schiffe »Norge«

und »Eidsvold«. – Mitternachtssonne vom 10. Juni bis 8. Juli.

Narvik Kirke: 1925 nach Plänen v. Olaf Nordhagen* fertiggestellt. Das Altarbild schuf Eilif Petersen*.

Fredskapellet: Die Friedenskapelle wurde 1957 errichtet, Architekt war Jan Inge Hovig*. Die Glasmalereien schuf Axel Revold*. Auf dem Kirchhof liegen französische, englische, polnische und norwegische Soldaten begraben.

Kriegsmuseum (Torvhallene): Hier sind u. a. Uniformen und Waffen aus dem 2. Weltkrieg zu sehen.

Malmkaiene: Die Malmkais sind der *größte Eisenerzhafen der Welt*. Bis zu 28 Millionen Tonnen Erz können hier im Jahr verschifft werden.

Außerdem sehenswert: *Gedenkstein* (v. Finn Eriksen*, 1950) für den General Carl Gustav Fleischer (1883–1942), der die norweg. Truppen bei den Kämpfen 1940 führte. – *Kath. Kirche* (Håreks Gate 82) und schwed. *Seemannskirche* (Kongensgate 1). – *Rallarmonument* v. Trygve Thorsen*. Rallare waren die Wanderarbeiter, die beim Bau v. Eisenbahnen und Straßen beschäftigt waren. – *Freiheitsmonument* v. Finn Eriksen* auf dem Rathausplatz. Es zeigt eine Mutter mit ihrem Kind auf den Schultern. Der Bildhauer Eriksen (1909–70) stammte aus N. – *Brennholtet*. In diesem Park nahe dem Zentrum finden sich *Felszeichnungen* aus der Zeit um 2000 v. Chr. (u. a. ein Elch fast in Lebensgröße). – Die *Seilbahn* auf das Fagernesfjell gilt als die Haupttouristenattraktion v. N.

Umgebung

Bjerkvik (32 km n): Die schlichte *Kirche* wurde 1955 nach Plänen v. Arnstein Arneberg* erbaut. Das Gemälde an der Wand des Chores schuf Axel Revold*.

Hamarøy (115 km sw): In *Oppeid*, dem Hauptort der Insel, befindet sich auf dem Hof Breidablikk (ca. 1860) das *Hamarøy Bygdetun*, ein kulturhistorisches Museum. – Bei *Hamsun* ist in dem kleinen Haus, in dem der Schriftsteller Knut Hamsun (1859–1952, eigtl. Knut Pedersen) seine Kindheit verbrachte, das *Hamsunmuseum* untergebracht. Hamsun wurde in Garmo bei Lom geboren und kam im Alter von 3 Jahren nach Nordland. 1911 kaufte er den Hof Skogheim bei Oppeid, wo er bis 1911 lebte und »Den sidste Glæde« (»Die letzte Freude«), »Børn av Tiden« (»Kinder ihrer Zeit«), »Segelfoss By« (»Die Stadt Segelfoss«) und den größten Teil des Romans »Markens Grøde« (»Segen der Erde«) schrieb, für den er 1920 den Nobelpreis erhielt. Den letzten Teil v. »Markens Grøde« schrieb er in Kråkmo (70 km sö).

Knut Hamsun (1859–1952)

Der Schriftsteller Knut Hamsun verlebte seine Kindheit auf Hamarøy in Nordland. Diese Landschaft hat ihn geprägt: In seinen Romanen schildert er überwiegend nordnorwegische Menschen. Seinen ersten Erfolg erlebte er 1890 mit seinem impressionistischen Roman »Hunger«. Vorher hatte er sich als Kaufmannsgehilfe, Schuhmacher und Hilfslehrer sowie Straßenarbeiter und Straßenbahnschaffner in Amerika durchgeschlagen. Zu seinen bekannteren Werken gehören »Pan« (1895), »Viktoria« (1898), »Benoni« und »Rosa« (1909) und »Die Stadt Segelfoss« (1915). Für den großen Roman »Segen der Erde«, entstanden 1914–16, in dem Hamsun am Beispiel des Bauern Isak, der den Hof Sellanraa rodet, eine Alternative zur Industriegesellschaft darstellen will, erhielt er 1920 den Nobelpreis.
Ab 1918 lebte Hamsun mit seiner Frau Marie, ebenfalls einer bekannten Autorin, auf dem Gut Nørholm bei Grimstad.
Wegen seiner Sympathien für den Nationalsozialismus ist Hamsun auch noch heute in Norwegen stark umstritten.

Notodden, Flößholz, das in der Papierfabrik verarbeitet wird

Heddal Stavkirke (Notodden), Stuhl

Notodden Telemark	
Einw.: 13000	S. 258 □ F 12

Industriestadt an der Mündung des Tinnelv in das Heddalsvatn. Die erste Fabrik, die Tinfos Papierfabrik, wurde 1872 gegründet. 1913 bekam N. Stadtrechte.

Notodden Kirke: Die Backsteinkirche wurde 1938 nach Plänen v. Dagfinn Morseth* und Mads Wiel Gedde* erbaut. Der frei stehende Glockenturm ist 33 m hoch. Die Reliefs am Portal schuf der Bildhauer Stinius Fredriksen*. Von ihm stammen auch die Reliefs an den Säulen, die das Mittelschiff v. den Seitenschiffen trennen, und das Kreuz auf dem Altar. Das Gemälde an der O-Wand (Auferstehung) ist ein Werk v. Henrik Sørensen*. – Bei der Kirche steht die *Skulptur »Andakt«* (»Andacht«) v. Anne Grimdalen* (1963).

Tinfos Kraftstasjon: Das 1912–13 erbaute *Wasserkraftwerk* (Olaf Nordhagen*) besitzt das Aussehen einer ma Ritterburg und steht unter Denkmalschutz.

Umgebung

Bø gamle Kirke (37 km sw): Roman. Kirche aus dem 12. Jh., bestehend aus Langhaus, Chor und Chorapsis. Die Bänke im Inneren datieren v. 1579. Die übrige Einrichtung (Taufe, Kanzel und Altar) ist im Renaissancestil (17. Jh.) gestaltet. An der N-Wand des Langhauses hängt eine ma Antemensale (Altarvorderseite). Darauf dargestellt ist die Krönung der Jungfrau Maria. Ebenfalls ma ist das Kruzifix über dem Chorbogen. – Die *neue Kirche* entstand 1875.

Flatdal Kirke (50 km w): Holzkirche v. 1654. Sie wurde 1877 und 1908 umgebaut und restauriert. Kruzifix aus dem 13. Jh. Altar und Taufstein sind ebenfalls ma. – In der Nähe liegt die *Nutheim Gjestgiveri* (Gasthaus) mit einer beachtlichen Gemäldesammlung (u. a. Thorvald Erichsen*, Harald Kihle* und Henrik Sørensen*).

Heddal Stavkirke (5 km w): Eine der größten *Stabkirchen* Norwegens. Sie wurde um 1250 erbaut und Mitte des 19. Jh. umfassend restauriert, wobei ein großer Teil der urspr. Innenausstattung verlorenging. Sehr sehenswert sind die Schnitzereien an den Portalen. Der Altar datiert v. 1667. Im Chor steht ein geschnitzter Stuhl aus dem 14. Jh. – In der Nähe der Kirche liegt das *Heddal Bygdetun,* ein Freilichtmuseum mit einigen Bauwerken aus dem 18. Jh. Besondere Beachtung verdient die Rambergstugo, ein Wohnhaus aus der 2. Hälfte des 18. Jh., das 1784 v. Olav Hansson aus Heddal mit Rosenornamenten ausgemalt wurde.

Morgedal (über Seljord, 80 km sw): *Bjaalandmuseum,* Skimuseum. Zu sehen sind Ski, die im Morgedal gefertigt wurden. Das Museum ist nach einem Teilnehmer v. Roald Amundsens Südpolexpedition (1910–12) benannt: Olav Bjaaland aus Morgedal (1873–1961). Er war Bauer, Skifabrikant und Amateurfotograf. Seine Bilder v. der Südpolexpedition sind im Museum ausgestellt. – In Øvrebø liegt der *Sondre Norheimstogo:* Auf diesem Hof

Heddal Stavkirke bei Notodden ▷

Oppdal, Auf dem Dovrefjellene

wurde der Pionier des modernen Skisports, Sondre Norheim (1825–97), geboren.
Nes Kirke (bei Gvarv, 24 km sw): Schiff und Chor der Kirche stammen aus dem frühen MA, der Turm aus Holz entstand im 17. Jh. und die Sakristei, ebenfalls aus Holz, 1868. Bes. sehenswert sind die beiden S-Portale. Das Portal im Schiff hat ein Tympanonrelief, das Sigurd Fåvnesbane zeigt, der den Drachen erschlägt. Das Tonnengewölbe im Chor ist mit ma Malereien dekoriert, die 1936 freigelegt wurden. Sie gelten als die am besten erhaltenen in Norwegen. Altar und Kanzel aus dem 17. Jh.
Sauherad Kirke (20 km s): Steinkirche aus dem 12. Jh. Im Inneren finden sich Wandmalereien aus dem späten 16. Jh. (Lauritz Pettersen*): Szenen aus dem Neuen Testament. Die Wandmalereien im Chor sind ma und zeigen unzählige Tier- und Menschenköpfe (»Die tausend Dämonen«). Der Altar entstand 1663.
Seljord Kirke (60 km sw): Roman. Steinkirche aus der Mitte des 12. Jh. In der nw Ekke ein Bildstein mit einem Antlitz (angeblich der hl. Olav). Die Kirche soll v. einem Troll erbaut worden sein, der bei der Fertigstellung des Daches tödlich abstürzte. An dieser Stelle wächst heute noch kein Gras. Der Altar entstand 1588, die Taufe ca. 1600, die Kanzel ca. 1800. – In der Nähe der Kirche erinnert ein *Gedenkstein* (Anne Grimdalen*, 1951) an Magnus Brostup Landstad (1802–80), der 1840–48 Pfarrer der Kirche war. Landstad war Psalmendichter und Sammler v. Volksliedern. – 26 km sö liegt eine weitere ma Steinkirche, die *Kviteseid gamle Kirke*. Die Chordecke im Inneren wurde 1714 v. Thomas Blix* bemalt, das Inventar ist überwiegend ma, der Altar entstand 1732. – Die *neue Kirche* wurde aus in Kviteseid gebrochenen Granitquadern erbaut und 1916 eingeweiht. Die Apsis malte 1936–37 Rolf Klemetsrud* aus. – In *Kviteseid* gibt es ein *Freilichtmuseum* und ein *Museum (Utsond Gård)* mit Arbeiten des Bildhauers Gunnar Utsond* (1864–1950). – Bei *Vrådal* (s) befindet sich ein 1100 m langer Sessellift, der einen auf eine Höhe v. 700 m bringt.

Drivstua (Oppdal), Alter Bahnhof

O

Oppdal Sør-Trøndelag	
Einw.: 3000	S. 254 □ F 9

Oppdal liegt zwischen Trollheimen und Dovrefjellene und entstand um eine Station der Dombåsbahn.

Oppdal Kirke: 1651 v. den Baumeistern Ole Jonsen Hindrum* und Nils Olsen* erbaute kreuzförmige Holzkirche. Der Barockaltar und die Barockkanzel wurden 1669 v. Jens Snekker* geschaffen. Die Altargemälde (Abendmahl, Kreuzigung und Auferstehung) stammen v. Niels Nielsen* (1681). Den Taufstein fertigten 1932 Sivert Fossum* und Jarle Sætrumsmo*. Zur Einrichtung gehören außerdem 2 Epitaphe v. 1633 und 1662 und das Bild einer Pfarrerfamilie v. 1654 (Johan Contrafeyer*). Die Wandgemälde im Waffenhaus (Adam und Eva, die Apostel) entstanden im 17. Jh.

Oppdal Bygdemuseum: *Freilichtmuseum* mit etwa 23 Gebäuden aus dem 17. und 18. Jh. Hier kann man u. a. eine Tenne, ein Badehaus, eine Mühle und eine Schmiede besichtigen.

Umgebung

Drivstua (22 km s). Hier fand in den vori-

Oppdal Kirke

gen Jh. der Pferdewechsel statt. Die Gebäude stehen unter Denkmalschutz.
Gravhaugene på Vang (3 km w): Gräberfeld mit 758 Gräbern der jüngeren Eisenzeit.
Hjerkinn (50 km s): *Eysteinskyrkja,* 1969 nach Plänen v. Magnus Poulsson* erbaute Kirche. Die Skulptur Bischof Eysteins über dem Portal schuf Thorvald Moseid*.
Innset (28 km nö): *Innset gamle Kirke,* eine kreuzförmige Holzkirche v. 1642. Altar und Kanzel stammen aus dem 17. Jh.
Kongsvoll (41 km s): Gelegen inmitten des 1974 eingerichteten Dovrefjell-Nationalparks. Hier findet sich ein *botanischer Garten* für Gebirgspflanzen.
Kvikne (53 km ö): Hier befand sich v. 1671 bis 1870 eine Kupfergrube. – *Kvikne Kirke,* eine kreuzförmige Holzkirche, die 1652–54 errichtet und 1739 umgebaut wurde. Die Einrichtung stammt aus dem 18. Jh. – Östlich davon liegt der *Pfarrhof Bjørgan,* in dem der Schriftsteller Bjørnstjerne Bjørnson 1832 geboren wurde.
Meldal (70 km n): Die *Holzkirche* wurde 1650 v. dem Baumeister Ole Jonsen Hindrum* errichtet. Sie brannte 1981 ab, soll jedoch restauriert werden.
Rennebu (über Berkåk, 46 km n): Die älteste der 5 (v. einst 10) Kirchen in Norwegen

Eisenerzeugung

Die Kunst, reines Eisen herzustellen, Eisen von anderen chemischen Stoffen zu trennen, ist vielleicht die technische Errungenschaft, die für die Menschen im Laufe der Geschichte die größte Bedeutung hatte. Das Eisen, das in Norwegen hergestellt wurde, bevor im 16. Jahrhundert die ersten Schmelzöfen in Gebrauch kamen, wurde aus Sumpferz in Schmelzgruben gewonnen. In ganz Norwegen hat man solche Schmelzgruben aus der Zeit zwischen 300 v. Chr. und 1500 n. Chr. ausgegraben. Es sind häufig die Kohlenmeiler und Schlackehaufen, die zeigen, daß in einer bestimmten Gegend Eisen aus Sumpferz gewonnen wurde. Die Schmelzgruben waren meist so klein und flach, daß sie in der Landschaft heute nicht mehr wahrnehmbar sind. Sie waren mit Steinen oder gebranntem Ton ausgelegt und hatten die Form eines Kessels.
In den Meilern wurde Kiefernholz zu Holzkohle, die man zusammen mit dem sorgfältig zerkleinerten Sumpferz in die Schmelzgruben legte und anzündete. Der Wind und Blasebälge sorgten dafür, daß die Masse rotglühend wurde. Es bildete sich ein Klumpen, den man glühend aus der Grube nahm und auf einen Amboßstein legte. Nun wurde auf ihn eingehämmert, um die Schlacke zu entfernen. Dieser Vorgang mußte wiederholt werden, bevor sich das Eisen schmieden ließ.
Die Nägel, die beim Bau der prächtigen Wikingerschiffe in den Jahren zwischen 800 und 1000 Verwendung fanden, wurden wahrscheinlich mit dem Eisen aus den Schmelzgruben hergestellt. Das läßt auf eine ziemlich große Eisenproduktion schließen.

Oppdal, Auf dem Dovrefjell

mit einem *Y-förmigen Grundriß*. Um ein Dreieck sind 3 quadratische Flügel angeordnet. Dieses Modell hat gegenüber der kreuzförmigen Kirche den Vorteil, daß der Altar v. überall gleich gut zu sehen ist. Das Bauwerk wurde 1669 v. Ole Jonsen Hindrum* errichtet. Die Kanzel (mit einem Monogramm Christians V.) und der Altar entstanden 1672. Das prächtige Kruzifix über der Tür zum Chor datiert wahrscheinlich aus dem frühen 13. Jh.

Støren (65 km nö): Achteckige *Holzkirche* v. 1817. Der Altar (1818) war ein Geschenk König Carl Johans. - 30 km sö v. Støren im Budal liegt die *Budal Kirke*, eine Holzkirche v. 1754 mit Y-förmigem Grundriß. Der Altar und die beiden Kronleuchter stammen aus dem 18. Jh.

Oslo Akershus	
Einw.: 450000	S. 258 □ G 12

Oslo liegt am inneren Oslofjord an der Mündung des Akerselv und ist seit 1814 Norwegens Hauptstadt. Es handelt sich um eine der flächenmäßig größten Hauptstädte der Welt: 453,7 qkm, 80% der Fläche sind unbebaut.

Geschichte: Um 500 n. Chr. wurde die Gegend um Bjørvika besiedelt. Nach und nach entstand hier ein bedeutender Handelsplatz. Waren aus dem landwirtschaftlichen Hinterland und den Küstendistrikten wurden ausgetauscht. Man nimmt an, daß um 1048 Harald Hårdråde Oslo gründete. Die Stadt wurde Verwaltungszentrum für Viken. Die erste Kirche entstand im 11. Jh., und Ende des 11. Jh. wurde die Stadt Bischofssitz. Schutzheiliger von Oslo wurde der hl. Hallvard, der im Stadtwappen zu sehen ist. Er war Großbauer in Lier bei Drammen und ein Neffe Harald Hårdrådes. Eine Auseinandersetzung um eine Dame wurde ihm zum Verhängnis. Seine Mörder versuchten ihn anschließend mit einem Mühlstein um den Hals im Meer zu versenken; Hallvards Leiche tauchte jedoch wieder auf. Mühlstein und Dame sind ebenfalls im Stadtwappen zu sehen.

Eine Blütezeit erlebte Oslo während der Regierungszeit Håkons V. (1299-1319); damals wurde es Hauptstadt von Norwegen. Als der Einfluß deutscher Kaufleute im 14. Jh. zunahm und 1350 die Pest ausbrach, begann der Niedergang. Erst der Holzhandel im 17. Jh. führte zu erneutem Wohlstand. Nach einem Brand 1624 wurde die Stadt auf Anordnung von Christian IV. zur Festung Akershus verlegt. Er gab ihr auch

Oslo, Panorama v. Bygdøy

SEHENSWÜRDIGKEITEN DER STADT OSLO

Sakralbauten
1 Domkirche/Vår Frelsers Kirke
2 Fagerborg Kirke
3 Gamle Aker Kirke
4 Gamlebyen Kirke
5 Grønland Kirke
6 Hovedøya Klosterruiner
7 Jakob Kirke
8 Margaretakyrka
9 St. Hallvard Kirke og Kloster
10 St. Olavs Kirke
11 Trefoldighetskirke
12 Tøyen Kirke
13 Vestre Aker Kirke
14 Vestre Krematorium

Profanbauten
15 Aker Brygge
16 Akershus Slott og Festning
17 Børse
18 Deichmanske Bibliotek
19 Det Norske Teatret
20 Folketeater
21 Gamlebyen
22 Holmenkollen
23 Krigsskole
24 Linderud Gård
25 Nationaltheater
26 Oslo Konserthus
27 Oslo Nye Teater
28 Rådhus
29 Sehesteds Plass
30 Sentralstasjon
31 Slott
32 Stortingsbygning
33 Torshov
34 Tryvannstårn
35 Universitetet
36 Universitetsbibliotek
37 Universitetssentret på Blindern
38 Vøienvolden

Öffentliche Anlagen
39 Ekebergsletta
40 Freia Park
41 Halvdan Kierulfs Plass
42 Sankt Hanshaugen

Museen
43 Arkitekturmuseum
44 Botanisk Hage/Tøyen Hovedgård
45 Emanuel Vigelands Museum
46 Historisk Museum
47 Kunstindustrimuseum
48 Kunstnernes Hus
49 Munch Museum
50 Nasjonalgalleri
51 Oslo Bymuseum
52 Oslo Kunstforening
53 Postmuseum
54 Teatermuseum
55 Teknisk Museum
56 Vigelandsanlegget
57 Vigelands Museum
58 Universitetsforlaget

Bygdøy
59 Norsk Folkemuseum
60 Norsk Sjøfartsmuseum
61 Kon-Tikimuseum
62 Vikingskipenes Hus
63 Bygdøy Kongsgård
64 Oscarshall
65 Villa Grande

Oslo, Panorama mit Rathaus

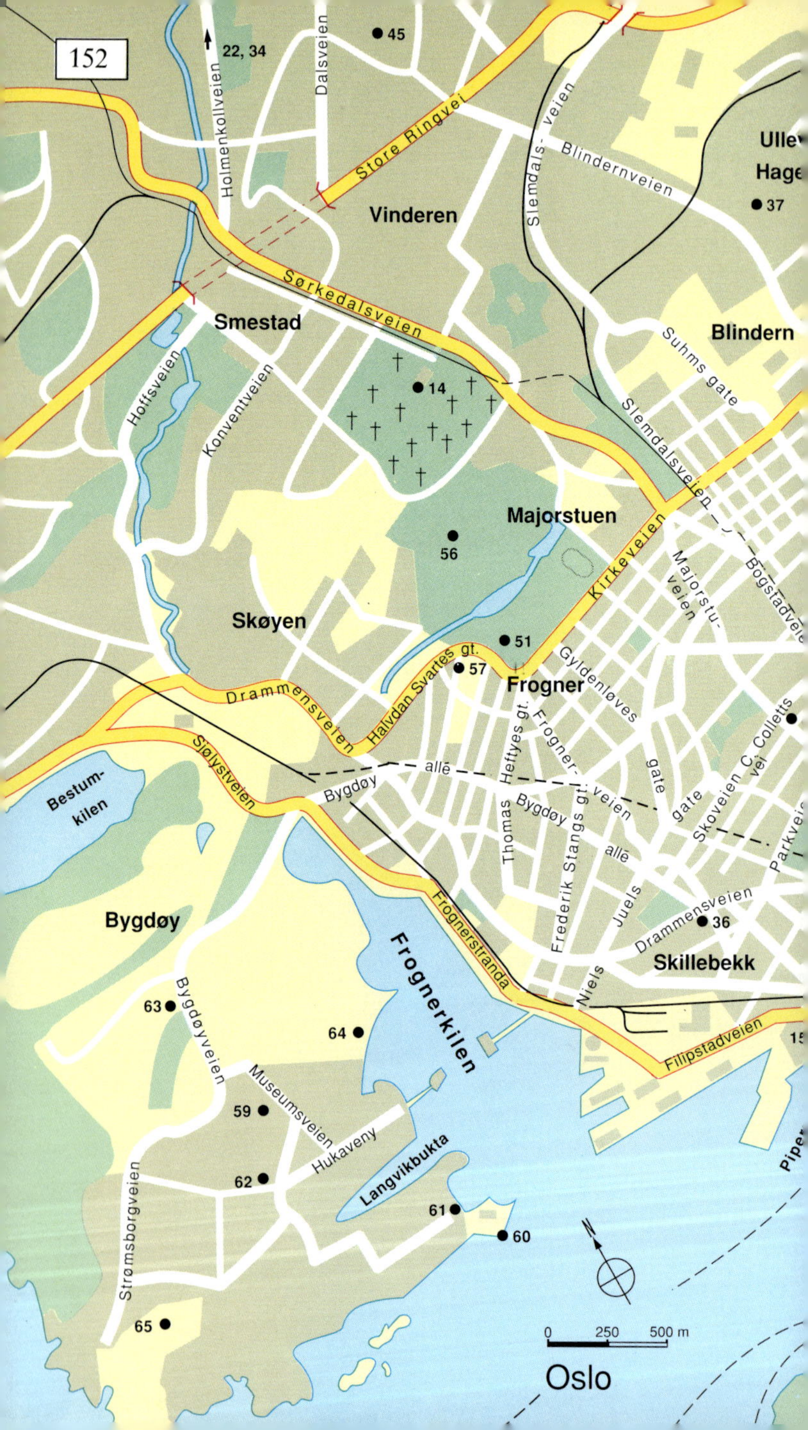
22, 34
45
Holmenkollveien
Dalsveien
Store Ringvei
Slemdals-veien
Blindernveien
Ulle
Hage
37
Vinderen
Sørkedalsveien
Smestad
Blindern
Suhms gate
Hoffsveien
Konventveien
14
Slemdalsveien
Majorstuen
56
Kirkeveien
Majorstu-veien
Bogstadveie
Skøyen
51
Halvdan Svartes gt.
57
Frogner
Gyldenløves gate
Drammensveien
Sjølystveien
Bestum-kilen
Bygdøy allē
Heftyes gt.
Thomas
Frogner-veien
Bygdøy allē
Frederik Stangs gt.
Skoveien
C. Colletts vei
Parkvei
Bygdøy
Frognerstranda
Juels gate
Drammensveien
36
Skillebekk
Niels
Frognerkilen
63
Bygdøyveien
64
Filipstadveien
15
Museumsveien
59
Hukaveny
Langvikbukta
Piper
62
61
60
Strømsborgveien
N
65
0
250
500 m
Oslo

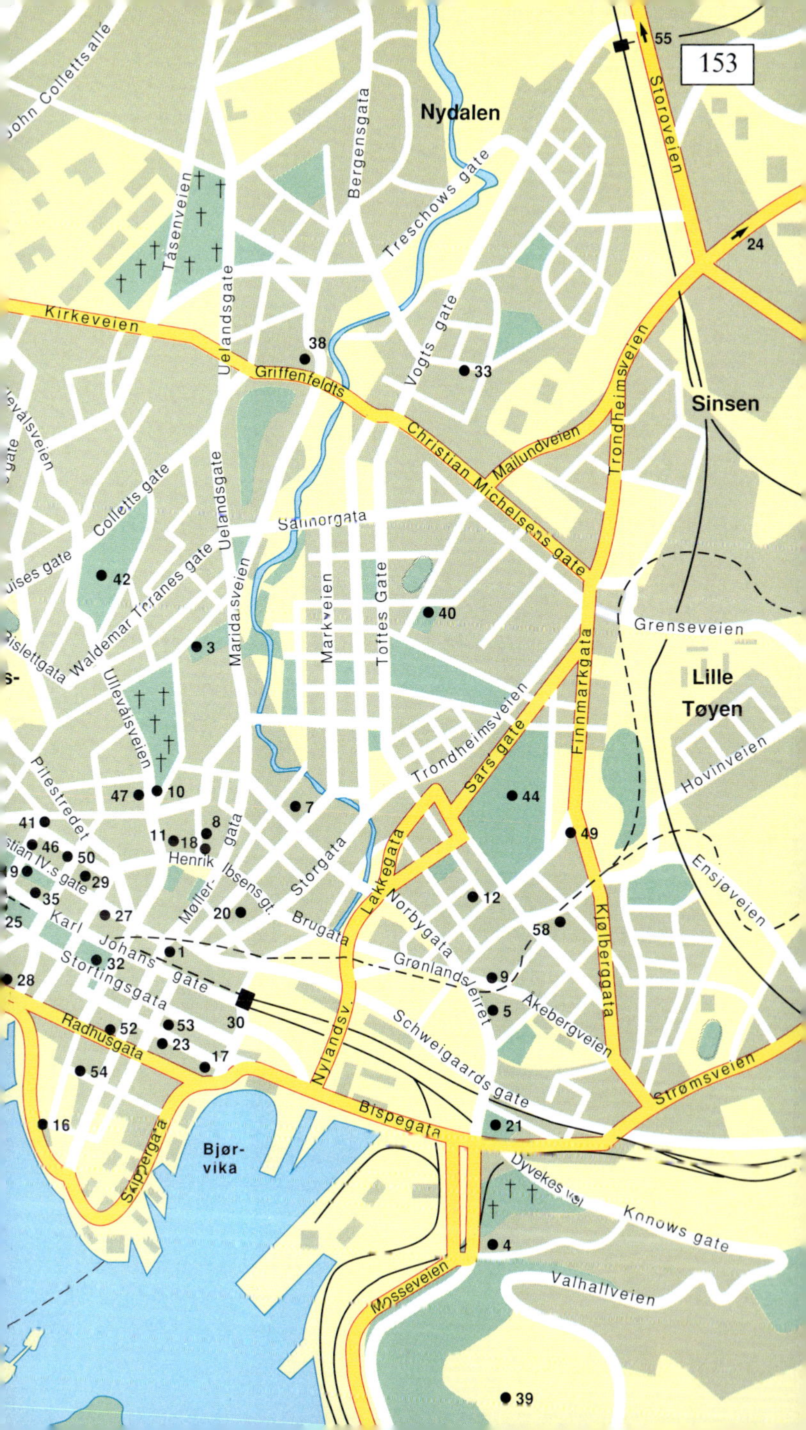
Nydalen
Sinsen
Lille
Tøyen
Bjørvika
John Colletts allé
Bergensgata
Treschows gate
Storoveien
Tåsenveien
Uelandsgate
Kirkeveien
Griffenfeldts
Vogts gate
Christian Michelsens gate
Mailundveien
Trondheimsveien
Collets gate
Waldemar Thranes gate
Maridalsveien
Markveien
Toftes Gate
Grenseveien
Bislettgata
Ullevålsveien
Pilestredet
Storgata
Lakkegata
Sars' gate
Finnmarkgata
Hovinveien
Ensjøveien
Kjølberggata
Henrik Ibsens gt.
Møller-gata
Brugata
Norbygata
Grønlandsleiret
Karl Johans gate
Stortingsgata
Rådhusgata
Nylandsv.
Schweigaards gate
Åkebergveien
Strømsveien
Bispegata
Skippergata
Dyvekes vei
Konows gate
Valhallveien
Mosseveien
55
24
38
33
42
40
3
47
10
7
44
49
41
8
11
18
46
50
29
35
27
20
12
58
25
1
32
9
28
5
30
52
53
23
17
54
21
16
4
39

DIE NORWEGISCHEN KÖNIGE

um 865–um 933 Harald I. Hårfagre (Schönhaar)
um 933–um 935 Eirik I. (Haraldsson) Blodøks (Blutaxt)
um 935–um 960 Håkon I. (Haraldsson) Adalsteinsfostre, der Gute
um 960–um 970 Harald II. (Eiriksson) Gråfell
um 970–995 Håkon Sigurdsson Ladejarl
995–1000 Olav I. Tryggvason
1000–1015 Eirik und Svein Håkonsson
1015–1028 Olav II. (Haraldsson), der Heilige
1028–1029 Håkon Eiriksson Jarl
1029–1030 Knut der Mächtige
1030–1035 Svein Knutsson (Alfivason)
1035–1047 Magnus I. (Olavsson), der Gute
1045–1066 Harald III. (Sigurdsson) Hardråde
1066–1069 Magnus II. Haraldsson
1067–1093 Olav III. (Haraldsson) Kyrre
1093–1095 Håkon Magnusson Toresfostre
1093–1103 Magnus III. (Olavsson) Berrføtt
1103–1105 Olav Magnusson
1103–1123 Øystein I. Magnusson
1103–1130 Sigurd (Magnusson) Jorsalfare
1130–1135 Magnus IV. (Sigurdsson) Blinde
1130–1136 Harald IV. (Magnusson?) Gille
1136–1161 Inge I. (Haraldsson) Krokrygg (der Bucklige)
1142–1157 Øystein II. Haraldsson
1157–1162 Håkon II. (Sigurdsson) Herdebrei
1161–1184 Magnus V. Erlingsson
1177–1202 Sverre Sigurdsson
1202–1204 Håkon III. Sverresson
1202–1227 Inge II. Bårdsson
1217–1263 Håkon IV. Håkonsson
1263–1280 Magnus VI. (Håkonsson) Lagabøte
1280–1299 Eirik II. Magnusson
1299–1319 Håkon V. Magnusson (der Ältere)
1319–1355 Magnus Eriksson
1343–1380 Håkon VI. Magnusson (der Jüngere)
1381–1387 Olav IV. Håkonsson
1388–1412 Margrete (1380–1814 Union mit Dänemark)
1389–1442 Erik v. Pommern (Eirik III.)
1442–1448 Christoffer v. Bayern
1449–1450 Karl I. Knutsson Bonde (Bauer)
1450–1481 Christian I.
1481–1483 Interregnum
1483–1513 Hans
1513–1523 Christian II.
1524–1533 Frederik I.

Dom

Gamle Aker Kirke

1537–1559	Christian III.
1559–1588	Frederik II.
1588–1648	Christian IV.
1648–1670	Frederik III.
1670–1699	Christian V.
1699–1730	Frederik IV.
1730–1746	Christian VI.
1746–1766	Frederik V.
1766–1808	Christian VII.
1808–1814	Frederik VI.
1814	Christian Frederik
1814–1818	Carl XIII.
1818–1844	Carl XIV. Johan
1844–1859	Oscar I.
1859–1872	Carl XV.
1872–1905	Oscar II.
1905–1957	Haakon VII.
1957–	Olav V.

einen neuen, seinen eigenen, Namen: *Christiania* (später *Kristiania*). 1686 verwüstete erneut ein Brand die Stadt.

Im 18. und 19. Jh. führten die Zunahme des Holzhandels und die Industrieansiedelung zu einem starken Wachstum Oslos. Die Stadtgrenzen wurden 1794, 1839, 1859 und 1878 ausgeweitet. Ab 1.1. 1925 erhielt Kristiania wieder den alten Namen Oslo. 1948 wurden die Gemeinden Oslo und Asker zusammengeschlossen.

SAKRALBAUTEN

Domkirke/Vår Frelsers Kirke (Stortorvet 1): Der Dom (Erlöserkirche), eine barocke kreuzförmige Kirche aus Backstein, wurde 1697 fertiggestellt. Die Vorgängerkirche, die Dreifaltigkeitskirche, lag am Christiania Torv und wurde v. einem Feuer zerstört. 1850 wurde der Turm v. Alexis de Chateauneuf* aus Hamburg neugot. umgebaut. Die achteckige Seitenkapelle (1950) entwarf Arnstein Arneberg*. Dieser leitete auch die Restaurierungsarbeiten 1948–50. Die Türreliefs aus Bronze (1938) schuf Dagfin Werenskiold*, die Decke im Innenraum (ca. 1500 m²) malte 1936–50 Hugo Lous Mohr* aus. Der *Bildzyklus* baut sich auf dem Credo der Kirche auf: Im Chorgewölbe sieht man Gottvater, im n Gewölbe den Sohn und im s den Heiligen Geist. Im Zentrum des Monumentalgemäldes die Sonne. – Der Orgelprospekt entstand im Jahre 1726 (Lambert Daniel Karsten*), der Taufstein im frühen 17. Jh. Die barocke Kanzel und der barocke Altar wurden um 1699 v. einem unbekannten holländischen Meister geschaffen. Es ist die erste bekannte Arbeit im Akanthusstil in Norwegen. – Die *Glasmalereien* (1910–16) sind ein Werk v. Emanuel Vigeland*. In der Kapelle be-

Akershus Slott og Festning

findet sich ein Taufengel v. Ole Fladager* (1870–71). Auf dem Stortorv steht eine *Bronzestatue* v. Christianias Gründer Christian IV. v. Carl Ludvig Jacobsen* (1880). Am Stortorv befindet sich eines der ältesten Lokale in Oslo: *Stortorvets Gjæstgiveri*. Das unter Denkmalschutz stehende Gebäude wurde um 1700 errichtet. Das Nachbarhaus ist eines der schönsten Warenhäuser in O., das *Christiania Glasmagasin* (1898/99 v. Ove Laurentius Ekman*).
An der O-Seite der Kirche liegen die sog. *Basare* (Basarene), 1843–54 v. C. H. Grosch* erbaut. Mit ihnen wurde in Oslo der Klassizismus vom Historismus abgelöst. Die Ladenlokale waren urspr. für die Fleischer gedacht, die ihre Stände auf dem Markt hatten. Das an die Basare anschließende Gebäude der ehem. *Feuerwache* (mit Turm zum Trocknen der Schläuche) wurde 1860 ebenfalls nach Plänen v. Grosch erbaut.

Fagerborg Kirke (beim Stenspark): Die neugot. Kirche aus Granit wurde 1903 v. H. Schytte-Berg* erbaut. Das geschnitzte Altarbild schuf Jo Visdal.

Frogner Kirke (Bygdøy Allé 36): Die neuroman. Kirche wurde 1907 v. Ivar Næss erbaut. Die Hauptfassade und der Turm sind aus Granit.

Gamle Aker Kirke (Akersbakken): Die roman. Basilika entstand um 1100. Mitte des 19. Jh. sollte sie abgerissen werden, wurde jedoch statt dessen 1860–62 v. H. E. Schirmer* und A. F. W. v. Hanno* umfassend restauriert. 1955 erfolgte eine weitere Restaurierung (P. D. Hofflund*). Die geschnitzte Kanzel und das geschnitzte Taufbecken sind barock und wurden 1715 v. Thomas Blix* geschaffen, nachdem ein Feuer das gesamte Inventar vernichtet hatte. – Der Prediger Hans Nielsen Hauge (1771–1824) ist in der Nähe der Kirche beigesetzt.
Südwestlich der Kirche liegt der *Vår Frelsers Gravlund*. Der Friedhof wurde 1808 eingeweiht. – Zum Ullevålsvei hin befindet sich der *Æreslund*, wo bedeutende Norweger begraben sind. Auf dem Friedhof liegen u. a. die Schriftsteller Henrik Wergeland, J. S. C. Welhaven, P. C. Asbjørnsen, Camilla Collett, Ivar Aasen, Elias Blix, Henrik Ibsen und Bjørnstjerne Bjørnson sowie die Maler Hans Gude*, Oda Krohg*, Christian Krohg*. Erik Werenskiold* und Edvard Munch*.

Gamlebyen Kirke (Ekebergveien 1): Die Kirche, drittälteste v. O., wurde 1794 erbaut. Der Innenraum ist überwölbt, die Kanzel befindet sich über dem Altar. – Südlich der Kirche liegt das *Oslo Hospital*, ältestes Krankenhaus v. O., das auf ein ma Franziskanerkloster zurückgeht. Das älteste der Gebäude stammt aus dem Jahre 1736.

Grønland Kirke (Grønlandsleiret 34): Dies ist wohl die einzige Kirche, die man im Stil eines Gefängnisses erbaut hat. Sie wurde 1866–69 (zusammen mit einer Schule und Feuerwache) v. W. v. Hanno* errichtet. Dieser orientierte sich mit seinen Plänen am benachbarten, 1851 v. H. E. Schirmer* erbauten Botsfengsel. Die Kirche trug wegen ihrer Größe lange Zeit den Namen *Østkantens Katedral*.

Hovedøya Klosterruiner (Fähre v. Vippetangen): Das Zisterzienserkloster war im MA eines der reichsten in Norwegen. Es wurde nach einer Auseinandersetzung 1532 vom Lehnsherren auf Akershus zerstört. Die Gebäude benutzte man später als Steinbruch. Zu sehen sind Ruinen einer zweischiffigen Kirche mit Apsis (ca. 1120) und eines Klostergebäudes (ca. 1290).

Jakob Kirke (Hausmanns Gate 14): Die neugot. Kirche wurde 1880 v. G. A. Bull* erbaut. – Östlich des Gotteshauses führt die Anker-Brücke über den Akerselv. Sie ist mit 4 *Skulpturengruppen* v. Dyre Vaa* (1937) geschmückt (u. a. »Peer Gynt auf dem Rentier«).

Margaretakyrka (Hammersborg Torg 8): Die neoklassizistische Kirche wurde 1925 nach Plänen des schwed. Architekten Lars Israel Wahlmann* erbaut. Sie ist das Gotteshaus der schwed. Gemeinde. Das Altarbild (Bergpredigt) malte Gunnar Torhamn*, die Fenster schuf Per Vigeland*.

Sofienberg Kirke (Rathkes Gate 18): Die neugot. Kirche aus rotem Backstein

Holmenkollen, Sprungschanze mit Denkmal für Fridtjof Nansen ▶

(J. W. Nordan*, 1877) liegt im Sofienberg Park, der bis 1932 ein Friedhof war.

St. Hallvard Kirke og Kloster (Enerhauggata 4): Die Kirche des Franziskanerklosters wurde 1966 v. Kjell Arve Lund* und Nils Slaatto* errichtet. Der kreisförmige Innenraum des quadratischen Baus liegt unter einer nach innen gewölbten Betonkuppel. Der Bau ist eine der schönsten modernen Kirchen in Norwegen.

St. Olavs Kirke (Akersveien 1): Der kath. Dom v. O. ist eine 1856 v. H. E. Schirmer* erbaute neugot. Backsteinkirche. Sie steht am Ende der St. Olavs Gate, die zum Schloß führt.

Trefoldighetskirke (Arne Garborgs Plass): Die neugot. Dreifaltigkeitskirche wurde 1858 nach Plänen des dt. Architekten Alexis de Chateauneuf* und seines Assistenten Wilhelm v. Hanno* erbaut. Der achteckige Backsteinbau besitzt einen Zentralturm. Die Fenster im Chor (1935) schuf Frøydis Haavardsholm*, den Taufengel (1863) Julius Olaus Middelthun*. Der Altar mit einem Gemälde der Taufe Jesu v. Adolph Tidemand* und der Orgelprospekt sind neugot. – In der Nähe der Kirche steht ein *Denkmal* für den Grönlandmissionar Hans Egede (1686–1758) v. Nicolas Schiøll* (1965).

Tøyen Kirke (Herslebs Gate 43): Die Kirche wurde 1906 v. H. Berle* errichtet. Sie besitzt 2 Türme mit quergestellten Treppengiebeln, einen Saal im Erdgeschoß und einen Kirchenraum in der 1. Etage. Sie war eine der ersten Mehrzweckkirchen (arbeidskirke) in Norwegen und wurde nicht ausschließlich für den Gottesdienst gebaut. Das Altarbild schuf Emanuel Vigeland*.
Im Stadtteil Tøyen liegt auch der *Rudolf Nilsen Plass* mit einer *Bronzestatue* des Dichters Rudolf Nilsen (1901–29) v. Knud Steen* (1954).

Vestre Aker Kirke (Ullevålsveien 117): Die neugot. Kirche wurde 1854 v. H. E. Schirmer* erbaut und 1930 innen ausgemalt (Domenico Erdmann*). Das Wandgemälde (1937) schuf Henrik Sørensen*, die Glasmalereien Bernhard Greve*.

Vestre Krematorium (Vestre Gravlund): Das Krematorium am w Friedhof wurde 1909 nach Plänen v. O. Hoff* errichtet. Das Neue Krematorium, 1930 vom selben Architekten erbaut, ist mit Fresken v. Alf Rolfsen* (1937) geschmückt. – Der *Friedhof* wurde 1902 eingeweiht. Hier befindet

Holmenkollen, Skimuseum

Nationaltheater

sich auch ein Soldatenfriedhof für die Opfer des 2. Weltkriegs.

PROFANBAUTEN

Aker Brygge (Dokkveien 1): In den renovierten und umgebauten Gebäuden v. Akers mekaniske Verksted (1841 gegr. als Akers mechaniske Værksted, später Nyland Vest) ist ein Laden- und Kulturzentrum untergebracht. – In unmittelbarer Nähe liegt die *Oslo Vestbanestasjon,* 1872 v. G. A. Bull* erbaut.

Akershus Slott og Festning: Das *Schloß* und die *Festung Akershus* liegen oberhalb des Hafens auf der felsigen Landzunge Akersnes. Die ältesten Teile des Bauwerks waren vor 1299 unter Håkon V. Magnusson fertiggestellt. Im Laufe der Geschichte wurde die Burganlage neunmal angegriffen, jedoch nie eingenommen. 1527 wurde das Gebäude bei einem Brand stark beschädigt. Während der Regierungszeit Christians IV. (1588–1648) baute man die ma Burg in ein Renaissanceschloß um und erweiterte die Befestigungsanlagen. Vom Zentrum kommend, betritt man das Gelände v. NO durch das Sortieport v. 1834 (der andere Zugang, v. O, ist das Hovedport v. 1653). Rechts sieht man den Kruttårn (Pulverturm) v. 1654–57. Die Batterien und Bastionen stammen aus dem 16. bis 18. Jh. – Den Schloßhof betritt man durch einen Durchgang im N-Flügel. Früher gelangte man dorthin v. S: auf einer Ziehbrücke über einem 4 m tiefen Graben in ein Tor im Jomfrutårn und durch den Mørkegang in den Schloßhof. Hier sind noch heute im Pflaster die Fundamente des ma Turms Vågehals zu sehen. Der Blåtårn an der S-Seite des Hofes wurde 1622–25 errichtet. Im S-Flügel befinden sich der Saal Christians IV. und die Kapelle, das *königliche Mausoleum* ist in einem Anbau untergebracht. Im N-Flügel liegen der Margarethasaal und die Olavshalle. S- und N-Flügel sind miteinander verbunden.

Im Arsenalgebäude (1859–66, H. E. Schirmer*) ist das *Norweg. Verteidigungsmuseum* (*Norsk Forsvarsmuseum,* eröffnet 1978) untergebracht. Es zeigt Exponate zur Geschichte der norweg. Verteidigung v. der Wikingerzeit bis heute.

Das *Museum der Heimatfront Norwegens* (Norsk Hjemmefrontmuseum) befindet sich in einem anderen unter Denkmalschutz stehenden Gebäude. Das Museum ist dem Widerstandskampf gegen die dt. Besatzung 1940–45 gewidmet. Hier steht auch ein *Denkmal* für 42 norweg. Patrioten,

Rathaus

die auf Akershus im Februar und März 1945 erschossen wurden (Bronzereliefs 1949 v. Per Palle Storm*).
Im *Park* zur Rådhusgata (Kontraskjæret) sind die Fundamente v. 5 Häusern zu sehen, die vor 1686 erbaut wurden.

Børse (Tollbugata 2): Die Börse, ein klassizistisches Gebäude, wurde 1826–29 nach Plänen v. C. H. Grosch* erbaut und 1909–10 v. C. Michalsen* ausgebaut. Im Vestibül finden sich 2 große *Wandgemälde* v. Gerhard Munthe*, »Handelen« (»Handel«) und »Sjøfarten« (»Seefahrt«), v. 1912.

Deichmanske Bibliotek (Henrik Ibsens Gate 1): Die *Stadtbücherei* v. O., ein neoklassizistischer Bau, wurde in den Jahren bis 1933 v. Nils Reiersen* erbaut. Sie ist nur wenige Schritte vom Regierungsviertel (Regjeringskvartal) entfernt. Ihren Grundstock bildet die Büchersammlung des Kanzleirats Carl Deichman (1705–1780), die etwa 6000 Bände umfaßt. – Zum Arne Garborg Plass hin findet sich eine *Büste* des Dichters Arne Garborg (1851–1924) v. Gunnar Janson* (1949).

Det Norske Teatret (Frederiks Gate): 1985 fertiggestelltes Theater. Aufführungen nur in neunorweg. Sprache (Nynorsk).

Folketeater (Youngstorget 2): In dem Bürogebäude (1935, Morgenstierne & Eide) an der O-Seite des Platzes findet sich seit 1959 *Den Norske Opera.* – Auf der W-Seite (Møllergate 19) im ehem. Polizeipräsidium befand sich 1940–45 das Gestapohauptquartier. – Vor dem Folkets Hus (1960) steht die *Statue* eines Arbeiters (Per Palle Storm*, 1958). Sie trägt die Aufschrift: »Tilegnet arbeiderbevegelsens pionerer – Frihet – Solidaritet« (»Gewidmet den Pionieren der Arbeiterbewegung – Freiheit – Solidarität«).

Gamlebyen (St. Halvards Plass): Hier liegen die Überreste des v. Harald Hårdråde gegr. ma O. Zu besichtigen ist die Ruine des 1. Doms v. O., der *St.-Hallvard-Kathedrale,* einer roman. Kirche aus dem 12. Jh. mit got. Chor aus dem 13. Jh. – In den Fundamenten des *Oslo Ladegård* (1725) finden sich Teile des 1. Bischofshofes v. ca. 1200. In dem Gebäude, das Repräsentationszwecken dient, sind Modelle des ma O. ausgestellt. Der Bischof residiert heute in einem benachbarten neugot. Bauwerk (1883, H. Trap-Meyer*), das über den Mauern des Olavsklosters, eines Dominikanerklosters v. ca. 1240, erbaut ist. – Im Norden (Egedes Gate) liegen die Ruinen der *Korskirke* aus dem späten 13. Jh., s (Saxegaards-

Schloßplatz am 17. Mai, Nationalfeiertag

gate) die Ruinen der roman. *Clemenskirke* aus dem 12. Jh. Hier finden sich auch die Überreste der ma *Mariakirke* und des ma *Königshofs*.
Auf dem Harald Hårdrådes Plass steht ein *Gedenkstein* für den Gründer v. O., Harald Hårdråde, mit einem Bronzerelief v. Lars Utne* (1905).

Holmenkollen: Beliebtes Ausflugsziel der Osloer. – Das *Hovedrestaurant* in Blockbauweise wurde 1891 v. H. Munthe* errichtet. – Die *Holmenkollen-Kapelle* v. 1903 (H. Sinding-Larsen*) erinnert an eine Stabkirche. – Die *Sprungschanze* mit 60 m hohem Turm (412 m ü. d. M.) wurde 1939 erbaut und 1952 (zur Winterolympiade) und 1981 umgebaut. Hier liegt auch das *Skimuseum*, in dem u. a. Teile der Polarausrüstungen v. Fridtjof Nansen und Roald Amundsen zu sehen sind. Die *Statue* v. Olav V. als Skiläufer schuf Annasif Døhlen (1984).

Krigsskole (Tollbugata 10): Das einzige *Rokoko-Palais* in O. wurde 1760 erbaut. Die 1750 gegr. Kriegsschule war Norwegens erste höhere Lehranstalt.

Linderud Gård (Trondheimsvei 319): Der Gutshof gehörte im MA der Kirche. Das Haupthaus v. 1714 (erweitert 1809) besitzt einen Säulengang zum Park (im Barockstil).

Nationaltheater (Stortingsgata 15): Das klassizistische Theatergebäude wurde 1891–99 nach Plänen v. H. Bull* errichtet. Da das Gelände früher ein Sumpf war, ruht der Bau auf 3400 in die Erde gerammten Pfählen. Die Innenausstattung ist teilweise im Jugendstil, teilweise in nachempfundenem Rokoko gestaltet. Im großen Saal finden sich *Deckengemälde* v. Eivind Nielsen* und 4 Frauenfiguren v. Lars Utne*. Utne war für den größten Teil der skulpturalen Ausschmückung verantwortlich. – Auf der N-Seite des Nationaltheaters befindet sich ein *Park (Studenterlunden)*. Er wurde 1852 v. schwed. u. norweg. Studenten eingeweiht. – Vor dem Theater stehen *Statuen* (Stephan Sinding*, 1899) v. Ibsen und Bjørnson, den bedeutendsten Dramatikern Norwegens. – In der Nähe des Theaters *Statuen* des Schauspielers Johannes Brun (Brynjulf Bergslien*, 1902) und der Schauspielerin Johanne Dybwad (Per Ung*, 1962) sowie des Dramatikers Ludvig Holberg, der v. 2 seiner Figuren (Henrik und Pernille) flankiert wird (Dyre Vaa*, 1939).

Oslo Konserthus (Munkedamsveien 14): Das *Konzerthaus* wurde 1977 nach Plänen

Schloßpark, Reiterstandbild Carl Johans

Schloß, Skulptur v. Niels Henrik Abel

v. G. Åbergh* erbaut. Das dreieckige Gebäude ist mit poliertem Granit verkleidet.

Oslo Nye Teater (Rosenkrantz' Gate 10): In diesem Theater (1929 v. G. Blakstad* und J. Dunker*) werden neuere Stücke gespielt. Es wurde am 26.2. 1929 mit Knut Hamsuns Stück »Ved Rigets Port« (»An des Reiches Pforten«) eröffnet.

Rådhus (Rådhusplass): Das *Rathaus* v. O. steht an Piperviken. Der imposante, mit Backstein verkleidete Betonbau wurde 1933–50 nach Plänen v. Arnstein Arneberg* und Magnus Poulsson* errichtet. Der Gebäudekomplex besteht aus zwei 63 und 65 m hohen Türmen um eine Art Vorhof und einem rechteckigen Hauptbau. Auf dem ö Turm, dem höheren der beiden, findet sich ein Glockenspiel mit 38 Glokken. Die Uhr an seiner S-Seite ist mit einem Durchmesser v. 8,6 m Europas größte Turmuhr. Der Minutenzeiger ist 5,7 m lang und wiegt etwa 200 kg. Auf der Stadtseite (N) zum Hof ist eine astronomische Uhr angebracht, die einen Durchmesser v. 5 m hat. Sie zeigt u.a. das Datum und die Mondphasen an.

1936 wurde ein Wettbewerb zur künstlerischen *Ausgestaltung* des Rathauses ausgeschrieben. An dieser Mammutaufgabe waren in den folgenden Jahren alle bedeutenden norweg. Bildhauer, Maler und Textilkünstler beteiligt. Auf dem Hof (Borggård) steht die *Svanefontene* v. Dyre Vaa*. Auf der linken und rechten Seite ist der *Ygdrasilfries* v. Dagfin Werenskiold* zu sehen: Szenen aus der Schöpfungsgeschichte der Edda. Den Mittelpunkt der N-Fassade bildet die vergoldete Bronzeskulptur *Oslopiken* (»Mädchen aus O.«) v. Joseph Grimeland*. An der O-Fassade ein *Relief* v. Alfred Seland*, das Albertine, die Heldin in Christian Krohgs* gleichnamiger Erzählung (1886, vgl. auch Krohgs Gemälde in der Nationalgalerie) darstellt. Zentrum der W-Fassade bildet ein *Reiterstandbild* v. Oslos Gründer Harald Hårdråde (Anne Grimdalen*). Die S-Fassade wird v. einer Gruppe mit dem hl. Hallvard als Mittelpunkt beherrscht (Nicolas Schiøll*). Neben diesen finden sich auch Werke v. Arne Durban*, Nils Flakstad*, Ørnulf Bast*, Per Hurum*, Emil Lie* und Per Palle Storm*.

Im *Inneren* des Rathauses sind bes. Edvard Munchs* Gemälde »Livet« (»Leben«), Axel Revolds* und Alf Rolfsens* *Fresken* sowie Henrik Sørensens Gemälde *Folk i Arbeid og Fest* (»Volk bei Arbeit und Fest«, 24 × 12 m groß) sehenswert. Es finden sich außerdem Werke v. Reidar Aulie*, Harald Dahl*, Per Krohg*, Willi Middelfart* und Aage Storstein*. Die Gebäude am Fridtjof Nansen Plass wurden in Anpassung an das Rathaus gestaltet. Die *Statue* des Polarforschers Nansen, ausgeführt v. dem dän. Bildhauer Kai Nielsen*, steht auf der W-Seite des Rathauses (Kronprinsesse Märthas Plass).

Sehested Plass: Der achteckige Platz, umgeben v. dreistöckigen klassizistischen Gebäuden, wurde 1880 nach Plänen v. A. P. Due* und B. Steckmest* angelegt. Vorbild war die Place Vendôme in Paris. Auf dem Platz steht ein *Brunnen* v. Ørnulf Bast* (1950). Hannibal Sehested, nach dem der Platz benannt ist, war im 17. Jh. dän. Statthalter in Norwegen.

Sentralstasjon (Jernbanetorget 1): Der Hauptbahnhof besteht aus dem ehem. O-Bahnhof, einem Gebäude im Stil der Neurenaissance v. 1882 (G. A. Bull*) und einem Neubau aus Beton und Glas (1980, Architektenbüro Engh & Seip). In der ehem. Zughalle sieht man auf der linken Seite Teile des 1. Bahnhofs v. 1854 (H. E. Schirmer* und W. v. Hanno*), eines Gebäudes aus rotem Backstein. – Auf dem Christian Frederiks Plass steht das Denkmal *Solen og Jorden* (»Die Sonne und die Erde«) v. Ørnulf Bast*.

Slott (Drammensveien 1): Das königliche Schloß wurde 1823–48 v. dem Schloßarchitekten H. D. F. Linstow* für König Carl Johan erbaut. Die Bewilligung v. Mitteln durch den Storting verzögerte die Fertigstellung. Carl Johan (1763–1844) erlebte sie nicht mehr. Das Schloß ist ein dreigeschossiger, dreiflügeliger Bau (klassizistisch) mit einem flachen Dach, der einen gelungenen Abschluß der Osloer Prachtstraße Karl Johans Gate bildet.

Der *Schloßpark* wurde 1844 angelegt. Hier findet sich das *Reiterstandbild Carl Johans* v. Brynjulf Bergslien* (1875). Im *Dronningpark* auf der S-Seite des Schlosses steht eine *Statue v. Maud*, der Frau Haakons VII. (Ada Madsen*, 1959), auf dem *Abelshaug*, ebenfalls auf der S-Seite Gustav Vigelands* berühmtes *Denkmal* (1902–08) für den Mathematiker *Niels Henrik Abel* (1802–29). Die *Statue* der Schriftstellerin *Camilla Collett* auf der N-Seite des Schlosses stammt ebenfalls v. Vigeland (1911). Am n Rand des Schloßparks steht ein Holzhaus (Grotten), in dem Wergeland v. 1841 bis 1845 lebte. Wergeland wohnte zuvor in der Pilestræde (das Haus steht nicht mehr). Heute ist *Grotten* Ehrenwohnung für eine herausragende Persönlichkeit des kulturellen Lebens. Im Moment wohnt hier der Komponist Arne Norheim. Der Dramatiker Henrik Ibsen wohnte 1895–1901 auf der anderen Seite des Schloßparks, in der Arabiens Gate 1, einer Seitenstraße des Drammensvei.

Stortingsbygning (Karl Johans Gate 22): Das Gebäude für das norweg. Parlament wurde 1857–66 v. E. V. Langlet* aus gelbem Backstein und Granit erbaut. Die Ausschmückung des Treppenhauses ist das Werk v. Nils Flakstad*. Im Plenarsaal hängt das Gemälde »Riksforsamlingen på Eidsvoll« (1885) v. Oscar Wergeland*.
Zwischen Storting und Universitetsgata liegt der *Eidsvoll Plass*. Hier stehen eine *Statue* des Schriftstellers *Henrik Wergeland* v. Brynjulf Bergslien* (1881), die Skulptur *Hjortegruppe* (»Hirschgruppe«) v. Arne Vigeland* (1958) und die Plastik *Lekende Barn* (»Spielende Kinder«) v. Arne Durban* (1958). – Auf dem *Wessels Plass* (s) steht eine *Büste* des Dichters *Johan Herman Wessel* (1742–85) v. Carl Ludvig Jacobsen* (1885). Wessel, der satirische Gedichte schrieb, war zwar in Norwegen geboren, jedoch eher in Dänemark zu Hause (ähnlich verhält es sich mit dem Dramatiker Ludvig Holberg).

Torshov (Hegermanns Plass): Das Wohnviertel Torshov wurde zwischen 1915 und 1925 erbaut. – Auf dem achteckigen *Hegermanns-Platz* steht die *Oksefontene* (»Stierbrunnen«) v. Asbjørg Borgfelt* (1929).

Tyrvannstårn (Voksenkollen): Der 117 m hohe Sendemast wurde 1962 errichtet. Die Aussichtsplattform in 60 m Höhe liegt 647 m ü. d. M. Großartiger Ausblick.

Universitetet (Karl Johans Gate 47): Die 1. Universität in Norwegen wurde am 2.9. 1811 als Universitas Regia Fredericiana (Königliche Frederiks-Universität) gegr. Der 1841–54 erbaute Gebäudekomplex in der Innenstadt, wo u. a. die juristische Fa-

Stortingsbygning

Norwegische Maler

Der erste auch international bekannte norwegische Maler – er lebte den größten Teil seines Lebens in Kopenhagen und Dresden – war Johan Christian Clausen *Dahl** (1788–1857). Er schuf Landschaftsgemälde, die mit der Kunst Caspar David Friedrichs starke Gemeinsamkeiten haben. Man kann sagen, daß er die norwegische Natur für die Kunst entdeckt hat. Thomas *Fearnley** (1802–42) und Peder *Balke** (1804–87) führten sein Werk fort, Balke als erster Schilderer nordnorwegischer Landschaft. Die Maler der Mitte des 19. Jahrhunderts waren großenteils in Deutschland, meist an der Düsseldorfer Akademie, ausgebildet. Zu den bekannteren unter ihnen gehören Hans *Gude* (1825–1903) und Adolph *Tidemand** (1814–76), deren »Brudefærden i Hardanger« (»Brautfahrt in Hardanger«, 1848) ein Klassiker ist (im Nationalmuseum, Oslo), und August *Cappelen** (1827–52). Hatten Dahl und seine Anhänger einen wirklichkeitsnahen Stil geschaffen, wirken ihre Werke stilisiert, die Motive gesucht. Einzig die Gemälde von Lars *Hertervig* (1830–1902) nehmen eine Sonderstellung ein: Ihnen haftet etwas Traumartiges an. Die Porträtmalerei entwickelte sich in Norwegen erst relativ spät; Mathias *Stoltenberg** (1799–1871) war ihr erster herausragender Vertreter. Seine Bilder versuchen im Gegensatz zu denen seines Vorgängers, des ganz vom Klassizismus geprägten Jacob *Munch** (1776–1839), nichts zu beschönigen. Ende des 19. Jahrhunderts begannen sich die norwegischen Künstler an Paris zu orientieren. Harriet *Backer** (1845–1932), Frits *Thaulow** (1847–1906), Christian *Krohg** (1852–1929) und Erik *Werenskiold** (1855–1938) kamen hier mit naturalistischen Tendenzen in Berührung. Der klare Naturalismus wurde jedoch schon bald von einer mehr stimmungsgesättigten Malerei abgelöst (Gerhard *Munthe**, 1849–1929, Christian *Skredsvig**, 1854–1924, und Theodor *Kittelsen**, 1857–1914). Eine Sonderstellung nimmt Edvard Munch mit seinen teilweise schon expressionistischen Bildern ein (1863–1944). Drei weitere bedeutende Maler begannen ihre Karriere in der Zeit um die Jahrhundertwende, der Blütezeit der skandinavischen Kunst und Kultur: Halfdan *Egedius** (1877–99), Nikolai *Astrup** (1880–1928) und Harald *Sohlberg** (1869–1935). Sie sind mehr einer nationalromantischen Tradition verpflichtet.

Starke Farben gebrauchten Thorvald *Erichsen** (1868–1939), Oluf Wold *Torne** (1867–1919) und Ludvig *Karsten** (1876–1926). Zu den bekannteren Malern des 20. Jahrhunderts gehören die von Matisse beeinflußten Jean *Heiberg** (1884–1976), Henrik *Sørensen** (1882–1962), Axel *Revold** (1887–1962) und Per *Krohg** (1889–1965) sowie Kai *Fjell** (*1907), Rolf *Nesch** (1883–1975) und Håkon *Stenstadvold** (1912–77), deren Werke von einem intensiven Naturgefühl geprägt sind. Nach dem Zweiten Weltkrieg fanden besonders Jacob *Weidemann** (*1923), Frans *Widerberg** (*1934), Ludvig *Eikaas** (*1920), Gunnar S. *Gundersen** (*1921) und Odd *Nerdrum* (*1944) Beachtung.

Norwegische Architekten

Die Baumeister und Architekten des norwegischen Mittelalters sind meist anonym. Erst bei den Kirchen in Kongsberg und Røros wissen wir, wer die Pläne zeichnete. In Kongsberg war es der Berghauptmann Andreas Joachim *Stuckenbrock** und in Røros der Baumeister Svend *Aspaas**. Auffällig ist, daß es im 18. und 19. Jahrhundert häufig Amateure waren, die die Pläne entwarfen, wohlhabende Bürger, Maurer- oder Schreinermeister und Offiziere; Architekten waren die Ausnahme. Das erklärt sich dadurch, daß man erst seit 1910 (an der Technischen Hochschule Trondheim) in Norwegen Architektur studieren kann. Der relative Mangel an älteren öffentlichen Bauwerken (abgesehen von Kirchen) hängt damit zusammen, daß Norwegen bis 1814 Teil der dänisch-norwegischen Doppelmonarchie war und von Dänemark aus verwaltet wurde. Man könnte fast sagen, daß erst ab der Unabhängigkeit genügend Aufgaben für hauptberufliche Architekten vorhanden waren: In Oslo wurde nach Plänen des deutschstämmigen Architekten H. D. F. *Linstow** (1787–1851) das Schloß gebaut. Linstow entwarf auch die Prachtstraße zum Schloß, Zentrum des modernen Oslo, die Karl Johans Gate. Linstow und der jüngere Christian Heinrich *Grosch** (1801–65), der von 1833 bis 1865 Oslos Stadtbaumeister war, gelten als die ersten beiden Architekten Norwegens. Grosch entwarf u. a. die Universität, die Börse, Norges Bank sowie die Basare am Dom. Ein weiterer Architekt des 19. Jahrhunderts war H. E. *Schirmer** (1814–87). Er baute in Oslo u. a. die Vestre-Aker-Kirche, die katholische St.-Olav-Kirche und die Nationalgalerie, die von seinem Sohn Adolf *Schirmer** (1850–1930) Anfang dieses Jahrhunderts erweitert wurde. Das Historische Museum in Oslo von Henrik *Bull** (1864–1953) gilt als ein Hauptwerk des Jugendstils. Das nur drei Jahre ältere (1899) Nationaltheater gerade um die Ecke ist noch klassizistisch. – Zu den herausragenden Architekten des 20. Jahrhunderts gehören Arnstein *Arneberg** (1882 bis 1961), der mit Magnus *Poulsson** (1881–1958) das Osloer Rathaus baute, Gudolf *Blakstad* (*1893), der mit *Herman Munthe-Kaas** (1890–1977) die Pläne für das Kunstnernes Hus zeichnete sowie Kjell *Lund** (*1927) und Nils *Slaatto** (*1923), die die St.-Hallvard-Kirche in Oslo entwarfen. Die Liste ließe sich fortsetzen.

Vigelandsanlegget

Vigelandsanlegget, Brunnenskulptur

kultät liegt, besteht aus 3 klassizistischen Gebäuden um einen Platz. Die Pläne v. Christian Heinrich Grosch* wurden v. dem dt. Architekten Karl Friedrich Schinkel* überarbeitet. Die Figurengruppe im Giebel des Hauptgebäudes wurde 1886-94 von Mathias Skeibrok geschaffen. In der Aula v. 1911 hängen Gemälde v. Edvard Munch* (1916).
Auf dem Vorplatz stehen eine *Statue* des Juristen und Politikers *Anton Martin Schweigaard* (1808-70) v. Julius Middelthun* und eine weitere des Historikers *Peter Andreas Munch* (1811-63) v. Stinius Fredriksen* (1933).

Universitetsbibliotek (Drammensveien 42): Der massive Granitbau wurde 1914 fertiggestellt; Architekt war Holger Sinding-Larsen*. Die Innenausstattung stammt u.a. v. den Künstlern Per Krohg*, Axel Revold* und Emanuel Vigeland*. - Hinter dem Bau liegt das *Observatorium* (1833 v. Christian Heinrich Grosch*). Es war bis 1935 in Betrieb.)

Universitetssentret på Blindern (Blindernveien): Der 1. Bauabschnitt der neuen Universität (s des Blindernvei) wurde 1932-36 v. Finn Bryn* errichtet (Naturwissenschaften). Geisteswissenschaften und Mensa befinden sich im 2. Bauabschnitt (n des Blindernvei, 1958-71). Vor der Mensa (Velferdsbygningen) steht die Stahlskulptur *Air II* v. Arnold Haukeland* (1962). - Beim *Kjemisk Institutt* finden sich *Felszeichnungen* aus der Steinzeit.

Vøienvolden (Maridalsveien 120): Im 18. und 19. Jh. erbauter *Gutshof*.

ÖFFENTLICHE ANLAGEN

Ekebergsletta: Der größte Naturpark v. O. Höchster Punkt ist das Brannfjell (205 m, Aussicht!). In der Nähe der *Sjømannskole* (1917; burgartig mit Fresken im Inneren v. Per Krohg*) finden sich *Felszeichnungen aus der Eisenzeit*. - Vor der *Seemannsschule* steht die berühmte Plastik *Helhesten* (»Höllenritt«) v. Gunnar Utsond* (1914).

Freia Park (Karlstadgata): Park bei der Freia Schokoladefabrik. Hier steht die Plastik *Piken på Bjørnen* (»Das Mädchen auf dem Bären«) v. Gustav Vigeland*. Die Kantine der Schokoladefabrik wurde v. Edvard Munch* dekoriert.

Halvdan Kierulfs Plass (Ecke Frederiks Gate/St. Olavsgate): Der Platz ist nach dem Komponisten Halvdan Kierulf (1815-68) benannt. Außer seiner Büste (1874, Julius Middelthun*) stehen hier die *Büsten* der Maler *Adolph Tidemand* (1912, Anders Svor*) und *Hans Gude* (1912, Ingebrigt Vik*) sowie des Dichters *Andreas Munch* (1912, G. Munthe-Svendsen*). - In Richtung Schloßpark liegt der *Nordraakplass*, benannt nach einem anderen Komponisten: Rikard Nordraak (1842-66), der u.a. die Melodie der norweg. Nationalhymne komponierte (der Text stammt v. Bjørnstjerne Bjørnson [1832-1910]). *Statue* v. Gustav Vigeland* (1911).

Sankt Hanshaugen (Knud Knudsens Plass): In vorgeschichtlicher Zeit befanden sich hier Grabhügel und ein Opferplatz. Ab 1795 nutzte man das Gelände als Exerzier-

Vigelandsanlegget, Monolith

Vigelandsanlegget

platz. Ab Mitte des 19. Jh. feierte man hier den Mittsommerabend (St. Hansaften). – Zahlreiche *Plastiken*, u.a. eine Statue des Märchenerzählers Peter Christen Asbjørnsen v. Brynjulf Bergslien* (1891), unterhalb des Bassins.

MUSEEN

Arkitekturmuseum (Josefines Gate 32–34): Das Museum liegt in Homansbyen, einer Villengegend hinter dem Schloßpark aus dem 19. Jh. Hier finden wechselnde Ausstellungen statt. Bibliothek.

Botanisk Hage/Tøyen Hovedgård (Sars Gate 1): Der Botanische Garten wurde 1814–18 angelegt. Das Gewächshaus für tropische Pflanzen (Victoria Huset) entstand 1868 und 1876.
Früher lag hier ein großer Gutshof. Das noch stehende Hauptgebäude aus Holz datiert v. ca. 1760. – In der Nähe befinden sich das *Zoologiske Museum*, das *Geologiske Museum* (1908 und 1917 v. Holger Sinding-Larsen*) und das *Botaniske Museum* (1913 vom selben Architekten).

Emanuel-Vigelands-Museum (Grimelundsveien 8): Hier sind das Fresko »Vita« sowie Skulpturen und Porträts des Kirchenmalers Emanuel Vigeland* (1875–1948) zu sehen.

Historisk Museum (Frederiks Gate 2): Einer der schönsten Jugendstilbauten in O., 1897–1902 nach Plänen v. Henrik Bull* erbaut. Es besteht aus 3 Sammlungen: *Universitetets Oldsaksamling* mit Funden aus der Wikingerzeit und Kunst des MA (Portale v. Stabkirchen u.a.), *Etnografisk Museum* mit Sammlungen u.a. v. Indonesien und aus den Eskimogebieten und *Universitetets Myntkabinett* mit einer großen Münz- und Medaillensammlung.

Kunstindustrimuseum (St. Olavsgate 1): Das Kunstgewerbemuseum (1904, I.O. Hjorth*, B. Greve*) zeigt europäisches Kunsthandwerk vom MA bis heute. Größter Schatz ist der *Baldisholteppich* aus Hedmark (um 1180). Er ist einer v. nur noch 5 erhaltenen Bildteppichen aus roman. Zeit. Zu sehen sind außerdem die Garderobe v. Königin Maud und Kronprinzessin Sonja. Eine Abteilung ist dem Scandinavian Design vorbehalten.

Kunstnernes Hus (Wergelandsveien 17): Moderne norweg. Kunst und wechselnde Ausstellungen. Das Gebäude wurde 1930 v. Gudolf Blakstad* und Hermann Munthe-Kaas* erbaut.

Munch-Museum (Tøyengate 53): Das Museum wurde 1963 nach Plänen v. Gunnar Fougner* und Einar Myklebust* erbaut. Hier sind die Werke untergebracht, die Edvard Munch* der Stadt O. 1940 überließ: 1026 Gemälde, 4473 Zeichnungen und Aquarelle, 15391 Graphiken und 6 Skulpturen. Nur ein Teil ist ausgestellt, es wird jedoch relativ häufig gewechselt.

Museum der Heimatfront, → Akershus Slott og Festning.

Nasjonalgalleri (Universitetsgata 13): Die Nationalgalerie (1881, 1908 und 1924 v. H.E.Schirmer* und A.Schirmer*) zeigt überwiegend norweg. Malerei, beginnend bei Peder Balke* und Mathias Stoltenberg*. Alle bedeutenden Maler sind vertreten, darunter Edvard Munch*, Harald Sohlberg*, Erik Werenskiold*, Henrik Sørensen*, Harriet Backer* und Christian Krohg*, um nur einige zu nennen. Es findet sich jedoch auch europäische Kunst: Werke v. Corot*, Delacroix*, Degas*, Manet*, Monet*, Courbet*, Matisse*, Picasso* u.a. – In einem Saal finden sich Abgüsse v. antiken Skulpturen.

Norweg. Verteidigungsmuseum → Akerhus Slott og Festning

Oslo Bymuseum (Frognerveien 67): Das Stadtmuseum ist in einem Gutshof (Frogner Hovedgård) untergebracht, der um 1750 erbaut wurde. Zu sehen sind u.a. Bilder des alten Christiania (1600–1850).

Oslo Kunstforening (Rådhusgata 19): Wechselnde Ausstellungen. Der Kunstverein ist in einem Gebäude v. 1626 untergebracht, das zeitweilig als Garnisonskrankenhaus diente.

Postmuseum (im Hauptpostamt v. 1922, Dronningensgate 15): Neben Briefmarken (die größte Sammlung in Norwegen) Geschichte des Reiseverkehrs in Norwegen.

Teatermuseum (Nedre Slottgata 1): Das Theatermuseum ist im 1. Rathaus v. Oslo (1641) untergebracht. Dokumentiert wird die Theatergeschichte der Stadt vom 19. Jh. bis heute u.a. durch Requisiten, Programme und Kostüme.

Teknisk Museum (Kjelsås): Hier wird die technische Entwicklung Norwegens v. ca. 1840 bis heute dargestellt. Zu sehen sind u.a. Modelle v. Bohrinseln. Abteilung mit alten mechanischen Musikinstrumenten.

Universitetsforlaget (Kolstadgate 1): Das 1980 v. J. Digerud* erbaute Bürohaus besitzt ein postmodernes Interieur (J. Lindberg*). Im Obergeschoß in der Kantine hängt Thorvald Moseids* Bildteppich »De fire Årstider« (»Die vier Jahreszeiten«). Er ist 62 m lang.

Vigelandsanlegget (im Frognerpark): Der Park, das Lebenswerk des Bildhauers Gustav Vigeland* (1869–1943) wurde 1924–57 angelegt. Die Skulpturengruppen sind auf einer 850 m langen Achse plaziert, die am Kirkevei ihren Anfang nimmt. Man betritt den Park v. dort durch eines der 7 schmiedeeisernen Tore. Unterhalb der Brücke liegt der *Barneplass* mit 9 Kinderskulpturen. Die Brücke mit 58 Bronzeskulpturen und 4 Skulpturengruppen aus Granit wurde 1926–33 modelliert. Der *Brunnen*, der den Mittelpunkt des Skulpturenparks bildet, wurde 1907–14 geschaffen und war urspr. für den Eidsvolls Plass bestimmt. Der Brunnen steht in einem 1800 qm großen *Labyrinth* aus weißem und schwarzem Granit. Über eine Treppe gelangt man zum *Monolithen*. Er ist 17 m hoch und besteht aus 121 Figuren, die kämpfend zum Licht streben. Vigeland modellierte sie 1933/34; seine Assistenten brauchten dann jedoch 16 Jahre, um sie aus dem 2,5 m breiten

Bygdøy (Oslo), Gol Stavkirke ▷

Bygdøy, Norsk Folkemuseum,
Farbig bemalter Bauernschrank

Bygdøy (Oslo), Gol Stavkirke,
Blick zur Chorapsis

Granitblock vom Iddefjord herauszumeißeln. Der Monolith ist v. 36 Figurengruppen aus Granit umgeben. Zum Schluß gelangt man zum *Livshjul,* dem Rad des Lebens, das aus 7 ineinander verflochtenen Menschenleibern besteht. Es wurde erst nach Vigelands Tod aufgestellt. Der gesamte Park ist eine imponierende Schilderung der Stadien menschlichen Lebens.

Vigelands Museum (Nobels Gate 32): Das Museum war urspr. Gustav Vigelands* Atelier und Wohnung. Das neoklassizistische Bauwerk wurde 1931 v. L. H. Ree* und C. Buch* im Auftrag der Stadt O. errichtet. Im Turm steht Vigelands Urne. Zu seinen Lebzeiten pflegte er v. hier aus den Oslofjord zu betrachten. Im Museum sind Skulpturen, Holzschnitte, Skizzen und Zeichnungen zu sehen. Bes. sehenswert sind die frühen Arbeiten Vigelands, die sich sehr stark v. den monumentalen Skulpturen der Vigelandsanlegg unterscheiden.

Weitere Museen → Bygdøy.

Außerdem sehenswert: Auf dem *Riddervolds Plass* steht eine *Statue* des Dichters *Johan Sebastian Cammermeyer Welhaven* (1807–73) v. Gunnar Utsond* (1908).

Bygdøy

Die Halbinsel Bygdøy kann man mit Auto, Bus oder mit der Fähre v. der Brygge 3 beim Rathaus erreichen. Sie war früher sowohl königlicher als auch klösterlicher Besitz. Von der Reformation bis 1877 hieß sie Ladegaardsø.

Norsk Folkemuseum (Museumsveien 10): Das Kulturhistorische Museum und Freilichtmuseum ist Norwegens größte Sammlung. Es wurde 1894 v. Hans Aall gestiftet. Skansens friluftmuseum in Stockholm war Vorbild. Die Sammlung besteht aus etwa 170 Gebäuden aus allen Teilen Norwegens. Am berühmtesten ist wohl die um 1170 erbaute *Gol Stavkirke,* die 1881 auf Veranlassung v. Oscar II. aus Gol im Hallingdal hierhergebracht wurde. Die Konstruktion ruht auf 8 Säulen. Um die Kirche führt ein

Bygdøy, Norsk Folkemuseum ▷

Bygdøy, Norsk Folkemuseum, von Ola Hansson bemaltes Bett

gedeckter Umgang (Svalgang). Hier hielt sich die Gemeinde vermutlich nach dem Gottesdienst auf. Das Bild des Abendmahls in der Apsis datiert aus dem 17. Jh. – Die übrigen Gebäude stammen überwiegend aus der Altstadt (Gamlebyen) v. O. – Im Gebäude r vom Eingang sind Henrik Ibsens Arbeitszimmer und der erste Saal des Stortings (ehem. Festsaal der Kathedralschule) zu sehen. – Die Sammlungen umfassen u. a. Kirchenkunst, Textilien, Wagen, Spielzeug, Musikinstrumente und Möbel. Besondere Beachtung verdient die Lappen-Abteilung.

Norsk Sjøfartsmuseum (Bygdøynes): Im Seefahrtmuseum (1957–60 v. Trond Eliassen* und Birger Lambertz Nilsen*) wird die Geschichte der norweg. Seefahrt demonstriert. Unbedingt ansehen sollte man sich in der Bootshalle ein Boot mit 5 Rudern unter vollen Segeln (fembøring). – Vor dem Museum steht das *Polarschiff »Gjøa«*, das Roald Amundsen 1903–06 benutzte. In unmittelbarer Nähe ist in einer Halle das *Polarschiff »Fram«* zu besichtigen, das in Larvik für Fridtjof Nansens Polarexpedition 1893–96 gebaut wurde. Amundsen war mit ihr 1910–12 am Südpol.

Kon-Tiki- og Ra-II-Museum (Bygdøynes): Mit dem Floß Kon-Tiki segelte Thor Heyerdal mit 5 Gefährten 1947 über den Pazifik. Sie benötigten für die ca. 8000 km 101 Tage. Das Balsafloß Ra II benutzte Heyerdal im Jahre 1970 für eine Expedition von Marokko nach Barbados. Beide Fahrzeuge sind unter den Exponaten zu sehen.

Vikingskipenes Hus (Huk Aveny 35): Das Wikingerschiffmuseum, zwischen 1926 und 1954 v. Arnstein Arneberg* errichtet, erinnert an eine Kirche. Das hat zwei Gründe: Arneberg war überwiegend Kirchenarchitekt, und schließlich waren die Schiffe Grabbeigaben. Was also wäre angemessener als ein Bau in Anlehnung an eine Grabkapelle. Zu sehen sind das *Oseberg-schiff*, das *Tuneschiff* und das *Gokstadschiff*,

Bygdøy, Vikingskipenes Hus, Osebergschiff, Schnitzdetail

benannt nach ihren jeweiligen Fundorten. Sie sind aus dem 9. Jh. und um 20 m lang.

Bygdøy Kongsgård (Bygdøyveien): Die Sommerresidenz des Königs, ein eingeschossiges Holzgebäude mit einer zweigeschossigen Mittelpartie, wurde ca. 1733 errichtet.

Oscarshall (Oscarshallveien): Das neugot. Lustschloß wurde 1847–52 v. dem dänischen Architekten J. H. Nebelong* für Oscar I. erbaut. Im Inneren sind Arbeiten der Bildhauer Christopher Borch* und Hans Michelsen* und der Maler Hans Gude*, Adolph Tidemand* und Joachim Frich* zu sehen.

Villa Grande (Huk Aveny 56): Der Turm der 1917/18 erbauten Villa hat den Romeriksturm der Festung Akershus als Vorbild. 1940–45 wohnte hier Vidkun Quisling. Heute ist hier eine Schule untergebracht.

Außerdem sehenswert: *Bygdøynesveien 15,* Residenz des kanadischen Botschafters. Die Villa mit einem im barocken Stil angelegten Park wurde 1917 v. O. L. Scheen* erbaut. – In einer Holzvilla v. 1916 (erbaut v. A. Arnesen*), Admiral Børresensvei 4, befindet sich seit 1954 die *Seemannskirche.*

Umgebung

Asker (20 km sw): Die 1879 erbaute *Asker Kirke* birgt die Einrichtung aus der Vorgängerkirche (18. Jh.). – 2 km nö liegt das *Asker Museum.* Es ist das ehem. Heim des Künstlerehepaares Otto und Tilla Valstad*. – *Skaugum,* die Residenz des Kronprinzen, wurde 1932 nach Plänen v. Arnstein Arneberg* erbaut.

Bogstad Gård (Sørkedalsveien stadtauswärts, 10 km nw): 1762 erbauter zweistökkiger *Herrenhof* mit Mansarddach. Die Einrichtung stammt teilweise aus dem 18. Jh.

Bærums Verk (Lommedalen, 15 km w): Die erste *Eisenhütte* in Bærum wurde an dieser

Bygdøy, Vikingskipenes Hus, Gokstadskip

Bærums Verk (Oslo), Hauptgebäude von 1762–64

Stelle 1641 erbaut. Ab 1874 gab es dann nur noch eine Gießerei. Auch diese wurde 1964 stillgelegt. Gebäude aus dem 17. und 18. Jh. Haupthaus v. 1840–48 (Architekt J. H. Nebelong*).

Gjettum (13 km w): *Samvirkemuseum*, der älteste erhaltene kooperative Laden (1872) in Norwegen.

Haslum Kirke (10 km w): Roman. Kirche aus dem 12. Jh. Die Querarme sind jüngeren Datums. Das Schiff hat bis zu 1,5 m dicke Mauern. Das Gemälde an der Decke des Chores schuf Axel Revold*. Kanzel v. ca. 1600, Altar v. 1631 (Gemälde der Kreuzigung nach einem französischen Stich).

Henie-Onstad Kunstsenter (Høvikodden, 11 km w): Sammlung mit Kunst des 20. Jh. Werke u. a. v. Bonnard*, Gris*, Leger*, Matisse*, Miró* und Picasso*. In einem Raum sind sämtliche Pokale und Medaillen der Eiskunstläuferin Sonja Henie (1912–69) untergebracht – In der Nähe liegt *Solvik*, wo das *Norweg. Pressemuseum* untergebracht ist.

Maridalen (14 km n): Am Rande des Maridals vann liegen die Ruinen der *Margaretakirke* aus dem 13. Jh. In den Ruinen wird jeden Sommer ein historisches Schauspiel aufgeführt.

Nesodden Kirke (Fähre, 8 km s): Die Steinkirche wurde im 12. Jh. erbaut. Der Taufstein ist ma, der Altar datiert v. 1715.

Polhøgda (Lysaker, 7 km sw): Heim des Polarforschers Fridtjof Nansen.

Sandvika (15 km w): Vorort v. O., Mittelpunkt der Kommune Bærum. Sandvika entstand im 17. Jh. als Hafenplatz für das Eisenwerk Bærum. Das *Bærum-Rathaus* wurde 1920–60 v. Magnus und Espen Poulsson* erbaut. Im Hof steht ein *Brunnen* v. Arnold Haukeland*. Die Løkke Bru wurde 1829 im Bærum Verk gegossen. – Auf der Kalvøy fand im Sommer ein *Rockfestival* statt (Badeplatz).

Svartskog (12 km s): *Uranienborg*. Hier lebte der Polarforscher Roald Amundsen. Museum seit 1935.

Tanum Kirke (Bærum, 12 km w): Roman. Steinkirche v. ca. 1120. Die Wandmalereien stammen aus dem 13. Jh. Ein Kruzifix und 2 Marienfiguren sind ma. Kanzel und Taufe v. 1723.

Bygdøy (Oslo), Vikingskipenes Hus, Wikingerschiff, Bugdetail

Henie-Onstad Kunstsenter

P

Porsgrunn Telemark	
Einw.: 31 500	S. 258 □ F 12

Die Industriestadt am Frierfjord ist der zweitgrößte Ort der Provinz Telemark. Sie erhielt 1807 die Stadtrechte. In Porsgrunn findet sich die einzige Porzellanfabrik (Porsgrunds Porcelænsfabrikk) Norwegens. Sie wurde 1887 gegründet.
In Porsgrunn lebte im 18. Jh. der Eisenhüttenbesitzer Carl Deichmann. Seine Bibliothek (6000 Bände) bildete den Grundstock der ersten öffentlichen Bibliothek in Norwegen, der Deichmanske Bibliotek in Oslo.

Bamble Kirke (Porsgrunn)

Vestre Porsgrunn Kirke/Vestsidens Kirke: Die nur aus einem Langhaus bestehende Holzkirche wurde 1758 v. Joen Jacobsen* erbaut. Die Einrichtung ist im Rokokostil gestaltet.

Vår Frue Kirke: Die kath. Frauenkirche hat die Form einer ma Stabkirche. Sie wurde im Jahre 1899 nach Plänen v. Haldor Børve* erbaut.

Østre Porsgrunn Kirke/Østsidens Kirke: Die kreuzförmige Holzkirche im Rokokostil wurde ebenfalls v. Joen Jacobsen* erbaut und im Jahre 1760 geweiht. Der Altar und die Kanzel stammen aus dem 18. Jh. Das Altargemälde (Kreuzigung) schuf Axel Ender*.

Porsgrunn Bymuseum: Das *Stadtmuseum* ist im Pfarrhof v. 1784 und im ehem. Zollamt (Tollboden), dem ältesten Haus in P. (1661), untergebracht. Eine Spezialsammlung zeigt Porzellan aus P.

Umgebung

Bamble Kirke (über Brevik, 20 km s): Eine der wenigen neugot. Kirchen aus Holz. Sie wurde 1845 nach Plänen des Geistlichen Gustav Adolph Lammers* erbaut. Der W-Turm (Halldor Børve*) entstand im Jahre 1902. Die Gemälde r und l des Altars schuf ebenfalls Gustav Adolph Lammers (Moses und Gethsemane), das Kreuz auf dem Altar und die Glasmalerei dahinter (Auferstehung) Per Vigeland*. Das Altarbild der alten Kirche v. 1631 hängt an der N-Wand des Chores. Auf dem Kirchhof stehen die *Ruinen der ma Vorgängerkirche* aus dem 12. Jh. (u. a. das Portal).
Lammers war das Vorbild für Ibsens Gestalt des Pfarrers Brand in seinem gleichnamigen Drama (1866, uraufgeführt 1885 in Stockholm).
Brevik (15 km s): Der Handelsort, der im 16. Jh. entstand, erhielt 1845 die Stadtrechte. Heute ist er ein Teil v. P. Er ist einer der am besten bewahrten Küstenorte in Norwegen mit zahlreichen Häusern aus dem 18. und 19. Jh. (erbaut nach dem Stadt-

brand v. 1761). Der norweg. Seeheld Curt Sivertsen Adeler (1622–75) wurde in Brevik geboren. – *Rådhus/Cochegården.* Das *Rathaus* im Rokokostil wurde um 1760 errichtet. Hier findet sich das *Lokalmuseum* mit einer Seefahrtsabteilung, einem Kolonialwarenladen aus der Zeit zwischen 1900 und 1920 und der alten Apotheke des Ortes. Eine eigene Abteilung befaßt sich mit den Ereignissen der Kriegsjahre 1940–45. – Das Haus *Tollboden,* an der N-Seite des Hafens gelegen, wurde um 1760 für den Kaufmann Niels Larsen Lerstang erbaut. Ab 1841 beherbergte es das Zollamt.

Eidanger Kirke (5 km sö): Steinkirche aus dem 12. Jh. mit ca. 1,5 m dicken Mauern. 1787 wurde die Kirche nach W durch einen hölzernen Anbau erweitert.

Langesund (über Brevik, 21 km s): *Holzkirche* v. 1753 mit sehenswerter Rokokoeinrichtung. – Zahlreiche Häuser des Ortes stammen aus dem 18. Jh., u. a. das *Rathaus* (seit 1862), das für den Kaufmann Jacob Cudrio 1778 errichtet wurde. – In der *Cudrios Brygge* befindet sich ein *Heimatmuseum.* – Nördlich v. Langesund liegt der *Halen Gård* aus der 2. Hälfte des 18. Jh.

Lerstang (10 km sö): Hier hat man einen *Siedlungsplatz* aus der Steinzeit und Reste einer *Burg* aus der Völkerwanderungszeit ausgegraben.

R

Risør Aust-Agder	
Einw.: 7000	S. 250 □ Г 13

Risør liegt am Skagerrak auf einer Halbinsel zwischen Søndeledfjord und Sandnesfjord. Der Ort, nach der Reisig-Insel (Risøy) benannt, erlebte im 17. Jh. seinen Aufstieg durch den Holzhandel mit den Niederlanden und im 19. Jh. seine Blütezeit. Seine Handelsflotte (Segelschiffe) war bedeutend. Mit dem Siegeszug der Dampfschiffe begann der Niedergang. Stadtrechte

Brevik (Porsgrunn), Panorama

erhielt Risør 1723; 1861 brannte die Stadt ab.
Heute erfreut sich »den hvite by« (»die weiße Stadt«), wie Risør auch genannt wird, mit seinen schmucken weißen Patrizierhäusern und steilen schmalen Gassen besonders bei Touristen größter Beliebtheit.
In Risør lebte Dikken Zwilgmeyer, die erste norwegische Kinderbuchautorin (1853–1913). In ihren Inger-Johanne-Büchern beschreibt sie das Risør der 60er Jahre des vorigen Jahrhunderts.

Den hellige Ånds Kirke: Barocke kreuzförmige Holzkirche, die 1647 erbaut wurde. Altar mit einer Darstellung des Abendmahls nach Rubens.

Kastellet: Die *Befestigung* in der Nähe des Kais wurde während der Napoleonischen Kriege (1807–14) erbaut. Die Kanonen datieren v. 1748.

Stangholmen Fyr (5 Min. mit dem Boot): Stillgelegter *Leuchtturm* direkt am offenen Meer; Ausflugsort.

Umgebung

Søndeled (17 km nw): *Indre Søndeled Kirke.* Die ma Steinkirche wurde 1786 in eine kreuzförmige Kirche umgebaut. Die Chorschranke ist mit einem Monogramm Christians VII. geschmückt, der Altar stammt aus dem späten 18. Jh. – Einige alte Häuser in Søndeled stehen unter Denkmalschutz.

Vegårshei (30 km w): Die *Fachwerkkirche* wurde 1808 erbaut. Im Inneren finden sich ein Renaissancealtar und ein Taufstein aus dem 17. Jh.

Rjukan
Telemark

Einw.: 4600	S. 256 □ E 12

Rjukan liegt in 400 m Höhe unterhalb des 1883 m hohen Gaustatopp. 1907 begann die Firma Norsk Hydro hier mit dem Bau einer Kunstdüngerfabrik (fertiggestellt 1911). Der Ort bestand damals nur aus einigen wenigen Höfen.
Durch Sabotageaktionen während der deutschen Besetzung im 2. Weltkrieg wurde Rjukan über die Grenzen Norwegens hinaus bekannt.

Rjukan Kirke: 1914 erbaute Kirche aus Granit, die 1965 vollständig ausbrannte. Die 7 Fenster hinter dem Altar wurden v. Thorvald Moseid* geschaffen.

Mår Kraftverk: Das Kraftwerk ist 300 m tief in den Fels gesprengt; das Wasser fällt 823 m. Sehenswert ist die längste Holztreppe der Welt mit 3380 Stufen.

Såheim Kraftstasjon: 1912–15 erbautes Wasserkraftwerk. Es hat wegen seines Aussehens auch den Namen »Renaissanceoper«. Architekten: Olaf Nordhagen* und Thorvald Astrup*.

Vemork Kraftstasjon: Eines der größten Wasserkraftwerke der Welt. Hier wurde während des 2. Weltkriegs v. der Firma Norsk Hydro schweres Wasser hergestellt, das für die Atomforschung benötigt wurde. Bei einer Sabotageaktion am 27. 2. 1943 wurde das Werk zerstört.

Rjukan og Tinn Museum: *Freilichtmuseum,* in dem die Entwicklung der Bautechnik v. ma Gebäuden mit offener Feuerstelle bis zu Häusern des 19. Jh. zu sehen ist. Außerdem: Textilien, Werkzeuge und Kunsthandwerk. Eine Abteilung befaßt sich mit dem Widerstand gegen die dt. Besatzung 1940–45.

Krossobanen: Die erste Seilbahn Nordeuropas. Innerhalb v. 5 Minuten gelangt man v. R. (400 m) auf den Gipfel Gvepseborg (890 m).

Außerdem sehenswert: *Statue des Ingenieurs Sam Eyde* (1866–1944; 1920 v. Gunnar Utsond* geschaffen) auf dem Marktplatz (Torget). Eyde erfand zusammen mit Kristian Birkeland ein Verfahren zur Gewinnung v. Kalksalpeter (Düngemittel) und war einer der Gründer v. Norsk Hydro.

»Nacht in Røros«, Gemälde von Harald Sohlberg, Nationalgalerie Oslo

Røros, Panorama mit Kirche

Umgebung

Dalen (87 km sw): 5 km n liegt die *Eidsborg Stavkirke*. Sie wurde um 1250 errichtet, vermutlich auf einem ehemals heidnischen Opferplatz. Die Bilder an den Wänden des Innenraums entstanden 1604 und 1649, der Altar datiert v. 1667. – In der Nähe der Kirche liegt ein *Freilichtmuseum* (Lårdal Bygdetun).

21 km sö v. Dalen liegt *Skafså*. Hier befindet sich das im Jahre 1973 eröffnete *Anne Grimdalen Museum*. Die Bildhauerin lebte v. 1899 bis 1961.

Nesland Kirke (über Å, 72 km sw): Holzkirche v. 1847. Sie ersetzte eine Stabkirche, die einzige, die exakt datiert ist. Sie wurde 1242 v. dem Hamarer Bischof Paul geweiht, was in einer Runeninschrift überliefert ist. Von dieser alten Kirche sind 2 geschnitzte Portale und der Taufstein erhalten (in der heutigen Kirche). – In der Nähe des Gotteshauses liegt *Berdalstunet*. Der Hof mit einem Hauptgebäude, das vermutlich aus dem MA stammt, war der Wohnsitz des Bildhauers Dagfin Werenskiold*.

Rauland Kirke (52 km sw): Kreuzförmige Holzkirche, 1803 erbaut. Zur Einrichtung gehören u. a. 2 ma Kruzifixe, eines davon eine niederländische Arbeit. – Der Bildhauer Dyre Vaa* ist in der Nähe der Kirche begraben. Das *Dyre Vaa Museum* im Ort wurde 1981 eröffnet und zeigt 80 Skulpturen und etwa 40 Gemälde v. Vaa (1903–80). – In *Arabygdi* (nw, ebenfalls am Totak) steht das *Myllarguttmonument* (1970) v. Dyre Vaa*. Es erinnert an den Geiger Torgeir Øygarden Augudssøn (1801–72), der hier in den beiden Hütten *(Kosi)* die letzten Jahre seines Lebens verbrachte.

Vinje (über Åmot, 76 km sw): Kreuzförmige Holzkirche v. 1796. Das Altarbild schuf Henrik Sørensen*. Es zeigt Christus in Vinje. Der Altar selbst mit darüberliegender Kanzel entstand 1796. Der Schriftsteller Tarjei Vesaas (1897–1970) ist in der Nähe der Kirche begraben. – *Vinjestoga* (Plassen): Hier wuchs der Dichter Aasmund

Røros Kirke

Olavsson Vinje (1818–70) auf. Das Denkmal schuf Knud Skinnarland* (1974). Nordwestlich v. Vinje liegt die *Grungedal Kirke*, ein Holzbau v. 1856. Das Altarbild (1951) wurde v. Harald Kihle* geschaffen. Kihle, einer der bedeutendsten Schilderer der Landschaft Telemarks, lebt in Vinje. – In der Nähe der Kirche steht die Skulptur *Kvinne med brødet* (»Frau mit dem Brot«) v. Dyre Vaa*.

Røros Sør-Trøndelag	
Einw.: 3300	S. 254 □ H 9

Røros, in 628 m Höhe gelegen, verdankt seine Existenz der Entdeckung von Kupfererz vor etwa 350 Jahren. Es ist der am besten erhaltene Bergwerksort in Norwegen. Die erste Kupferhütte wurde 1644 gegründet. 1678 und 1679 zerstörten die Schweden die Stadt.
Røros ist der einzige Ort in Skandinavien, der auf der World Heritage List der UNESCO steht. 75 der bis zu 250 Jahre alten Gebäude stehen unter Denkmalschutz.

Røros Kirke: Die Barockkirche ist das einzige Gebäude aus Stein im Zentrum v. R. Sie wurde v. dem Baumeister Svend Aspaas* 1779–84 erbaut; die Pläne stammten v. Peter Leonard Neumann*. Die Kirche mit einem quadratischen Turm im W besitzt ein Langhaus mit Chor in Form eines langgestreckten Achtecks. Die Sakristei besteht aus Holz. Die Barockeinrichtung schuf Peder Ellingsen*. Altar, Kanzel und Orgel befinden sich übereinander an der O-Wand. – In der Kirche hängt ein Porträt v. Hans Olsen Aasen. Er soll im 17. Jh. in der Nähe der späteren Storwartz Gruve das erste Kupfererz gefunden haben. – Der Schriftsteller Johan Falkberget (1879–1967) ist auf dem *oberen Friedhof* (Øvre Kirkegård) begraben.

Profanbauten: Westlich des Ortskerns liegt der *Aasengård*. Dieser Hof wurde um 1620

Røros, Bergarbeiterhäuser

auf einer Rodung v. Hans Olsen Aasen, dem Finder des ersten Kupfererzes, erbaut. Aasen wurde angeblich 116 Jahre alt. Die Gebäude stammen hauptsächlich aus der Mitte des vorigen Jh. – Eines der ältesten Häuser in R. ist der *Rasmusgård* (Bergmannsgata 9) v. ca. 1680. – Der dreistöckige *Bekholdtgård* (Bergmannsgata 14) entstand ca. 1770. Es ist das älteste Haus mit 3 Geschossen. – Nr. 15 ist der *Bergskrivergård* v. 1793, die ehem. Verwaltung des Bergwerks. Über dem Portal sieht man als Holzrelief das Wappen der Bergwerksgesellschaft. – Bergmannsgata 19, der *Direktørgård* v. ca. 1790, ist seit 1939 das *Rathaus* v. R. Es ist eines der größten Gebäude der Stadt (die Fassade ist 43 m lang). – Nr. 21, das *Sangerhus,* wurde 1907 nach Plänen des damaligen Bergwerksdirektors Alfred Getz für den Gesangverein erbaut. – Die parallel verlaufende Straße, die Kjerkgata, hat Harald Sohlberg* durch sein Gemälde »Gate i Røros« (1903, Nationalmuseum in Oslo) bekannt gemacht. Die Bebauung stammt im wesentlichen aus der Mitte des 19. Jh. Ausnahmen bilden Nr. 52, *Grådalsstuggu* (ca. 1750), und Nr. 59, der *Reinholtgård* (vor 1800), der ehem. Gasthof v. R. – Der *Apotekgård* in der Mørkstugata entstand ca. 1830, die Einrichtung ca. 1930. – Der *Bahnhof* wurde im Jahre 1877 nach Plänen v. Peder A. Blix* erbaut. Er steht ebenso unter Denkmalschutz wie die Abraumhalden, die R. seinen besonderen Charakter verleihen.

Røros Kobberverks Samlinger (Mørkstubakken): Bergwerks- und Hüttenmuseum mit Modellen und Gegenständen aus den Kupfergruben und -hütten. Das Museum liegt im ehem. Verwaltungsgebäude (Hyttstugu) der Schmelzhütte v. 1805 (Anbau v. 1830). In der Nähe des Museums steht eine Glokke (1890), ö davon liegen die Ruinen der Schmelzhütte. Sie ist im Jahre 1975 abgebrannt.

Außerdem sehenswert: *Bergmannsdenkmal* v. Sivert Donali* (1961). Er schuf auch das *Falkberget Monument* (1979).

Sandefjord, Walfangmuseum

Veranstaltungen: *Røros Martnan,* ein großer Markt, der in der 3. Woche im Februar stattfindet.

Umgebung

Olavsgruva (14 km nö): In dieser Grube wurden ein kleines *Museum* und ein Konzertsaal eingerichtet.
Ratvollen (18 km n): Hier lebte der Schriftsteller Johan Falkberget v. 1922 bis 1967.
Tynset (55 km sw): *Tynset Kirke* (1795), eine achteckige Holzkirche. Sie ersetzte ein Gotteshaus, das v. einem Feuer zerstört worden war. Die Kanzel ist, wie zur Zeit des Pietismus üblich, über dem Altar angebracht. *Tynset Bygdetun,* ein Freilichtmuseum, das aus 13 Gebäuden besteht.
Øvre Rendal Kirke (106 km sw): Holzkirche v. 1759 mit Altar v. 1680. Er wurde v. Johannes Skraastad* aus Vang geschaffen. – Im Pfarrhof (1747) befindet sich ein *Museum* für den Dichter Jacob Bull (1853–1930), der hier bis 1869 lebte.

S

Sandefjord
Vestfold

Einw.: 36000	S. 250 □ G 12

Sandefjord am Ende des 10 km langen Sandefjordfjords ist eine der größten Städte in Vestfold und wird erstmals im Jahre

1200 als Hafen erwähnt. Der Holzexport begann bereits im 15. Jh. 1837 wurde ein Kurbad eröffnet, nachdem man schwefelhaltiges Wasser und schwefelhaltigen Morast entdeckt hatte. Stadtrechte erhielt Sandefjord 1845.
Die Blütezeit der Stadt setzte 1905 ein, als mit dem Walfang in der Antarktis begonnen wurde. Die letzte Walfangexpedition fand im Herbst 1967 statt.

Sandar Kirke: Kreuzförmige Holzkirche v. 1792. Die Einrichtung ist klassizistisch. – *Denkmal* für den Kirchenlieddichter M. B. Landstad, der hier ab 1859 Pfarrer war.

Sandefjord Kirke: In der modernen Kirche findet sich ein sehenswertes *Altarbild* v. Dagfin Werenskiold*.

Hvalfangstmuseum (Rådhusgate 4): Die Entwicklung des Walfangs in der Antarktis wird hier dokumentiert.

Sandefjord-Bymuseum (Pukkestadsveien 5): Das Stadtmuseum ist in einem Patrizierhaus v. 1792 untergebracht. Zu sehen sind Einrichtungsgegenstände aus dem 18. und 19. Jh., eine Münzsammlung und Funde aus der Wikingerzeit.

Sandefjord, Hvalfangstmuseum

Sandefjord-Sjøfartsmuseum (Prinsensgate 18): Das in einer alten Villa und einem Neubau eingerichtete Museum besitzt eine große Sammlung v. Schiffsmodellen und Ölgemälden v. Schiffen.

Außerdem sehenswert: Das *Hvalfangstmonument* (Walfangmonument) v. Knud Steen* an der Strandpromenade. – Vor dem Rathaus Arnold Haukelands* Skulptur *Havdønningen* (»Meeresdünung«) aus rostfreiem Edelstahl. – *Sandefjord Bad,* der Holzbau des Kurhauses, das v. 1837 bis 1937 in Betrieb war.

Umgebung

Elgesem (5 km w): *Gräberfeld* mit Steinsetzung in Form eines Schiffes.
Gokstadhaugen (2 km ö): Das Gokstadschiff, eines der 3 Wikingerschiffe, die jetzt auf Bygdøy bei Oslo zu besichtigen sind, wurde 1880 hier ausgegraben.

Sarpsborg
Østfold

Einw.: 12000	S. 258 □ H 12

Sarpsborg ist die älteste Stadt in Østfold. Olav der Heilige ließ hier am Sarpsfoss im Jahre 1016 eine Burg und eine Kirche erbauen. Im 16. Jh. begann die erste Sägemühle ihren Betrieb. Danach setzte der Aufstieg Sarpsborgs zum industriellen Zentrum ein.

Sarpsborg Kirke: Die 1. Kirche in S. wurde 1859 v. Wilhelm v. Hanno* erbaut und brannte 2 Jahre später ab. Die heutige Kirche errichtete Christian Heinrich Grosch* auf den Fundamenten des urspr. Gotteshauses. Der dreischiffige neugot. Backsteinbau birgt Fenster v. Karl Kristiansen* und Victor Sparre* (1958).

Borgarsyssel-Museum: Kulturhistorisches Museum für die Provinz Østfold. Hier finden sich die Ruinen der Nikolaskirke aus dem 12. Jh. und neben anderem ein Pfarrhof aus der 2. Hälfte des 17. Jh., ein Gasthof v. 1850, das Haus eines Amtsrichters aus dem späten 18. Jh. und ein Hof aus dem 18. Jh. Große Sammlung v. Kirchenkunst. – Im Garten sind Heilpflanzen angebaut, wie sie im MA Verwendung fanden. – In der Nähe liegt der *Hellige Olavs Voll,* die einzige erhaltene Befestigungsanlage aus der Wikingerzeit in Norwegen.

Außerdem sehenswert: Im *Kulåspark* im Zentrum finden sich Grabhügel aus der Eisenzeit. – Beim Stadion steht ein *Monument,* das 3 Handballspieler zeigt, v. Arnold Haukeland* (1957). – Auf dem Marktplatz (Torget) die Plastik *Tømmerfløter* (»Flößer«) v. Anne Grimdalen*. – *Sarpsfoss,* 20 m hoher Wasserfall.

Umgebung

Bjørnstadskipet (5 km s). Hier finden sich die meisten *Felszeichnungen* an einem Ort in Norwegen.

Borregård Hovedgård (2 km sö): *Herrensitz* aus dem frühen 18. Jh. Das erste Borregård lag näher am Glomma und wurde bei einem Erdrutsch 1702 zerstört. – Im Park steht die Skulptur *Spinnepiken* (»Spinnmädchen«) v. Arnold Haukeland* (1956).

Hafslund Hovedgård (2 km sö): Der dreiflügelige *Herrensitz* erhielt nach einem Brand 1758 seine heutige Form. Der Park wurde ebenfalls nach dem Brand angelegt.

Rakkestad (26 km nö): Mittelalterliche *Steinkirche,* die 1875 umgebaut wurde. Der Altar entstand 1696. Taufe und Kanzel stammen ebenfalls aus dem späten 17. Jh.

Skjeberg Kirke (8 km sö): Roman. Kirche, die bereits im MA erweitert wurde. Der roman. Taufstein ist mit Reliefs geschmückt (um 1150). Kanzel im Renaissancestil v. 1623. Grabdenkmäler für einige der Besitzer v. Hafslund.

Solberg (w v. Skjeberg, 12 km s): *Felszeichnungen* aus der Bronzezeit (ca. 1000 v. Chr.), verteilt auf mehrere Felder. Dargestellt sind u. a. Schiffe, Wagen und Menschen mit Speeren und Hörnern. An der Reichsstraße 110 v. Skjeberg nach Fredrikstad findet sich ein weiteres Feld mit Felszeichnungen: in *Hornes* (Schiffe und Tierfiguren).

Skien Telemark	
Einw.: 47 000	S. 258 □ F 12

Skien ist einer der ältesten Orte in Norwegen. Um 1100 wurde hier das Gimsøy-Klo-

Sarpsborg, Borgarsyssel-Museum, Pranger (l), Relief an Nikolaskirke (r)

Skien, Gjerpen Kirke beim Børsesjø

Volkstanz

Der Volkstanz hat eine lange Tradition in Norwegen und umfaßt u.a. die alten Paartänze (pardansene), Dorftänze (bygdedansene) und Sangtänze (sangdansene). An den Fest- und Feiertagen des Jahres wurde getanzt. Anlässe waren Hochzeiten, Taufen, Beerdigungen, Saat- und Erntefeste, Märkte und andere Gelegenheiten, wo sich Menschen zusammenfanden. - Der Sangtanz kam um 1200 aus Frankreich über England nach Norwegen. Er wird häufig zur Begleitung von alten Volksliedern getanzt und heißt deswegen auch Volksliedtanz (folkvisedans). Die Tanzenden halten sich an der Hand, bilden eine Kette und bewegen sich entweder in einem geschlossenen Kreis oder in einer Reihe. Die Dorftänze (u.a. halling und springar) entwickelten sich in Norwegen in der Zeit vor 1600. Es gibt Anhaltspunkte dafür, daß sie von den Sangtänzen beeinflußt sind.

Viele der alten Tanzformen waren im Aussterben begriffen, als sie zu Beginn dieses Jahrhunderts eine Renaissance erfuhren. Das hat mit der Industrialisierung zu tun und der Angst vieler Norweger, ihre lokale Identität zu verlieren. Auch Trachten kamen wieder zu Ehren. Sie werden beim Volkstanz nicht nur von den Tänzern, sondern auch von den Musikern getragen. Das gibt diesen Zusammenkünften ein festliches und farbenfrohes Gepräge wie in früheren Zeiten. Heute wird Volkstanz hauptsächlich von den Jugendorganisationen der Bauernverbände gepflegt. Man rekonstruiert vergessene Formen, pflegt traditionelle Tänze und schreibt Choreographien für Aufführungen. Norwegische Volkstanzgruppen sind oft auf Tournee im Ausland.

Der Volkstanz wird in Norwegen immer beliebter. Die Kurse, die im ganzen Land abgehalten werden, haben zwischen 15000 und 20000 Teilnehmer im Jahr.

◁ *Skien, Ibsendenkmal*

Volkstanz

ster gegründet. 1358 bekam Skien Stadtrechte.
Der Ort, dessen wichtigste Wirtschaftszweige Holzexport und -verarbeitung waren, wurde wiederholt von Brandkatastrophen heimgesucht, zuletzt 1886.
Das Stadtbild ist von der Backsteinarchitektur der Jahrhundertwende geprägt. Der Dramatiker Henrik Ibsen wurde 1828 in Skien geboren.

Borgestad (8 km sö): *Borgestad Gård*, ein Gutshof, der im späten 18. Jh. für den deutschstämmigen Generalmajor Johann Arnold und seine Frau Anne Klausdatter erbaut wurde. Von 1881 bis 1928 war Borgestad im Besitz des Staatsministers (Ministerpräsidenten) Gunnar Knudsen. 1907 ließ Knudsen eine *Kapelle* in der Nähe des Hofes bauen. Archikekt war J. H. Nissen*, der auch den s Anbau des dreiflügeligen Gutshofs ausführte.

Gjerpen Kirke (beim Børsesjø): Steinkirche aus dem späten 12. Jh., die 1871–72 in eine kreuzförmige Basilika umgebaut wurde. Das Altarbild aus 200000 Glassplittern schuf 1920 Emanuel Vigeland*. Es zeigt die Heimkehr des verlorenen Sohnes. – Westlich der Kirche liegt der Hof *Rising Gård* (ca. 1800), auf dem Knud Ibsen, der Vater Henrik Ibsens, seine Kindheit verbrachte.

Skien Kirke: Die neugot. Backsteinkirche wurde 1894 nach Plänen v. Hagbarth Schytte-Berg* erbaut. Die kreuzförmige Kirche mit 2 massiven W-Türmen hat einen achteckigen Chor.

Kapitelberg: Ruine einer *Kirche* aus dem 12. Jh., deren Krypta erhalten ist. Der verfallene Bau wurde erst 1783 entdeckt und in diesem Jh. restauriert.

Ibsenhuset (Lundegate 6): 1973 eröffnetes Kulturhaus mit Kino-, Theater- und Konzertsaal sowie Bibliothek. – Unterhalb des Brekkeparks, in der Snipetorpsgate 27, liegt das *Knud Ibsen Hus*, das Haus v. Ibsens

Vater. Es ist eines der wenigen erhaltenen Gebäude aus der Zeit vor dem Stadtbrand.

Fylkesmuseet for Telemark og Grenland (Brekkeparken): Das *Kulturhistorische Museum* ist im Herrensitz *Søndre Brekke* untergebracht. Er wurde 1775-91 errichtet und 1811-13 für Niels Aall ausgebaut. Die Ibsen-Sammlung umfaßt u.a. das Lese- und Schlafzimmer des Schriftstellers. - In einem eigenen Gebäude sind die kunsthandwerklichen Sammlungen untergebracht (u.a. Gegenstände aus Silber). - Im Park, als englischer Garten um 1815 angelegt, finden sich ein Postamt, eine Konditorei und ein Laden. - Das wertvollste Stück des *Freilichtmuseums* ist ein Wohnhaus, Rambergstoga, aus Heddal. Die Wände und Decke der oberen Stube wurden 1788 v. Olav Hansson* ausgemalt. Er war einer der bekanntesten Rosenmaler des späten 18.Jh. *Børgestua* v. ca. 1580 ist eines der ersten Wohnhäuser Telemarks mit 2 Etagen.

Umgebung

Mikaelshulen (bei Skotfoss, 8 km nw): Diese *Höhle* diente einst als Kirche. Sie liegt 30 m über der Wasserfläche des Norsjø, ist 20 m tief und 7 m breit.

Mælum Kirke (16 km w): Holzkirche v. 1728, die eine Stabkirche ersetzte. Altarbild (Abendmahl) v. 1618.

Siljan Kirke (16 km nö): Roman. Steinkirche v. 1150, 1838 nach W erweitert. An der Wand des Chores findet sich die Darstellung eines Wikingerschiffes v. ca. 1250. Das Kruzifix über dem Chorbogen ist ma. - In der Nähe der Kirche liegen *Grabhügel,* die 5000 Jahre alt sein sollen.

Skotfoss (6 km w): *Løveid Sluser,* 1854-61 erbaute Schleusen. Sie gehören zu dem 105 km langen Telemarkkanal zwischen S. und Dalen (nö).

Solum Kirke (5 km sw): Holzkirche im Rokokostil v. 1766, Kanzel v. 1674. Der barokke Altar (17.Jh.) ist die Kopie eines Altars in der Heiliggeistkirche in Kopenhagen.

Ulefoss Herregård (31 km nw): Klassizistischer Herrensitz, der 1802-07 v. Jørgen Henrik Rawert* für Niels Aall errichtet wurde. Ulefoss ist das vielleicht wichtigste klassizistische Bauwerk in Norwegen. Es hat einen U-förmigen Grundriß, die Mittelpartie ist zweistöckig, das Dach hat Kuppelform. Im 1.Stock liegt der Festsaal mit Wandgemälden v. Graf Axel Otto Mörner*. Der Saal wurde bei einem Brand 1961 stark beschädigt, ist jedoch restauriert. - *Lille Ulefoss* wurde 1813 als Verwalterhaus v. Johan Gottfried Boydler* erbaut. Das dreiflügelige Gebäude ist aus Holz. - Die Besitzer v. Ulefoss sind bei der nahe gelegenen *Romnes Kirke,* einer roman. Steinkirche (12.Jh.), begraben.

Venstøp (5 km n): Auf diesem Hof lebte die Familie Ibsen 1835-43 nach dem Konkurs v. Knud Ibsen. Das Gebäude ist mit Gegenständen aus der Zeit Ibsens eingerichtet; *Museum.* - In *Nordre Mæla* zwischen Venstøp und S. finden sich *Felszeichnungen.* Weitere Felder beim *Herrensitz Fossum* und bei Løberghaug. Fossum wurde 1811-18 errichtet und ist eines der schönsten Bauwerke Norwegens im Empirestil.

Henrik Ibsen (1828-1906)

Der Dramatiker Henrik Ibsen ist der international bekannteste norwegische Schriftsteller. Er stammte aus einer verarmten Kaufmannsfamilie und absolvierte in Grimstad eine Apothekerlehre. Das Interesse am Theater erwachte bei ihm schon früh. Das historische Drama ›Catilina‹ schrieb er 1848-49. Erst mit ›Brand‹ (1866) jedoch gelang ihm der Durchbruch: Das Storting bewilligte ihm eine jährliche Dichtergage. In ›Brand‹ beschreibt Ibsen einen konsequenten Idealisten, in dem ein Jahr später entstandenen ›Peer Gynt‹ einen Träumer und Selbstbetrüger. 1864-91 lebte Ibsen überwiegend in Deutschland (Dresden und München) und Italien (Rom). In dieser Zeit entstanden die gesellschaftskritischen Dramen, die ihn berühmt gemacht haben: ›Stützen der Gesellschaft‹ (1877), ›Ein Puppenheim‹ (1879), ›Gespenster‹ (1881), ›Wildente‹ (1884) und ›Hedda Gabler‹ (1890). Ibsen wohnte in Oslo in der Nähe des Schloßparks, erst auf der Victoria-Terrasse, dann in der Arabiensgate 1. Sein Arbeitszimmer ist im Norsk Folkemuseum zu besichtigen.

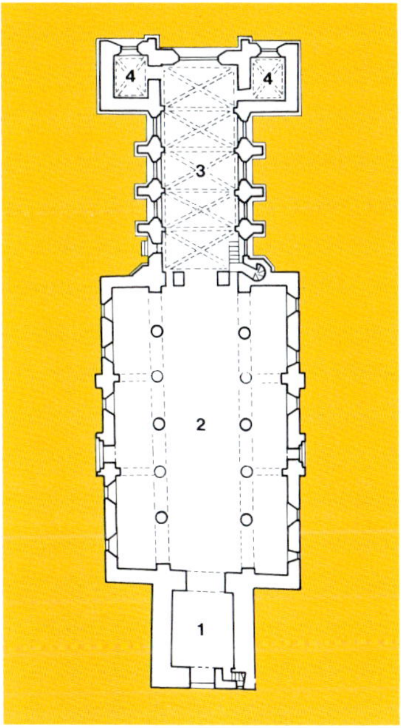

Stavanger, Domkirke 1 Westturm 2 Langhaus 3 Chor 4 Türme an der Ostwand

Stavanger, Domkirke, Südportal

Stavanger Rogaland	
Einw.: 94 000	S. 256 ☐ B 13

Stavanger, der Hauptort der Provinz Rogaland, ist die viertgrößte Stadt Norwegens und liegt am Nordende der Halbinsel Jæren. Sie entstand um eine Domkirche im 13. Jh., erlangte jedoch erst etwa 200 Jahre später größere Bedeutung. Stadtrechte erhielt Stavanger erstmals 1245; 1686 (bis 1690) wurden sie aberkannt, nachdem der Bischofssitz 1684 nach Kristiansand verlegt worden war.

Heute ist Stavanger Zentrum der norwegischen Ölindustrie, hat sich jedoch seinen traditionellen Charme bewahrt. Nirgends in Skandinavien gibt es so viele Holzhäuser wie hier.

Das Stavanger des 19. Jh. finden wir in den Familienromanen v. Alexander Kielland beschrieben. »Garman & Worse« (1880) war das Vorbild für die »Buddenbrooks« v. Thomas Mann. Kiellands (1849–1906) Statue (v. Magnus Vigrestad*, 1927) steht auf dem Marktplatz.

Stavanger Domkirke: Der Bau des Domes wurde um 1125 v. Bischof Reinald v. Winchester begonnen, nachdem Sigurd Jorsalfare das Bistum S. gestiftet hatte. Als 1272 ein Brand ausbrach, war das roman. basilikale Langhaus fertiggestellt. Aus der Zeit nach dem Brand stammen der ungewöhnlich lange hochgot. Chor und die beiden Türme im O sowie der Turm im W. Die 4 Heiligenfiguren an der O-Fassade schuf Stinius Fredriksen* (um 1962). Die Kirche war dem engl. Heiligen Svithun geweiht und besaß einen seiner Arme als Reliquie.

Im Inneren befindet sich eine prächtige barocke Kanzel v. Anders Lauritzen Smith* (1658), der auch die 5 sehenswerten Epitaphe schuf. Der Taufstein ist ma. Beim Bi

schofsportal im Chor hängt ein Porträt des Bischofs Jørgen Eriksson v. Peter Reimers* (1589). Das O-Fenster (Szenen aus dem Neuen Testament) schuf Victor Sparre* (1957).
Die *Kongsgård Skole* in der Nähe des Doms ist auf den Fundamenten des ma Bischofshofs erbaut. Das Schulgebäude datiert v. 1758 (umgebaut 1853). Am N-Ende liegt die hochgot. *Bischofskapelle* (restauriert 1926). Einer der Schüler der Kongsgård Skole war Alexander Kielland.

Petrikirke: Neuroman. Kirche, 1863–66 v. Fredrik v. der Lippe* erbaut.

Ledaal (Eiganesveien): *Patrizierhaus,* das 1799–1802 für die Familie Kielland errichtet wurde. Alexander Kielland nennt es in seinen Romanen »Sandsgård«. Heute wohnt hier der König bei seinen Besuchen in S. Im übrigen dient das Gebäude Repräsentationszwecken und ist Teil des Stavanger Museums. – Gegenüber liegt *Breidablikk,* die Villa des Reeders Lars Berentsen (1880–82). Es ist eines der wenigen erhaltenen Gebäude im sog. Schweizer Stil (Hartvig Eckhoff*). Die Einrichtung, eine interessante Mischung v. Gotik, Barock, Rokoko und Klassizismus, wurde v. dem Architekten Henrik Nissen* entworfen und ist erhalten. Schöner Garten mit seltenen Baumsorten.

Valbergtårn: *Wachtturm* oberhalb des Hafens, 1848–52 nach Plänen v. Christian Heinrich Grosch* errichtet. Er entwarf auch das 1840 entstandene klassizistische Zollamt.

Hermetikkmuseum (Øvre Strandgate 88 A): *Konservenmuseum* in einer Fabrik aus dem späten 19. Jh., Chr. Bjelland & Co. Sie wurde 1888 gegr. und war damals der Welt führende Sardinenfabrik. – In der Øvre und Nedre Strandgate stehen viele ältere *Holzhäuser.*

Sjøfarts- og Handelsmuseum (Nedre Strandgate): Das Museum ist in den einzigen beiden Kaufmannshöfen Stavangers untergebracht. die vollständig bewahrt sind. Die *Seefahrtsabteilung* dokumentiert die historische Entwicklung von Schiffahrt, Schiffbau und Hafenwesen in Stavanger. Zu sehen ist u.a. eine Segelmacherwerkstatt. Die *Handelsabteilung* zeigt u.a. einen Kolonialwarenladen aus der Zeit um die Jahrhundertwende. Beachtung verdient auch das Gedenkzimmer für den norweg. Philosophen Henrik Steffens (1773–1845), der aus Stavanger stammte.

Stavanger, Domkirche, Grabmal

Sjøfarts- og Handelsmuseum

Stavanger Faste Galleri (Madlaveien 33): Wechselnde Ausstellungen. Werke des Malers Lars Hertervig* aus S., der 1830 in Tysvær geboren wurde und seine Ausbildung in Oslo, Kopenhagen und Düsseldorf erhielt. Mit 24 Jahren erkrankte er an Schizophrenie. Er starb 1902 im Armenhaus v. S. und gilt heute als einer der bedeutendsten Landschaftsmaler Norwegens.

Stavanger Museum (Musėgate 16): Archäologische, zoologische, ethnographische und seefahrthistorische Sammlungen. Hauptattraktion ist der Viste-Fund (nach dem Fundort n v. S.), der älteste Skelettfund Norwegens. Das Gebäude wurde nach Plänen v. Hartvig Eckhoff* Ende des vorigen Jh. erbaut.

Vestlandske Skolemuseum (Storgate 27): *Schulmuseum* mit altem Schulinventar und alten Lehrmitteln.

Außerdem sehenswert: *Statue* des Malers *Lars Hertervig* v. Stinius Fredriksen* (1947). – Beim Breiavatn steht Erik Hauglands* Skulptur *Gutten og endene* (»Der Knabe und die Enten«, 1953). – Die Hermetikkfagskole (Alexander Kiellands Gate 2) ist die einzige Konservenfachschule in Skandinavien. – *Oljemuseet.* Das Ölmuseum ist vorläufig noch im Atlantic Hotel am Breiavatn untergebracht. – Auf dem Markt steht das *Seefahrtsdenkmal* v. Arnold Haukeland* (1968). – Am s Stadtrand liegt der Vorort *Ullandhaug*. Hier steht der *Jernaldergård* (»Steinzeithof«), ein Versuch, zu rekonstruieren, wie die Menschen in S. vor 1500 Jahren gelebt haben. 3 der urspr. 4 Häuser hat man wiederaufgebaut. Gräber aus der Bronze- und Wikingerzeit. – In Ullandhaug befindet sich auch der *Botanische Garten* v. S.

Umgebung

Garborgheimen (sw v. Bryne, 35 km s): Geburtshaus (19. Jh.) des Schriftstellers Arne Garborg (1851–1924). Er war der älteste Sohn eines Kleinbauern, ließ sich jedoch zum Lehrer ausbilden, statt den Hof zu übernehmen. Sein Vater verkaufte daraufhin den Hof und nahm sich das Leben. In seinen Romanen versuchte Garborg, dieses Ereignis zu verarbeiten.

Høle Kirke (37 km sö, bei Lauvvik): Holzkirche v. 1860 (H. D. F. Linstow*) mit einem barocken Altar v. Gottfried Hendtzschel*.

Høyland Kirke (über Sandnes, 19 km s): 1841 errichtete Empirekirche (H. D. F. Lin-

Stavanger, Ledaal, Haus der Familie Kielland

Stavanger, Utstein-Kloster auf der Insel Mosterøy

stow*). Zur Einrichtung gehören ein ma Taufstein und ein Altar v. 1639 (Thomas Snekker*) mit Gemälden v. Peter Reimers* (Jesu Taufe, Kreuzigung, Abendmahl), die 1700 übermalt und 1933 v. Ulrik Hendriksen* restauriert wurden.

Kleppe (26 km s): *Klepp Kirke,* ein Bau v. 1846 (H. D. F. Linstow*) mit Altar aus dem 17. Jh. - In der Nähe der Kirche liegt das *Heimatmuseum.* - Südlich ein *Gräberfeld* aus der Bronze-, Eisen- und Wikingerzeit (Tinghaug). Tinghaug ist die höchste Erhebung der Gegend (95 m, schöne Aussicht).

Kvitsøy Kirke (Fähre v. Randaberg Ferjekai, 10 km nw): 1620 erbaute Holzkirche. Taufstein aus dem 14. Jh., Renaissancekanzel aus dem 17. Jh. - *Kvitsøy Fyr* ist eines der ältesten Leuchtfeuer in Norwegen. Es wurde in der Zeit um 1700 als Wippfeuer (eine dem Ziehbrunnen ähnliche Konstruktion) errichtet. Der heutige Turm ist 27 m hoch.

Lysefjorden/Prekestolen (über Tau [dorthin mit Fähre] oder über Sandnes, Lauvvik [v. dort Fähre] nach Oanes, ca. 60 km ö): Von der Prekestolhytte erreicht man nach einem zweistündigen Fußmarsch den Prekestol (Kanzel), einen Felsen, v. dem es 597 m tief steil zum Lysefjord hinabgeht.

Nærbø (41 km s): *Holzkirche,* die 1834 nach Plänen des Architekten des Osloer Schlosses, H. D. F. Linstow*, errichtet wurde. Renaissancekanzel v. Laurids Snekker* (1620) mit einem Gemälde (Kreuzigung) v. Peter Reimers*.

Orre gamle Kirke (39 km sw): Steinkirche aus dem 13. Jh., 1864 um einen Chor aus Holz erweitert, mit Einrichtung aus dem 17. Jh. - *Gedenkstein* für den Schriftsteller Alexander Kielland, der hier zahlreiche Sommer verbrachte.

Sandnes (16 km s): Die zweitgrößte Stadt in Rogaland erhielt 1860 die Stadtrechte. - Die Kirche entstand 1882 (Hartvig Eckhoff*). - Auf dem Hof *Austrått* (um 1800) das *Høyland Bygdemuseum,* ein kulturhistorisches Museum. - Die Firma Jonas Øglænd, größter Fahrradhersteller Skandinaviens, besitzt eine Sammlung Fahrräder v. um 1880 bis heute.

Prekestolen (Stavanger)

Sørbø Kirke (auf Rennesøy, Fähre nach Vikevåg): Roman. Steinkirche aus dem 12. Jh., ab 1308 königliche Kapelle. Die Kirche besteht aus Langhaus, Chor und Waffenhaus. Der Turm wurde 1801 abgebrochen. Bildteppich v. Greta Lein Lange*, Glasmalereien v. Victor Sparre*.
Søyland (39 km sw): *Nærlandsheimen Kirke.* In dem 1969 errichteten Bau findet sich ein Altar v. Dagfin Werenskiold*, bestehend aus 3 Holzreliefs (Getsemani, Kreuzigung und Himmelfahrt).
Utstein-Kloster (auf der Insel Mosterøy, Fähre nach Askje): Die am besten erhaltene Klosteranlage in Norwegen war urspr. (seit dem 10. Jh.) ein Königshof, später ab ca. 1265 ein Augustinerkloster.
Es handelt sich um eine vierflügelige Anlage mit Kreuzgang; die Kirche liegt im N-Flügel. Die Einrichtung stammt aus dem 17. und 18. Jh. (Gottfried Hendtzschel* und Laurids Snekker*), der Taufstein ist roman. Die Bauten wurden in den Jahren bis 1965 unter Leitung v. Gerhard Fischer* restauriert.

Skogn (Steinkjer), Alstadhaug Kirke

Steinkjer Nord-Trøndelag	
Einw.: 20000	S. 250 □ H 7

Steinkjer, am Ende des Trondheimsfjords gelegen, war bis ins 11. Jh. der wichtigste Ort in Trøndelag vor Nidaros/Trondheim.
Im frühen 19. Jh. wurde er wieder ein bedeutender Handelsplatz. Stadtrechte 1857, Stadtbrand 1905. 1940 Zerstörung bei einem deutschen Bombenangriff.

Steinkjer Kirke: Die Kirche wurde 1965 nach Plänen v. Olav Platou* errichtet. Das Bronzekreuz im Chor ist ein Werk v. Sivert Donali*, Fenster und Wandgemälde schuf Jakob Weidemann*. – In der *Friedhofskapelle* Gewölbemalereien v. Henrik Sørensen*.

Steinkjer-Museum: Kulturhistorisches Museum, bestehend aus mehreren historischen Gebäuden.

Stiklestad (Steinkjer), Verdal-Museum

Tingvoll (am n Stadtrand): *Steinsetzung* aus der jüngeren Steinzeit (600 n. Chr.). Sie ist 35 m lang und umfaßt 38 Steine.

Umgebung

Bardal (8 km nw): *Felszeichnungen* aus der Stein- und Bronzezeit. Dargestellt sind Tiere (u. a. Wale) und Menschen.

Hustad Kirke (13 km sw): Die älteste und kleinste ma Steinkirche in Nord-Trøndelag. Die Einrichtung stammt aus dem 17. Jh.

Leksvik (78 km sw): *Holzkirche* v. 1668. Die Einrichtung entstand in der 2. Hälfte des 17. Jh. Die beiden Kruzifixe stammen aus dem MA.

Levanger (41 km s): Der Ort am Trondheimsfjord erhielt 1836 die Stadtrechte. Hier fand einer der wichtigsten Märkte der Gegend, der Levangermartnan, statt. Er wird erstmals 1473 erwähnt. – Sehenswert sind der *Brusve Gård* mit klassizistischem Hauptgebäude v. 1815 (Museum) und der *Mo Gård* mit Hauptgebäude v. 1831. – 8 km ö v. Levanger liegt die *Munkeby-Klosterruine*.

Logtun Kirke (Halbinsel Frosta, über Levanger, Åsen, 88 km sw): Mittelalterliche Steinkirche, die um 1250 erbaut wurde. Sie stand lange Jahre als Ruine, ist jedoch heute restauriert. Bei Logtun war v. etwa 940 bis ins 16. Jh. ein Thingplatz (Frostating). Um den Platz angeordnet ein Stein für jedes der 8 Fylke (Provinz), das auf dem Thing vertreten war. Die Versammlung fand jedes Jahr im Juni statt, bis zu 500 Menschen fanden sich hier ein. – In der Nähe der Halbinsel Frosta liegt die Insel *Tautra*, die über einen Damm und eine Brücke zu erreichen ist. Hier kann man die Ruinen eines *Zisterzienserklosters* besichtigen. Es wurde 1207 in Gebrauch genommen und zur Zeit der Reformation aufgelöst.

Mære (12 km s): *Steinkirche* aus dem 12. Jh. Der Dachstuhl ist im Inneren sichtbar, die Balkenenden sind mit geschnitzten Tierköpfen und Masken verziert. Kanzel v. 1678 mit Baldachin, der das Monogramm

Svolvær, Rådhus, »Trollfjordslaget«, Gemälde von Gunnar Berg

Christians IV. zeigt. Altar v. 1652 (Johan Biltsnider*, bemalt v. Johan Hansen Contrafeyer*). Mittelalterliches Kruzifix über dem Chorbogen.

Skogn (48 km s): *Alstadhaug Kirke.* Chor und Schiff der Kirche datieren v. ca. 1150, ein achteckiger Anbau und die Sakristei v. ca. 1250. Das Oktogon hat ein Kreuzrippengewölbe, der Chor ein Tonnengewölbe aus Holz, das Schiff eine flache Balkendekke. Über dem Chorbogen findet sich eine Wandmalerei v. ca. 1300 (Kreuzigung), über dem Altar sieht man Christus zwischen Engeln, der Jungfrau Maria und Johannes d.T. Die Kanzel entstand 1626. Den barocken Altar schuf 1648 Johan Biltsnider*. Die Gemälde (Kreuzigung und Auferstehung) stammen v. Annar Eggen* (1951). – Auf dem Kirchhof liegt ein *Grabhügel* mit 60 m Durchmesser und 6 m Höhe (um 600 n. Chr.). Die *Ammestue* wurde ca. 1600 errichtet. Hier warteten die Mütter vor der Taufe; Museum.

Snåsa (55 km nö): Chor und Sakristei der *Kirche* entstanden im MA. Östlich v. Snåsa liegt der *Gressåmoen-Nationalpark.* Er ist 180 qkm groß.

Stiklestad (38 km s): Hier fiel der hl. Olav 1030. An dieses Ereignis wird jedes Jahr mit dem Spiel um den hl. Olav *(Spelet om Heilag Olav)* erinnert. In ihm wirken 300 Personen mit. Oberhalb des Freilichttheaters, das bei dieser Gelegenheit benutzt wird, steht ein Reiterstandbild des Heiligen v. Dyre Vaa*. – Die *Kirche* v. Stiklestad wurde etwa 100 Jahre nach Olavs Tod errichtet, genau dort, wo er den Tod fand. An den Wänden des Langhauses ma Fresken. Die Fresken im Chor (Szenen der Schlacht) schuf Alf Rolfsen*. – In der Nähe v. Stiklestad liegt das *Verdal-Museum,* ein Freilichtmuseum mit 7 historischen Bauwerken.

Straumen (22 km sw): *Sakshaug Kirke,* eine Steinkirche, wurde 1184 v. Erzbischof Øystein geweiht. – Die *neue Kirche* entstand 1871 und ist mit 1200 Plätzen eine der größten Dorfkirchen in Norwegen. Der Bildhauer Nils Aas* (*1933) stammt aus Straumen. Eine seiner Skulpturen steht vor dem Samfunnshus.

Svalbard Svalbard	
Einw.: 3500	

Die Inselgruppe Svalbard liegt im Eismeer, zwischen 10° und 35° östlicher Länge und 74° und 81° nördlicher Breite. Die Inseln (die größten sind Spitsbergen [Spitzbergen], Nord-Austland, Edgeøya und Barentsøya) sind 62700 qkm groß und zu zwei Dritteln mit Gletschern bedeckt. Siedlungen gibt es nur auf Spitzbergen. Die norwegische Verwaltung hat ihren Sitz in Longyearbyen.

Geschichte: Svalbard wird erstmals 1194 in isländischen Handschriften erwähnt. Danach tauchte die Inselgruppe ins Dunkel der Geschichte, bis sie von dem holländischen Forschungsreisenden *Willem Barents* 1596 wiederentdeckt wurde. Er gab dem Land auch wegen seines gebirgigen Charakters den Namen Spitzbergen. In den folgenden 2 Jahrhunderten diente Svalbard Walfängern als Basis. 1715–1850 überwinterten hier russische Pelztierjäger. Ende des 18. Jh. begannen norwegische Fischer, die im Eismeer tätig waren, Svalbard als Stützpunkt zu benutzen. Die Fangtätigkeit im Eismeer erreichte Mitte des 19. Jh. ihren Höhepunkt. 1905 wurde mit dem Abbau von Steinkohle begonnen. Mit dem *Svalbard-Traktat* vom 9.2. 1920 bekam Norwegen volle Souveränität über die Gebiete. Dem Vertrag zufolge haben jedoch auch alle Bürger der Unterzeichnerländer sämtliche Rechte, soweit sie sich den norwegischen Gesetzen unterordnen.

1941 mußten die Kohlegruben stillgelegt werden, die Bevölkerung wurde evakuiert. Ab 1942 war Svalbard von norwegischen Truppen besetzt, die bei deutschen Angriffen starke Verluste erlitten. Nach dem Krieg begann man wieder mit der Kohleförderung. Die Norweger betreiben die Sveagrube am Ende des Bellsunds und 2 Gruben, die der Store Norske Kullkompani gehören, in Longyearbyen. Die Gruben der Kings Bay Kull Compani in Ny-Ålesund wurden nach einer Reihe von Unglücksfällen, die 21 Menschenleben forderten, 1962 stillgelegt. Die Affäre führte zum Sturz der damaligen norwegischen Regierung unter Einar Gerhardsen. Die Russen unterhalten Kohlegruben in Barentsburg und Pyramiden. Sie stellen zwei Drittel der Bevölkerung.

Longyearbyen: Der Hauptort der Inselgruppe hieß zuvor Longyear City, da die Gruben v. 1905 bis 1916 in amerikanischem Besitz waren. In Longyearbyen haben der

Svolvær, Die Lofoten

Sysselmann, das norweg. Inseloberhaupt, und der Bergmeister, der für sämtliche Gruben verantwortlich ist, ihr Büro. Es besteht eine regelmäßige Flugverbindung nach Tromsø. Der Ort mit ca. 1300 Einw. hat eine Kirche, ein Krankenhaus, einen Kindergarten, eine Grundschule und eine weiterführende Schule. 1981 wurde hier das nördlichste Museum der Welt, das *Svalbard-Museum* eröffnet. Hier kann man sich über Geschichte und Kultur der Inseln informieren.
S. ist eines der wenigen Gebiete, die touristisch kaum erschlossen sind. Es gibt nur einen Zeltplatz in Longyearbyen (beim Flugplatz).

Ny-Ålesund: In dem Ort am Kongsfjord findet sich, nachdem man die Gruben 1962 stillgelegt hat, nur noch eine Forschungsstation des Norsk Polarinstitutt, in der Gletscherforscher, Luftforscher und Biologen leben. Im Moment ist man dabei, die Kohlegruben instand zu setzen. Es gibt einen Hafen für die Fischereiflotte. - Im N befindet sich der Magdalenafjord (8 km lang). An seiner S-Seite liegt *Gravneset,* die Landzunge der Gräber. Hier sind zahlreiche Walfänger beigesetzt, die an Skorbut starben. Ein Gedenkstein erinnert an die »Svalbardfarere 1600-1750«.

Außerdem sehenswert: Auf S. gibt es 3 *Nationalparks,* 3 *Naturreservate,* 15 *Vogelreservate* und 3 Gebiete mit geschützten Pflanzen.
Klima: S. hat wegen des Golfstroms ein relativ mildes Klima. Am Isfjord (Longyearbyen) liegt die Temperatur in den kältesten Wintermonaten bei −12 °C und im Juli bei +5 °C. Die Mitternachtssonne ist bei klarem Himmel vom 21. April bis zum 21. August zu sehen. Die Mørketid, die gefürchtete dunkle Zeit, dauert vom 28. Oktober bis zum 14. Februar.

Svolvær Nordland	
Einw.: 4000	S. 248 □ L 3

Svolvær ist der Hauptort der Lofoten und der einzige Ort der Inselgruppe, der einen stadtähnlichen Charakter besitzt. Ein Teil des Zentrums wurde bei einem deutschen Angriff 1941 zerstört.
Zahlreiche Künstler waren in und bei Svolvær tätig, unter ihnen Erik Werenskiold*, Theodor Kittelsen*, Axel Revold* und Kaare Espolin Johnson*.
Svolvær lebt vom Fisch: großer Hafen und fischverarbeitende Industrie.

Svolvær, Værøy im Juli

Rådhus: Hier hängt das berühmte Gemälde »Trollfjordslaget« (1890) v. Gunnar Berg* (1863-93). Es besteht aus 7 Einzelgemälden und zeigt den Kampf der Fischer gegen den Fortschritt.

Kunstnernes Hus: In dem 1952-53 errichteten Gebäude ist eine Kunstausstellung untergebracht. U.a. ist das Hauptwerk des dt. Graphikers Rolf Nesch* zu sehen, die sog. Lofotserie, eine Reihe v. Graphiken, die Nesch 1935 im Auftrag eines dt. Geschäftsmanns schuf. Schwed. und norweg. Künstler haben hier auch ihre Ateliers. - Im Felsen beim Künstlerhaus das Grab des Malers Gunnar Berg*.

Außerdem sehenswert: Die Dekorationen in der *Bergen Bank* v. Jardar Lunde*. - Das Felsmassiv *Svolværgeita* (589 m hoch). Es heißt *geita* (»der Ziegenbock«), weil es 2 Spitzen hat, die wie die Hörner eines Ziegenbocks aussehen. 1910 wurde es erstmals bestiegen.

Umgebung

Buksnes Kirke (bei Gravdal, 70 km sw): Die Holzkirche im Stil einer Stabkirche wurde 1905 v. Karl Norum* errichtet.

Flakstad Kirke (bei Ramberg, 88 km sw): Kreuzförmige Holzkirche v. 1783. Der Altar entstand 1765, die Kanzel 1766; beide wurden v. Gottfried Ezechiel* aus Bergen bemalt. - Südlich liegt der malerische Fischerort *Nusfjord* mit vielen Häusern aus dem 19. Jh.

Henningsvær (21 km w): Während der Fischsaison v. Januar bis Anfang April (Lofotfiske) waren hier früher bis zu 5000 Fischer tätig. - Die *Kirche* v. 1974 ist mit Glasmalereien v. Victor Sparre* geschmückt.

Kabelvåg (5 km w): In dem Haus eines Kaufmanns v. 1811 ist das *Lofotenmuseum* untergebracht. Kabelvåg war im vorigen Jh. der bedeutendste Fischerort auf den Lofoten. - *Statue* v. König Øystein Magnusson v. Arthur Gustavson* (1935).

Skrova (s; mit dem Boot 30 Min.): Der Fischer- und Handelsort wurde 1760 gegr.

Stokmarknes (49 km nö): Fischer- und Hafenort. - *Büste* des Gründers der Vesteraalens Dampskibsselskap, Richard With (1846-1930), am Kai. - Östlich davon liegt die *Hadsel Kirke*, eine achteckige Holzkirche v. 1824. Altar v. ca. 1500. Über dem Altar die Kanzel mit Skulpturen des hl. Olav und der 4 Evangelisten. Das Gemälde »Den lidende Frelser« (»Der leidende Erlöser«) wurde der Kirche 1625 v. Christi-

Tromsø, Fischmarkt mit Tromsøbru

an IV. geschenkt. – Der *Skipsnausthaug* bei der Kirche ist einer der größten Grabhügel Nordnorwegens.

Vågan Kirke (4 km w): Die größte Holzkirche im Bereich n v. Trondheim wurde 1898 nach Plänen v. C.J. Bergstrøm* erbaut. Sie wird wegen ihrer Größe auch »Lofotenkathedrale« genannt. Das Altarbild schuf Fredrik Nikolai Jensen* (Getsemani). Ein Porträt zeigt den Apostel Grönlands, Hans Egede, der hier 1707–17 Pfarrer war.

T

Tromsø, Elverhøy Kirke

Tromsø Troms	
Einw.: 47000	S. 248 □ Q 2

Der Hauptort der Provinz Troms liegt auf der Insel Tromsøya. Sie ist mit der Tromsøbru (1960 eröffnet, 1036 m lang, 38 m hoch) mit dem Festland und mit der Sandnessundbru (1975 eröffnet, 1220 m lang) mit der Insel Kvaløy verbunden. Die Stadt hat eine größere Ausdehnung als die gesamte Provinz Vestfold.

Tromsø erhielt erst 1794 die Stadtrechte, nachdem Bergen und Trondheim 1789 die Handelsprivilegien für Nordnorwegen verloren hatten. 1803 wurde der Ort, in dem es seit dem 13. Jh. eine Kirche gab, Bischofsitz. Tromsø war im 19. Jh. Ausgangspunkt von Fangexpeditionen (u.a. Eisbären, Seehunde und Seelöwen) im Nördlichen Eismeer; die 1. dorthin wurde 1820 ausgerüstet. Auch Expeditionen in die Arktis nahmen hier ihren Anfang. 1928 brach Roald Amundsen auf der Suche nach dem vermißten italienischen Polarforscher General Nobile von Tromsø aus auf und kehrte nie mehr zurück. Amundsens Statue steht in der Nähe des Dampfschiffkais.

In Tromsø liegen Norwegens nördlichste Brauerei (Mack Øl) und nördlichster Bier-

Tromsø, Tromsdalen Kirke

keller (Ølhallen). 1972 wurde hier die nördlichste Universität der Welt gegründet (die Schwerpunkte sind u.a. Meeresbiologie und Nordlichtforschung). Im selben Jahr wurde der Flughafen Langnes eröffnet. Wichtiger war jedoch 1893 die Einrichtung der Postschnelldampferverbindung (Hurtigruten) nach Bergen.
In Tromsø ist die Mitternachtssonne vom 21. Mai bis 23. Juli sichtbar. Vom 25. November bis zum 21. Januar kommt die Sonne nicht über den Horizont. Schnee liegt an 180 Tagen im Jahr.
Die Schriftstellerin Cora Sandel (1880 bis 1972) wurde in Tromsø geboren. In ihrem ersten (autobiographischen) Roman »Alberte og Jakob« (1928) beschreibt sie die Jugend einer Beamtentochter in Tromsø Anfang dieses Jh.

Domkirke (Zentrum): Die größte neugot. Holzkirche in Norwegen wurde 1861 v. dem Architekten Christian Heinrich Grosch* errichtet. Das Altarbild (C. Brun*) ist eine Kopie des Bildes »Auferstehung« v. Adolph Tidemand*. Das Original hängt in der Bragernes Kirke in Drammen. Die Glasmalereien (1961) schuf Per Vigeland*.

Elverhøy Kirke (w des Zentrums): Kreuzförmige Holzkirche. Sie stand vor ihrer Versetzung an ihren heutigen Platz v. 1803 bis 1861 an der Stelle, an der sich heute der Dom befindet und hieß damals Tromsøy Kirke. Sehenswert sind eine ma Madonna aus Holz und der Altar aus dem 17. Jh.

Tromsdalen Kirke/Ishavskatedralen (über die Tromsøbrücke): Die sog. Eismeerkathedrale ist das Hauptwerk des Architekten Jan Inge Hovig* (1965). Wie er bekennt, hat er sich v. dem Nordlicht, den Gebirgsformen, den Menschen und der Dunkelheit zu diesem Bau inspirieren lassen. Die Konstruktion ist einzigartig: 11 Betongiebel, die zur Chorschranke hin an Größe abnehmen und dann wieder an Größe zunehmen. Die gesamte O-Wand wird v. einem *Glasgemälde* v. Victor Sparre* (1972), »Die Wiederkehr Christi«, eingenommen. Es ist 150 qm groß und besteht aus Glasstücken, die in Beton eingelassen sind (Dalle-Technik).

Tromsø Bymuseum (Skansen): Das *Stadtmuseum* liegt auf einem Festungsgelände aus dem 13. Jh. Das Museumsgebäude v. 1789 war urspr. Zollamt, später Krankenhaus, Schule und Altenheim. Hier sind u. a. Gemälde und historische Fotografien v. T. zu sehen. – In einem Lagerhaus aus der 1. Hälfte des 19. Jh. am Fjord, das unter Denkmalschutz steht, ist das *Polarmuseum*

Tromsø, Schule

untergebracht. Hier sind u.a. Fangutensilien, die im Nördlichen Eismeer in Gebrauch waren, und Gegenstände v. Amundsens Südpolexpedition ausgestellt.

Tromsø-Folkemuseum (Folkeparken, am S-Ende v. Tromsøya): *Freilichtmuseum* mit Gebäuden aus dem 18. und 19.Jh., u.a. dem Mortengård aus Hamn auf Kvaløya und dem Kaufmannshof Kvitnes v. der Insel Vanna (n).

Tromsø Kunstforening (Musėgate 2): In diesem Gebäude, einer ehem. Schule, finden wechselnde Ausstellungen (meist moderne Kunst) statt. - Graphiken des lappischen Künstlers Johan Savio* und v. Edvard Munch* sind in der *Universitetsbibliotek* (auf dem Universitätsgelände n des Zentrums) ausgestellt.

Tromsø-Museum (im S der Insel): Das 1872 gegr. Museum ist heute Teil der Universität. Besondere Beachtung verdienen die Abteilungen mit ma Kirchenkunst und Gegenständen der Lappen (Samen). Außerdem verfügt das Museum über geologische, botanische, zoologische, archäologische und meeresbiologische Sammlungen.

Außerdem sehenswert: *Holzhäuser* aus dem 19.Jh. stehen u.a. in der *Sjøgate, Grønnegate, Strandgate* und *Skippergate.* - In der Nähe der Ishavskatedralen findet sich eine Seilbahn (Fjellheis) auf den Storstein (420 m). Von hier hat man eine großartige Aussicht über T.

Umgebung

Balsfjord Kirke (über Nordkjosbotten, Storsteinnes, 100 km s): In der Nähe der Kirche v. 1856 finden sich *Felszeichnungen,* die 2500 bis 4500 Jahre alt sind. Sie sind auf 3 Felder verteilt.

Finnsnes (160 km sw): Handels- und Hafenort. *Kirche* v. 1979 (Nils Toft*). - Von hier aus führt die Gisundbru (1150 m lang) auf die *Insel Senja.* Auf der W-Seite der Insel liegt bei Gryllefjord die *Torsken Kirke* v. 1784. Zur Einrichtung gehören u.a. ein Kruzifix aus dem 16.Jh. und eine Kanzel v. 1784. - Im Tranøyfjord im S der Insel liegt auf der kleinen *Insel Tranøy* die *Tranøy Kirke,* eine kreuzförmige Holzkirche v. 1773. Der W-Turm entstand 1871. Im Inneren findet sich ein Altar v. ca. 1700.

Hella (Insel Kvaløy, 27 km sw): *Freilichtmuseum* mit 10 historischen Gebäuden.

Hillesøy Kirke (Insel Kvaløy, 68 km w): Holzkirche aus dem späten 19.Jh. mit 2 in

Skavberg (Tromsø), Panorama

Deutschland gefertigten Altären v. ca. 1500.

Lyngseidet (über Fagernes, 71 km ö): *Lyngen Kirke,* eine kreuzförmige Holzkirche v. 1775.

Skavberg (Kvaløya, 26 km sw): *Felszeichnungen,* die etwa 2500–4000 Jahre alt sind.

Trondheim Sør-Trøndelag	
Einw.: 135000	S. 250 □ G 8

Trondheim ist Norwegens drittgrößte Stadt. Das Zentrum, in dem etwa 60000 Menschen leben, liegt auf einer Landzunge zwischen Nidelva und Trondheimsfjorden, die eine natürliche Befestigung bilden. Nach dem Zusammenschluß mit den Gemeinden Strinda, Byneset, Leinstrand und Tiller 1964 ist Trondheim 342 qkm groß.

Geschichte: Trondheim wurde 997 v. Olav Tryggvasson gegründet, doch bestand hier bereits zur Zeit der Wikinger eine Siedlung. 1031 überführte man den Schrein Olavs des Heiligen in die Clemenskirche: Trondheim wurde Wallfahrtsort. 1075 wurde die Stadt, die damals noch *Kaupangen* (»Handelsstadt«) hieß, Sitz eines Bischofs, 1152 eines Erzbischofs. Im selben Jahr wurde auch eine der ältesten Schulen Norwegens, die Kathedralschule, gegründet und der Ort in *Nidaros* umbenannt. Bis zur Reformation 1535 war Trondheim eines der geistlichen Zentren Skandinaviens. Mit der Flucht des Erzbischofs begann der Niedergang.

Nach einem Stadtbrand 1681 entwarf der Luxemburger General Johan Caspar v. Cicignon mit Hilfe seines holländischen Mitarbeiters Anthony Coucheron den jetzigen Stadtplan. Er ist schachbrettartig angelegt mit großzügig breiten Straßen. Die beiden Hauptstraßen Kongensgate und Munkegate kreuzen sich auf dem Markt (Torget). Die Munkegate bildet eine Achse vom Dom zur Inselfestung Munkholm.

Im 17., 18. und 19. Jh. war der wichtigste Erwerbszweig Trondheims der Holzhandel. 1797 gründete man hier eine der ältesten Zeitungen Norwegens, »Adresseavisen«, Anfang des 19. Jh. das erste öffentliche Theater, 1910 Norges tekniske Høgskole (seit 1973 auch Universität).

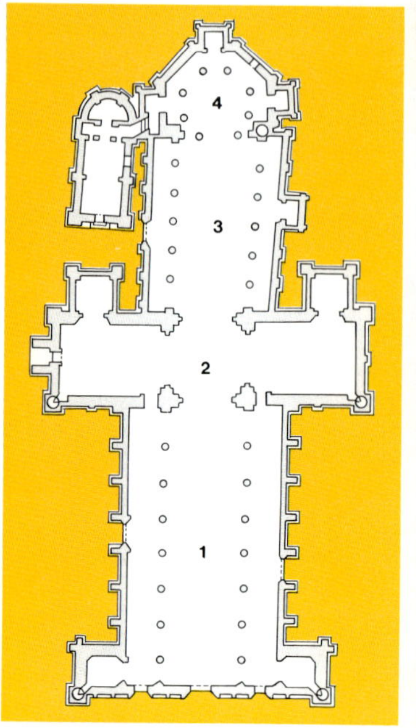

Trondheim, Domen **1** Langhaus **2** Querschiff **3** Chor **4** Hochchor

Sakralbauten

Nidaroskatedralen/Domen. *Geschichte:* An der Stelle des heutigen Doms wurde v. Magnus dem Guten über dem Grab des hl. Olav im 11. Jh. eine Kirche erbaut, zunächst aus Holz, später aus Stein. Fundamente dieser Kirche finden sich unter dem Chor des heutigen Baus. Mit der Errichtung des Doms begann man 1152. Erster Bauabschnitt war das roman. Querschiff. Hier lassen sich normannische Einflüsse erkennen. Der got. Hochchor und Chor wurden im späten 12. Jh. errichtet. Der Grundstein zur W-Front wurde im Jahre 1248 von Erzbischof Sigurd Eindridesson gelegt. Um 1320 war der Bau fertiggestellt. Im Mittelalter gab es in der Kirche 28 Altäre, die in der Zeit der Reformation bis auf 2 verschwanden. 10 Könige sind hier begraben.

Trondheim, Dom ▷

Wallfahrten

Der Tod Olavs des Heiligen 1030 bei Stiklestad brachte die Gedanken der Norweger auf neue Bahnen - christliche. Bereits wenige Jahre nach dem Tod des Königs strömten Pilger aus ganz Norwegen zu seinem Grab in Nidaros (Trondheim), um ihn um seine Fürbitte anzuflehen. Die Wunder, von denen berichtet wird, verstärkten nur den Glauben an den Heiligen. Aus allen Himmelsrichtungen kamen jetzt Pilger nach Nidaros, um für Hilfe bei Sorgen, Krankheiten und Unglücksfällen, um Vergebung von Sünden und Versäumnissen zu bitten. Am größten war der Pilgerstrom zum Grab des Märtyrerkönigs an seinen zwei Festtagen, seinem Todestag, dem 29. Juli (Olsok), und dem Tag seiner Schreinlegung, dem 3. August (Olavsmesse).
Die Zahl der Leute aus Nordeuropa, die sich Hilfe vom Olav-Schrein erhofften, wurde immer größer. Der Erzbischof Adam von Bremen berichtet sogar von Deutschen, die eine Wallfahrt dorthin unternahmen. Der Weg führte durch Schweden nach Oslo, durch die Provinz Romerike den Mjøsa entlang zum Gudbrandsdal, das Gudbrandsdal hinauf und über das Dovrefjell nach Nidaros. Es ist ein langer und beschwerlicher Weg für viele. Aber endlich stehen die Pilger auf dem Steinberg und sehen unter sich den Nidelv auf die Stadt zu fließen. Hoch ragt der Turm der Kirche über die niedrigen Holz- und Steinhäuser. Mühsal und Betrübnis werden abgeworfen. Sie sind auf Feginsbrekka - dem Berg der Freude, und singen: Te deum laudamus.

1328 und 1432 geriet der Dom in Brand. Größere Instandsetzungsarbeiten wurden Anfang des 16. Jh. durchgeführt. 1531 brannte es erneut. Nach der Reformation

◁ *Trondheim, Dom*

◁ *Trondheim, Dom, Rosette der Westfassade*

Trondheim, Lagerhäuser aus Nidelv

lag das einst so stolze Gebäude bis auf Hochchor, Chor und n Querschiff in Ruinen. 1689 wurde der damals 110 m hohe Turm bei einem Sturm zerstört, weitere Brände folgten 1708 und 1719. Im Jahre 1869 begann man mit dem Wiederaufbau, der bis zum heutigen Tage nicht abgeschlossen ist.

Baubeschreibung: Der Dom ist das größte ma Bauwerk Norwegens: 102 m lang, 50 m breit und im Inneren 21 m hoch. Es handelt sich um eine kreuzförmige Kirche mit dreischiffigem Langhaus und Chor sowie oktogonalem Hochchor. Der Hochchor besitzt einen Umgang und 3 Seitenkapellen. In der s findet sich der 11 m tiefe Ólavsbrunnen, eine versiegte Quelle. An der N-Seite des Chors liegt die Marienkapelle als Kirche für sich mit Chorapsis. Der Dom besitzt einen Turm über der Vierung und 2 Türme im W.

Die *skulpturale Ausschmückung* ist zum geringsten Teil ma. 1898–1902 war Gustav Vigeland* im Dom tätig. Er schuf u.a. die Figuren im Chorbogen. Wilhelm Rasmussen* arbeitete bis 1908 an der unteren Skulpturenreihe der W-Front (Apostel, Kreuzigungsgruppe in der Mitte). Die mittlere Reihe (norweg. Heilige und biblische Figuren) ist das Werk v. Stinius Fredriksen* und Nicolas Schiøll*. Weitere 13 Bildhauer waren an den Arbeiten beteiligt. Die bekanntesten unter ihnen sind Dyre Vaa*, Kristofer Leirdal*, Odd Hilt* und Arnold Haukeland*. Die Fenster des Doms stammen aus einer Werkstatt, die v. Gabriel Kielland 1908–34 geleitet wurde. *Einrichtung:* Von den Schätzen des MA ist nur noch ein Antependium aus dem 13. Jh. in der ö Kapelle vorhanden.

Bakke Kirke (Bakkelandet): Die Holzkirche, deren Grundriß ein längliches Achteck zeigt, wurde 1714–15 erbaut. Sie ist eine der ältesten achteckigen Kirchen in Norwegen. Die Inneneinrichtung erstellte der Tischlermeister Johann Heinrich Helmers aus Delmenhorst. Die Orgel befindet sich auf einer Empore oberhalb des Altars. Das Altarbild (»Jesus in Getsemani« v. Gustav

Norwegische Literatur

Von einer eigenständigen norwegischen Literatur kann man erst seit der Unabhängigkeit Norwegens von Dänemark (1814) sprechen.

Im Mittelalter von ca. 800 bis ca. 1400 bilden altnorwegische und altisländische Dichtungen die altnordische Literatur (norrøn litteratur). Hier wird zwischen eddischer Dichtung (anonym, in Versen, u.a. nordische Mythologie), Skaldendichtung (nicht anonym, in Versen, an den norwegischen Fürstenhöfen) und Sagaliteratur (in Prosa, überwiegend auf Island) unterschieden.

Von 1380 bis 1814, in der Zeit der Union mit Dänemark, war die Literatursprache Dänisch. Der Schriftsteller Ludvig Holberg (1684-1754), dessen Komödien heute noch gespielt werden, und der Dichter Johan Herman Wessel (1742-85), der eine sehr amüsante Parodie auf die klassische Tragödie »Kierlighed uden Strømper« (1772, »Lieb' ohne Strümpfe«, deutsch 1827 und 1844) schrieb, wohnten sogar in Kopenhagen. Wessel war Mitbegründer der Norwegischen Gesellschaft (Den norske Selskap), die eine norwegische Nationalliteratur auf Grundlage der alten Bauernkultur und altnordischen Literatur vorbereiten half. Es wurde jedoch auch norwegisch geschrieben: Der Pfarrer Petter Dass (1647-1707) verfaßte u.a. ein Epos über das Leben der nordnorwegischen Fischer, »Nordlands Trompet« (1739, »Die Trompete des Nordlands«, deutsch 1897) und Dorothe Engelbrektsdotter (1634-1716), von der 2 Bände religiöser Gedichte im Barockstil erschienen (»Sielens Sang-Offer«, 1678, »Gesangopfer der Seele«, »Taare-Offer«, 1683, »Tränenopfer«).

Die beiden ersten eigentlichen Vertreter der norwegischen Literatur waren die Dichter Henrik Wergeland (1808-45) und Johan Sebastian Welhaven (1807-73). Wergeland hat einen sehr eigenwilligen Stil, der sich schwer einer bestimmten Epoche zuordnen läßt, Welhaven war stark an der dänischen Romantik und an dem dänischen Klassizismus orientiert. - Nach 1840 erschienen die Märchensammlungen von Peter Christen Asbjørnsen (1812-85) und Jørgen Moe (1813-82) sowie die Volksliedersammlung (Norske Folkeviser) von Magnus Brostrup Landstad (1802-80). Gleichzeitig schrieb Peder Andreas Munch (1810-63) eine Geschichte des norwegischen Volkes, und Ivar Aasen (1813-96) begann, die Dialekte zu erforschen und im Dialekt zu schreiben. Er kann als Vater des Nynorsk (Neunorwegisch), der zweiten offiziellen Sprache Norwegens neben dem Bokmål (der Buchsprache), gelten.

Zwischen 1850 und 1900 erlebte die norwegische Literatur eine Blütezeit: Bjørnstjerne Bjørnson (1832-1910) schrieb seine Bauernerzählungen und ebenso wie der weltberühmte Henrik Ibsen (1828-1906) bürgerliche Gegenwartsdramen. Ibsen war zeitweilig der meistgespielte Autor an deutschen Bühnen. Camilla Collett (1813-95), übte Gesellschaftskritik im Roman, u.a. in »Amtmandens Døttre« (1854, »Die Amtmanns-Töchter«, deutsch 1864). - Aasmund O.Vinje (1818-70) machte als erster Nynorsk zu einer Literatursprache. Mit Jonas Lie (1833-1908) und Alexander Lange Kielland (1849-1906) erwuchsen Norwegen zwei große realistische Erzähler, die neben anderen auch Thomas Mann stark geprägt haben. Während sie mehr bürgerliche Verhältnisse beschrieben, wandte sich Arne Garborg (1851-1924) stärker dem bäuerlichen Milieu zu, u.a. in dem Roman »Bondestudentar« (1883, »Bauernstudenten«, deutsch 1902). Amalie Skram (1846-1905) ist als eine der letzten noch der realistisch-naturalistischen Tradition verpflichtet. Knut Hamsuns »Sult« (1890, »Hunger«, deutsch 1891) ist eines der ersten Werke, das an Impressionismus,

Symbolismus und Neuromantik orientiert ist.

Die großen Namen der 1. Hälfte des 20. Jh. sind Johan Bojer (1872-1959), Olav Duun (1876-1939), Johan Falkberget (1879-1967), Cora Sandel (1880-1974) und Sigrid Undset (1882-1949), die großangelegte, teilweise historische Romane schrieben.

Eine besondere Stellung innerhalb der skandinavischen Literatur nahm und nimmt die Lyrik ein. Es gibt wohl kaum einen anderen Teil der Erde, wo so viele Menschen Gedichte lesen. Der bekannteste Lyriker des 20. Jh. ist wahrscheinlich Herman Wildenvey (1886-1959), viel gelesen wurden und werden auch Olav Aukrust (1883 bis 1929), Olaf Bull (1883-1933), Arnulf Øverland (1889-1968) und Rudolf Nilsen (1901-29). Zu den vielgelesenen Autoren nach dem 2. Weltkrieg gehören Sigurd Hoel (1890-1960), Tarjei Vesaas (1897-1970), Johan Borgen (1902-79), Torborg Nedreaas (* 1906) und Kåre Holt (* 1917). Von den modernen Autoren haben auch Jens Bjørneboe (1920-76), Edvard Hoem (* 1949), Herbjørg Wassmo (* 1940) und Jon Michelet (* 1944) sich einen Namen in Deutschland gemacht: Bjørneboe mit stark gesellschaftskritischen Romanen, Hoem mit einem Roman aus Westnorwegen, »Kjærleikens ferjereiser« (1974, »Fährfahrten der Liebe«, deutsch 1987), Wassmo mit einer Trilogie über das Schicksal der Tochter eines Wehrmachtsoldaten (»Huset med den blinde glassveranda«, 1981, »Das Haus mit der blinden Glasveranda«, deutsch 1984, u.a.) und Michelet mit einer Reihe von Kriminalromanen.

Trondheim, Bybrua

Adolph Lammers*) und die Orgel bilden eine Einheit.

Gregoriuskirke (Kongensgate 4, Eingang Søndre Gate): Im Keller der Sparebank Midt-Norge sind die Ruinen einer Kirche aus dem 12. Jh. zu sehen.

Hospitalskirke (Kongensgate): Sie wurde 1705 erbaut und war die 1. achteckige Holzkirche in Norwegen und Schweden. Trondhjems Hospital wurde bereits 1277 gegr. und ist die älteste soziale Einrichtung in Skandinavien.

Ilen Kirke (Vollgate): Neugot. Kirche nach Plänen v. Eugene Sissenére 1889 errichtet, ein Bau in Kreuzform mit einem Turm im W. Altar v. 1932 (John Tverdahl*), Fenster u.a. v. Carsten Lien*. - In der Nähe der Kirche steht ein *Denkmal* v. Kristofer Leirdal* (1967), das die Heldin einer Romantetralogie, Johan Falkbergets An-Magritt, zeigt.

Lade Kirke (am nö Stadtrand): Steinkirche aus dem 13. Jh., deren Schiff 1694 erneuert wurde. Zur Einrichtung gehören ein Altar aus dem 17. Jh. und eine barocke Kanzel, die mit einem ma Alabasterrelief aus Nottingham geschmückt ist. - Der *Herrensitz Lade* hat ein Hauptgebäude aus dem 18. Jh. Hier hatten einmal Harald Hårfagre, Håkon Adalsteinsfostre, Olav Tryggvasson sowie die Ladejarle ihre Residenz.

St. Olav Kirke (Kongensgate 2): Die Ruinen der ma Kirche, die später zu einem Franziskanerkloster gehörte, sind auf dem Hof hinter der Folkebibliotek (Stadtbücherei) zu sehen.

Vår Frue Kirke (Nähe Torvet): Die Frauenkirche wurde um 1150 erbaut, wie aus einer altnordischen Inschrift auf einem Stein in der sö Ecke hervorgeht. Baumeister war ein gewisser Bjørn Sigurdsson. Im 17. Jh. wurde die Kirche nach W erweitert. Der quadratische Turm entstand 1739. Sehenswert ist das s Chorportal. Der barocke Altar wurde 1744 v. Heinrich Kühnemann* für den Nidarosdom geschaffen. Im Zentralfeld befindet sich ein Gemälde der Kreuzigung, ein Werk des dänischen Malers Roger Scavenius*. Die Kreuzigungsgruppe im Chorbogen und die Wandgemälde über ihr stammen aus dem 18. Jh.

Profanbauten

Bybrua (am Ende der Erling Skakkes Gate): Die Holzbrücke war früher die einzige Verbindung zum Zentrum v. T. Sie wurde

Trondheim, Vår Frue Kirke, Portal

Torget mit Olav-Tryggvasson-Statue

1859 erbaut als Nachfolgerin der ersten Brücke v. 1686. Die Bauern zahlten an dieser Stelle Zoll für die Waren, die sie auf dem Markt verkaufen wollten.

Erkebispegård/Kongsgård (beim Dom): Das Palais des Erzbischofs ist eines der ältesten Gebäude in Skandinavien. Die ältesten Teile des Bauwerks (das O-Ende des N-Flügels) wurden bereits in der 2. Hälfte des 12. Jh. für Bischof Eystein Erlendsson errichtet. Zur Zeit des Erzbischofs Sigurd (Amtszeit 1230–52) wurde der N- oder Hauptflügel erstmalig erweitert. Hier findet sich im 1. Stock eine prächtige Repräsentationshalle. Der erste Stock des Westflügels hat ein Tonnengewölbe. Um den Hof herum finden sich Spuren einer großen Mauer. Diese und der festungsähnliche Charakter des Bauwerks erinnern daran, daß es im 12. Jh. häufig zu Auseinandersetzungen zwischen König und Kirche kam. Nach der Reformation war der Erzbischofshof ab 1566 Residenz des dänischen Lehnsmannes. Der Name war fortan Kongsgård (oder Kongens Gård). Ab 1659 diente der Bau dem Militär als Lager.

Im W-Flügel findet sich heute die *Rüstkammer,* ein militärhistorisches Museum, wo man Uniformen, Ausrüstungsgegenstände und Waffen v. der Wikingerzeit bis heute besichtigen kann. Die *Minnehalle* (Gedächtnishalle) erinnert an die norweg. Gefallenen des letzten Kriegs. Weiterhin befinden sich im W-Flügel das *Hjemmefront-Museum* (Widerstandsmuseum), das sich mit dem Widerstand gegen die dt. Besatzung 1940–45 befaßt, und eine *Skulpturensammlung* mit den wenigen originalen got. Skulpturen des Doms, die erhalten sind.

Der N-Flügel des Palais dient der Stadt T. zu Repräsentationszwecken.

Kristiansten Festning (Kristiansten Bakken): Die Festung wurde als Teil umfangreicher Verteidigungsanlagen 1682–84 v. General Cicignon erbaut. Sie mußte sich nur ein einziges Mal bewähren: bei der schwed. Belagerung v. T. 1718. Die ca. 2000 Mann starke Armee General Armfeldts kam im Januar 1719 auf dem Rückzug bei Tydal in einem Schneesturm um. Die Festung wurde 1816 aufgegeben. Von hier aus hat man eine gute Aussicht über die Stadt.

Munkholmen (mit dem Boot vom Fischmarkt): Die Insel wird erstmals 995 als Richtplatz in der Olav-Tryggvassons-Saga erwähnt. Später stand hier ein Benediktinerkloster, Nidarholm Kloster, das nach ei-

Trondheim, Stiftsgården, Interieur

Trondheim, Kunstforening, Porträt von J.C. Dahl (l), »Akt« von J. Heiberg

nem Brand 1531 aufgegeben wurde. Zu sehen sind heute nur die Ruinen einer *Festung* aus dem 17. Jh. Sie diente zeitweilig auch als Gefängnis. Prominentester Gefangener war Peder Schumacher Griffenfeld, der hier 1680–98 saß. Er war 1665–76 der einflußreichste dänische Politiker. Während des 2. Weltkriegs hatte die dt. Luftabwehr hier eine Stellung. Heute dient die Insel friedlicheren Zwecken: Sie ist der bevorzugte Badeplatz sonnenhungriger Trondheimer.

Stiftsgården (Munkegate): Das zweitgrößte Holzgebäude in T. ist ein zweistöckiges Palais im Rokokostil mit Anklängen an den Klassizismus. Es wurde 1774–78 für die Geheimrätin Cecilie Christine Schøller erbaut. Das Bauwerk besteht aus einem Hauptflügel zur Munkegate und 2 Seitenflügeln um einen Innenhof. Das Innere ist im Rokokostil gestaltet. Das Gebäude wurde 1800 vom norweg. Staat erworben. Carl Johan wohnte hier, als er 1818 im Dom gekrönt wurde. Der Speisesaal ist mit Wandgemälden v. Johan Carl Christian Michaelsen* (Ansichten v. London und Venedig) geschmückt.

Torget: Auf dem Markt steht auf einer Säule die *Statue* des Stadtgründers *Olav Tryggvasson,* ein Werk des Bildhauers Wilhelm Rasmussen* (1921). Die Säule bildet den Zeiger der größten Sonnenuhr Norwegens. Die Uhrzeiten sind im Pflaster markiert. – Am Markt stehen 2 *Holzpalais* aus dem späten 18. Jh.: Die *Svaneapotek* an der NO-Seite und auf der gegenüberliegenden Seite der *Hornemannsgård.* Er wurde für den Justizrat Hornemann errichtet, der mit Holz handelte und ein Ziegelwerk (das die Steine für die Kathedralschule lieferte) sowie eine Kupferhütte betrieb. Später befand sich in dem Gebäude eine Polizeiwache, heute ist hier die Touristeninformation untergebracht.
Im Jahre 1832 wurde ein Gesetz erlassen, das den Bau v. Holzhäusern im Stadtgebiet verbot. Damit war die Zeit der Holzpalais vorbei.

Austråt (Trondheim), Herrensitz, Rittersaal

Trøndelag Teater (Prinsens Gate 20): Das älteste Theater in Norwegen wurde 1816 eröffnet.

Tyholt Tårn (am ö Stadtrand): 130 m hoher Sendemast, der 1984/85 erbaut wurde. In 85 m Höhe befindet sich ein Drehrestaurant.

Museen

Nordafjelske Skolemuseum (Nonnegate 19, Bispehaugen Skole): Die Sammlungen des *Schulmuseums* umfassen Unterrichtsmaterial, Klassenzimmerinventar, Fotos, Bücher, Zeitschriften u. a.

Nordenfjeldske Kunstindustrimuseum (Munkegate 5): 1893 gegr. *Museum für Kunsthandwerk.* Hier sind Möbel, Textilien, Glas, Silber, Keramik und Porzellan vom 17. Jh. bis heute zu sehen. Außerdem 13 Wandteppiche der Textilkünstlerin Hannah Ryggen*, Scandinavian Design der 50er Jahre, Art Nouveau aus der Zeit um 1900 und ein Interieur, das der Belgier Henri van de Velde* eigens für das Museum entwarf. Eine große Sammlung japanischer Kunst und japanischen Kunsthandwerks findet sich ebenfalls hier. Das moderne Gebäude wurde nach Plänen v. Herman Krag* errichtet. – Gegenüber liegt die *Kathedralschule,* die im Jahre 1787 nach Plänen des dänischen Architekten Caspar Frederik Harsdorff* erbaut wurde.

Ringve-Museum (Lade): Das Museum ist Norwegens einziges *Spezialmuseum für Musikinstrumente.* Es ist in einem Gutshof v. 1860 untergebracht. Im ehem. Stall hat man einen Konzertsaal eingerichtet. Die Instrumente (in zeitlicher Reihenfolge geordnet) sind spielbar und werden bei den Führungen demonstriert. 1980 wurde damit begonnen, um das Museum herum einen botanischen Garten anzulegen.

Sjøfartsmuseum (Fjordgate 6): Das *Seefahrtsmuseum* ist in einem Gebäude aus dem 18. Jh. untergebracht. Hier befanden sich einst die Hauptwache und das Gefängnis (slaveri) der Garnison T. Zu sehen sind Schiffsmodelle und Bilder v. der Mitte des 16. Jh. bis heute.

Trondhjems Kunstforening (Bispegate 7): Der *Kunstverein* wurde 1844 u.a. v. den Malern J.C. Dahl* und Lars Hansen* gegr. Das Galeriegebäude in der Nähe des Domes bezog er 1930. Zu sehen sind Werke v. Harald Sohlberg*, Peder Balke*, Christian Krohg*, Gustav Vigeland* und Hans Heyerdahl* (u.a.), außerdem Werke französischer und dänischer Künstler.

Trøndelag-Folkemuseum/Sverresborg (w des Ortskerns): Bei den Ruinen der Burg König Sverres, die Zion hieß und im späten 12. Jh. erbaut wurde, liegt das *Volkskundemuseum* für die Provinz Trøndelag. Es demonstriert an Hand seiner Exponate, wie die Menschen hier in den vergangenen Jh. gelebt haben. Von den Erdhütten der Lappen bis zu den Bootshäusern der Küste ist alles vertreten. Besondere Beachtung verdient die *Holtålen Stavkirke* aus dem 12. Jh., die 1884 aus Gauldal hierher versetzt wurde. Sie ist die einzige erhaltene Stabkirche in Trøndelag. In einem Wirtshaus v. 1739 kann man noch heute einkehren. Weiterhin findet sich ein *Skimuseum* (zweitgrößte Sammlung in Norwegen), wo man auch Ausrüstungsgegenstände der 1. Fram-Expedition besichtigen kann.

Universitetet i Trondheim, Vitenskapsmuseet (Erling Skakkesgate 47): Dieses Museum wurde bereits 1760 als »Det kgl. Norske Vitenskabers Selskabs Museum« (»Museum der königlich norweg. Gesellschaft der Wissenschaften«) gegr. Es ist eines der größten Museen in Norwegen. Die Sammlungen umfassen folgende Gebiete: Zoologie, Archäologie und Geologie, Ethnologie (Spezialausstellungen über Lappen und Eskimos), Kirchengeschichte und Numismatik. Bes. eindrucksvoll ist das Vogeldiorama.

Außerdem sehenswert: *Ravnkloa* heißt der berühmte Fischmarkt v. T. (in der Fjordgate). – Auf der O-Seite des Nidelv im Viertel Bakkelandet gibt es zahlreiche *Wohnhäuser* und *Lagerschuppen* aus Holz, die im 18. Jh. erbaut wurden. – Die *Stapelhäuser* zwischen den Brücken Bybro und Bakke Bro entstanden 1708.

Umgebung

Austråt (Insel Ørland, ö v. Brekstad, 100 km nw): Burgartiger barocker *Herren-*

Steinvikholm (Trondheim)

sitz. Er wurde 1654–56 für den Reichskanzler Ove Bjelke erbaut. In das dreiflügelige Gebäude integriert sind eine ma Kapelle und deren W-Turm, die das Untergeschoß des Riddarsal (Rittersaal, bemalte Decke, Marmorkamin und geschnitzte Türrahmen) und den Mittelturm des N-Flügels bilden. In der Kapelle finden sich ma Holzskulpturen. Die Grabkapelle wurde 1667 angebaut. Der Innenhof (auf 2 Ebenen) wird nach S (zum Meer) v. einer Mauer und einem Torturm abgeschlossen. Der Torturm besitzt ein barockes Portal mit den Wappen Bjelkes und seiner Vorfahren. Die ö und w Seitenflügel mit einem offenen Umgang aus Holz sind im Renaissancestil gestaltet. Das Dach der Seitenflügel wird v. Karyatiden (geschnitzten Frauenfiguren) getragen. Sie heißen *De gode og dårlige Jomfruer* (»Die guten und die schlimmen Jungfrauen«). Sie wurden bei einem Brand (Blitz) 1916 zerstört, sind jedoch rekonstruiert. Bjelke und seine Frau Regitze Gjedde wohnten wohl im Grønnsal und Rødsal (Grüner und Roter Saal) im 1. Stock des w Seitenflügels.

Südöstlich des Herrensitzes ließ Bjelke eine *Pyramide* an der Stelle errichten, wo einmal das erste Austråt gelegen hatte. Hier hatte noch im 16. Jh. seine Großmutter Inger Ottesdagger Rømers residiert. Henrik Ibsen schrieb über diese mächtige Frau, die Norwegen v. den dänischen Unterdrückern befreien sollte, 1854 ein Schauspiel, »Fru Inger til Østråt« (»Frau Inger auf Östraat«). Austråt ist schon deswegen einen Besuch wert, weil es neben Rosendal, Jarlsberg und Ulefoss einer der wenigen sehenswerten Herrensitze in Norwegen ist. In diesem damals armen Land konnte der Adel nie richtig Fuß fassen. – 3 km ö liegen die Reste einer Burg aus der Völkerwanderungszeit. W v. Brekstad liegt die *Ørland Kirke* v. ca. 1200.

Buvik (22 km sw): Achteckige *Holzkirche* v. 1819. Sehenswert ist ein Kruzifix aus dem 18. Jh.

Byneset Kirke (25 km sw): Die ma Steinkirche wurde wahrscheinlich 1184 geweiht. Sie ist vermutlich die älteste Kirche in Sør-Trøndelag. Die Malereien an der O- und N-Wand des Schiffes stammen aus vorreformatorischer Zeit. Über dem Chorbogen ist Christus, v. Engeln umgeben, dargestellt. Der Altar und die Kanzel wurden 1652 v. Johan Biltsnider* geschnitzt.

Børsa (29 km sw): *Holzkirche* v. 1857 nach Plänen v. C. H. Grosch*. – 9 km s steht in *Skaun* eine *Steinkirche* aus dem 12. Jh. mit Kanzel aus dem 17. Jh. und Altar aus dem 18. Jh.

Dolm gamle Kirke (bei Kjerringvåg auf der

Hell (Trondheim), Felszeichnung

Insel Hitra, 156 km nw): Diese roman. Kirche wurde bereits vor dem Jahr 1000 errichtet. Urspr. lag der Chor niedriger als das Langhaus. Die Kirche geriet 1920 in Brand, ist jedoch restauriert.

Flå Kirke (28 km s): Holzkirche v. 1794 mit sehenswerter Kanzel.

Foss (40 km nw): *Kongsgraven.* Im sog. Königsgrab hat man u.a. Schmuckstücke aus der Zeit um 400 n.Chr. gefunden. Hier finden sich auch über 50 *Felszeichnungen.*

Hegra (46 km ö): *Holzkirche* v. 1783. – Am Eingang zum Kirchhof der *Pranger.* – Die *Festung* wurde 1907–11 angelegt. Im April 1940 verteidigte sie der Major Reidar Holtermann mit 248 Mann 23 Tage lang gegen dt. Truppen.

Hell (32 km ö): *Felszeichnungen* aus der Steinzeit (ca. 5000 Jahre alt).

Klæbu Kirke (24 km s): Holzkirche v. 1790.

Leirfall (48 km nö): *Felszeichnungen* aus der Bronzezeit (1500–500 v.Chr.). Zu sehen sind bemannte Schiffe, Menschen, Pferde u.a.

Melhus (18 km s): *Melhus Kirke,* 1890 erbaute Kirche, die wegen ihrer Größe auch Gauldalskathedrale genannt wird. Sie wurde teilweise aus den Steinen einer ma Kirche erbaut. Der Altar und die Kanzel entstanden 1640.

Orkanger (43 km sw): Der *Herrensitz Hov* stammt teilweise aus dem 18.Jh. – In der Nähe der *Orkdal Kirke* (in Fannrem s) v. 1893 steht ein *Bautastein,* der an ein Treffen v. Olav dem Heiligen und den Bauern v. Orkdal erinnert.

Reinskloster (bei Rissa, Fähre v. Flakk nach Rørvik, 33 km nw): *Gutshof* v. 1866. – Ruinen des *St.-Andreas-Nonnenklosters,* das um 1250 v. Herzog Skule Bårdsson gestiftet wurde. Die Schriftstellerin Sigrid Undset (1882–1949) hat das Leben der Nonnen in ihrem Roman »Kristin Lavransdatter« (1920–22) beschrieben. – In einem etwa 250 Jahre alten Gebäude in der Nähe der Ruinen liegt das *Rissa Bygdetun,* ein Heimatmuseum. – Der Schriftsteller Johan Bojer (1872–1959) erwähnt das Gut Reinskloster unter dem Namen Lindegård: er verbrachte seine Kindheit in der Nähe auf dem Hof Fætten. In der Reinskirke wurde er getauft und ein Jahr, bevor sie 1886 abgebrochen wurde, auch konfirmiert. 1932 stiftete er einen Neubau nach den alten Plänen. Ein Teil der Einrichtung der urspr. Kirche ist erhalten. Die Statue Bojers wurde 1972 an seinem 100.Geburtstag aufgestellt.

Selbu (69 km sö): *Kirche* aus dem 12.Jh. mit Turm aus dem 13.Jh. Anbauten v. 1804 und 1888, Altar v. 1656. – Im *Pfarrhof* v. 1735 ist das *Selbu-Bygdemuseum* untergebracht. Hier sind u.a. Mühlsteine zu sehen, die man ab dem 15.Jh. in Selbu herstellte. Zu dem Museum gehört auch eine *Wassermühle* (Kalvåa) 8 km ö (1821).

Steinviksholm (bei Flosjøen, 45 km nö): Ruinen einer *Burg,* die der letzte Erzbischof Norwegens, Olav Engelbrektsson, um 1525 errichten ließ. Die Anlage ist ein viereckiger Bau mit 2 Ecktürmen. Bei Ebbe kann man das auf einer Insel gelegene Bauwerk trockenen Fußes erreichen.

Tydal (110 km sö): *Holzkirche* v. 1696. Sie hatte urspr. einen Y-förmigen Grundriß, wurde jedoch in der 1.Hälfte des 19.Jh. erweitert. Das Altarbild entstand 1709. Die Wände wurden 1738 v. Jens R.Sandberg* mit Szenen aus dem Alten und Neuen Testament bemalt. – Im ehem. Gemeindehaus aus dem Jahre 1666 befindet sich ein *Heimatmuseum.*

Værnes Kirke (bei Stjørdal, 35 km nö): Roman. Steinkirche aus dem späten 11.Jh. Bes. sehenswert ist der ma offene Dachstuhl über dem Langhaus. Die Balkenenden haben die Form v. Menschen- und Tierköpfen. Das Langhaus ist 24 m lang und 13,5 m breit. Das S-Portal des Chors ist mit einem Relief geschmückt, das einen Löwen zeigt, der ein Menschenbein verschluckt. Zur Einrichtung gehören ein ungewöhnlich prachtvoller Kirchenstuhl v. 1685 (Marcus Nielsen Gram*). Er war urspr. im Besitz des Generals Christian v. Schultz. Die Kanzel datiert v. 1623 (Johan Biltsnider*), der Altar entstand 1639 (Søren Olesen v. Fünen). – In der Nähe der Kirche befindet sich das *Stjørdal-Museum,* ein kulturhistorisches Museum.

Tvedestrand

Aust-Agder

Einw.: 2000	S.256 □ E 13

Zu Tvedestrand gehören die landwirt-

Holt (Tvedestrand), Steinkirche ▷

Tvedestrand, Ortsansicht mit Kirche

Slottsfjellet (Tønsberg), Ruinen von Tunsberghus mit Ringmauer

Tønsberg, Domkirke, Barocke Kanzel von Abel Schrøder

Die Wikingerschiffe

Von den Tausenden Langschiffen, die an den nordischen Küsten unterwegs waren und größte Entfernungen zurücklegten, sind in Norwegen nur drei erhalten, das *Osebergschiff*, das *Gokstadschiff* und das *Tuneschiff*. Sie sind Zeugnisse großer Schiffsbaukunst, aus einer Zeit, als die nordischen Völker die Meere beherrschten. Man hätte sich vermutlich nie erklären können, wie die Wikinger von der norwegischen Küste so entfernt liegende Länder wie Island und Grönland besiedeln konnten, wären diese Funde nicht gemacht worden.

Das Osebergschiff stellt einen der wichtigsten Funde aus der Wikingerzeit dar. Es besitzt eine Länge von 22 m und eine Breite von 5,1 m. Der Mast war 13 m hoch, und für Flauten gab es 30 Ruder, 15 an jeder Seite. Das Schiff ist mit reichen Schnitzereien (Tierornamente) verziert.

Das Gokstadschiff ist das größte und am besten erhaltene der drei norwegischen Wikingerschiffe und hat eine Länge von 24 m und eine Breite von 5,25 m. Mit solchen Schiffen segelten die Wikinger nicht nur in heimischen Gewässern. Sie überfielen Orte an der britischen Küste und an französischen Flüssen. Die Schiffe waren jedoch auch für den Seehandel geeignet. Mit (beim Gokstadschiff) 32 Ruderern, die auch vortreffliche Krieger waren, war man unabhängig von Wetter, Wind und Häfen. Wegen ihres geringen Tiefgangs konnte man die Schiffe ohne Schwierigkeiten auf den Strand ziehen.

Die Schiffe, die im Vikingskipshus auf Bygdøy zu besichtigen sind, sind Klinkerboote, d.h. die Außenplanken liegen dachziegelartig übereinander. Sie wurden in der Zeit zwischen 800 und 900 n. Chr. gebaut. Die Schiffe und die Gegenstände, die man mit ihnen zusammen gefunden hat, geben uns Aufschluß über Schiffsbau, Handwerk und Kunst jener Zeit; sie illustrieren die Sagas.

Tønsberg, Jarlsberg Hovedgaard

schaftliche Gemeinde Holt und die Küstengemeinde Dypvåg. Es war einmal Hafen für die Höfe in Holt, Berge und Tveite. Im Inneren des Tvedestrandsfjords gab es schon früh eine Mühle, ein Sägewerk und eine Gerberei. 1738 wählte das Eisenwerk in Nes den Platz als Verschiffungshafen, ein Weg wurde gebaut. Um 1800 wohnten 260 Menschen in Tvedestrand. Handel und Seefahrt führten in der 1. Hälfte des 19. Jh. zum Wohlstand, Segelschiffe wurden hier gebaut. Mit der Einführung der Dampfschiffe kam jedoch der Niedergang.

Tvedestrand Kirke: *Backsteinkirche* v. 1861 mit 500 Sitzplätzen.

Umgebung

Dypvåg (10 km ö): Steinkirche aus dem 12. Jh. Sie wurde im 18. Jh. v. Lars Albrethsøn Øvre aus Nes in eine kreuzförmige Kirche umgebaut und v. Anders Grindesen Løve aus Vegårshei dekoriert. Der geschnitzte Altarrahmen und die Chorschranke mit Löwen und einem Königsmonogramm stammen v. Ole Nielsen Weierholt, der auch in Austre Nesland, Moland und Søndeled tätig war. – Bei *Lyngør* (ö) fand 1812 eine Seeschlacht statt: Das englische Linienschiff »Dictator« versenkte den Stolz der dän.-norweg. Flotte, die neu gebaute Fregatte »Najaden«.

Flosta Kirke (14 km s): Die Holzkirche aus dem frühen 18. Jh. ist zum Teil aus Schiffswracks errichtet. Sie wurde v. Jørgen Schultz dekoriert.

Holt (3 km sw): Mittelalterliche *Steinkirche* (um 1100). Sie wurde 1753 in eine kreuzförmige Kirche umgebaut. Die 3 Kreuzarme sind aus Holz, ebenso das Tonnengewölbe. Die Einrichtung besteht aus einer Chorschranke im Rokokostil, einem Altar v. 1733 und einem got. Taufstein. Bemerkenswert ist das sog. *Taufhaus,* ein geschnitzter Überbau für den Taufstein, der v. den Junggesellen der Gemeinde 1757 gestiftet wurde.

Nes Jernverk (6 km w): Das Eisenwerk

Nøtterøy Kirke (Tønsberg)

wurde 1655 v. Barbu bei Arendal erst nach Båsland (Holt) verlegt und schließlich 1738 nach Nes. 1799 wurde es v. Jacob Aall gekauft, der 1814 an der Nationalversammlung in Eidsvold teilnahm. Die Schmelzöfen waren bis um 1880 in Betrieb. Das Eisenwerk steht heute unter Denkmalschutz und ist restauriert. Das Hauptgebäude datiert v. ca 1760.

Tønsberg Vestfold	
Einw.: 31 000	S. 258 □ G 12

Tønsberg wurde 872 von Bjørn Farmand, dem Sohn Harald Hårfagres, gegründet und ist damit die älteste Stadt in Norwegen. Sie liegt an einem Sund zwischen Nøterøy und dem Festland. Im Mittelalter war Tønsberg eine der führenden Städte in Norwegen. 1503 wurde die Festung Tunsberghus v. den Schweden zerstört, 1536 fiel die Stadt einem Brand zum Opfer; damit war die Blütezeit Tønsbergs vorüber. Erst Ende des vorigen Jahrhunderts erholte sich die Stadt, der man 1671 fast die Stadtrechte abgesprochen hätte, wieder durch den Walfang und die Handelsschiffahrt.

Domkirke: Die neugot. Backsteinkirche wurde 1858 v. C. H. Grosch* an der Stelle erbaut, an der im MA die Lavranskirche gestanden hatte. Der Innenraum des Doms wurde in den Jahren bis 1939 v. Arnstein Arneberg* umgebaut. U. a. wurden die got. durch achteckige Säulen ersetzt; die Seitenschiffe erhielten Kassettendecken. Die Einrichtung stammt aus 2 ma Kirchen, der Lavranskirke und der Mariakirke, die auf dem Gebiet des heutigen Marktplatzes stand. Der Altar wurde 1764 v. Jens Jølsen* geschnitzt und v. Jacob Pedersen Lindgaard* bemalt. Die barocke Kanzel ist ein Werk des dänischen Schnitzers Abel Schrøder* (1621). Taufe und Christusfiguren schuf der Bildhauer Christopher Borch*, Fresken und Fenster (bis 1954) Per Vigeland*. Im s Seitenschiff hängt ein neugot.

Altarbild v. Christian Brun* (1864). - In der Nähe des Doms steht die *Statue des Walfängers Svend Foyn* (1809-94) v. Anders Svor* (1915). - Im *Minnepark* finden sich Mosaiken v. Per Vigeland*. Hier hat man die Reste eines ma Königshofs gefunden. Die Figurengruppe *Mor og Barn* (»Mutter und Kind«) schuf Gustav Vigeland* (1907). - In der Nähe des Doms liegt außerdem der *Kossegård*, ein Patrizierhaus aus dem 18. Jh.

Olavskirke (Storgate 17): Ruine der größten Rundkirche in Skandinavien. Sie wurde Ende des 12. Jh. erbaut und gehörte zu einem Kloster.

Slottsfjellet: Ruinen v. Tunsberghus, der Burg Håkon Håkonssons. Am besten erhalten ist die *Ringmauer.* Weiterhin finden sich die Ruinen eines *Ziegelkastells*, das für Magnus Lagabøte 1276 errichtet wurde, und die Ruine der *Mikaelskirke* aus dem 12. Jh. - Aussichtsturm v. 1888.

Møllebakken: Hier befand sich einst der Thingplatz. Die beiden Söhne Harald Hårfagres, Olav und Sigurd, sind angeblich hier begraben.

Vestfold-Fylkesmuseum (Farmannsveien): *Kulturhistorisches Museum.* Eine Abteilung befaßt sich mit dem Walfang und dessen Pionier Svend Foyn, in einer weiteren ist das Klåstadschiff, ein 21 m langes Wikingerschiff aus dem 9. Jh., ausgestellt. Zum Museum gehört eine Freilichtabteilung.

Vadsø, Vadsø Kirke

Außerdem sehenswert: In T. finden sich ca. 50 Skulpturen. An der Kanalbrücke steht beispielsweise der *Førstereisgutt* (»Schiffsjunge«) v. Carl E. Paulsen* (1963).

Umgebung

Andebu (15 km w): *Andebu Kirke*, eine roman. Steinkirche mit Renaissancealtar und Renaissancekanzel. Der Taufstein ist got.
Høyjord Stavkirke (23 km nw): *Stabkirche* mit roman. Chor aus dem 12. Jh. und got. Schiff aus dem 13. Jh. Im Chor finden sich die Reste ma Bemalung.
Jarlsberg Hovedgård (n Stadtrand): An dieser Stelle lag einmal ein Königshof, Sem Kongsgård. 1699 ließ sich hier Graf Gustav Wilhelm Wedel einen *Herrensitz* errichten, der 1812 v. Graf Johan Caspar Herman Wedel radikal umgebaut wurde. Die Anlage besteht heute aus einem Hauptflügel mit 2 Stockwerken und Mezzanin und 2 eingeschossigen Seitenflügeln nach N. Der Innenhof wird nach N v. der *Sem Kirke*, einer roman. Steinkirche, begrenzt. Sie wurde um 1100 errichtet und ist die älteste Kirche in Vestfold. Zur Einrichtung gehören u. a. ein ma Kruzifix und eine Kanzel v. 1591. Grabkapelle der Grafenfamilie Wedel.
Kjøpmannskjær (13 km s): 464 m lange *Hängebrücke*, 1932 eingeweiht.
Kodal Kirke (über Andebu, 25 km sw): Der Chor (aus Stein) der Kirche stammt aus dem 14. Jh., das Schiff (aus Holz) entstand 1691.
Nøtterøy Kirke (5 km s): Mittelalterliche Steinkirche, 1839 und 1883 umgebaut; ma Taufstein.
Skjee Kirke (12 km sw): Die ma Kirche wurde wiederholt umgebaut. Kanzel v. 1604, Altar v. 1770. Ein älteres Altarbild hängt über dem Chorbogen.
Slagen (2 km n): *Oseberghaugen.* Hier hat man 1904 das Osebergschiff ausgegraben (jetzt auf Bygdøy [Oslo] zu besichtigen). Es ist 21,5 m lang, 5,1 m breit und hatte 15 Paar Ruder. Der Steven ist mit pracht-

vollen Schnitzereien verziert. Mit dem Schiff waren 2 Frauen begraben. Man nimmt an, daß es sich um die Großmutter Harald Hårfagres, Åsa, und ihre Dienstmagd handelt.

Tjøme Kirke (20 km s): 1867 erbaute Backsteinkirche. Einrichtung: ma Kruzifix, Altar und Kanzel des dänischen Schnitzers Abel Schrøder* (um 1670).

Valløy Kirke (5 km ö): Die 1782 errichtete Kirche gehörte urspr. zu einer königlichen Salzfabrik, die 1739–1860 in Betrieb war. Die Einrichtung ist klassizistisch.

V

Vadsø Finnmark	
Einw.: 6000	S. 248 □ a 1

Die Hauptstadt der Provinz Finnmark an der Nordseite des Varangerfjords lag ursprünglich auf der Vadsøy. Hier wurde auch um 1575 die 1. Kirche erbaut. Im 17. Jh. verlegte man das Zentrum auf das Festland, 1711 die Kirche. Stadtrechte bekam Vadsø im Jahre 1833. Im 19. Jh. bestand der überwiegende Teil der Bevölkerung aus Finnen. Als Finnmark 1888 in Troms und Finnmark geteilt wurde, wurde Vadsø die Hauptstadt der letzteren Provinz. Sie war im 19. Jh. und bis 1917 das Zentrum des Pomorhandels, des Handels mit den Pomoren, den Russen, die auf der Kolahalbinsel leben. Damals wurden Roggenmehl und Segeltuch gegen Felle und Fisch getauscht. Im August 1944 wurde der Ortskern von Vadsø bei einem russischen Bombenangriff zerstört.

Vadsø heißt Vesisaari auf Finnisch, Vasino auf Russisch und Ĉàhcesuolo auf Lappisch.

Vadsø Kirke: Die 4. Kirche in V. wurde 1958 v. Magnus Poulsson* erbaut. Er war einer der Architekten des Osloer Rathau-

Vadsø, Vadsø-Museum, Hof eines finnischen Einwanderers

Vadsø, Vadsø-Museum, Patrizierhaus

ses. Bes. interessant ist die Turmkonstruktion; sie soll Ähnlichkeit mit einem Eisberg haben. Über dem Eingang befindet sich eine Skulptur des hl. Peter v. Tone Thiis Schjetne* (1959). Die Ausschmückung des Innenraums in lebhaften Farben und geometrischen Mustern führte Greta Thiis* aus. An der Chorwand sieht man Christus in der Mandorla.

Vadsø-Museum (Sletten): Das Museum besteht aus 2 Gebäudekomplexen, dem Hof eines finnischen Einwanderers aus dem 19. Jh. (Tuomainengården) und einem Patrizierhof v. 1848/49 (Esbensengården).

Außerdem sehenswert: *Innvandrermonument* (»Einwandererdenkmal«) des finnischen Bildhauers Ensio Seppänen*. Es wurde 1977 v. dem schwed. König Carl XVI. Gustav, Olav V. und dem finnischen Präsidenten Urho Kekkonen enthüllt und erinnert an die finnischen Einwanderer. – Vor dem Verwaltungsgebäude der Provinz Finnmark erinnert ein 10 m hohes *Denkmal* aus Stahl *(Gjenreisningsmonumentet)* an den Wiederaufbau nach 1944. Es wurde v. Thor Sandborg* geschaffen. – Auf der Insel Vadsøya steht der *Luftschiffmast.* Er wurde 1926 v. Roald Amundsen für sein Luftschiff »Norge« (Überfliegung des Nordpols) und 1928 v. Umberto Nobile für die »Italia« benutzt. – In der Nähe des Mastes finden sich Spuren spätmittelalterlicher Besiedelung, u.a. Reste des 1. Friedhofs v. V.

Umgebung

Nesseby (36 km w): *Holzkirche,* 1858 nach Plänen v. C. H. Grosch* erbaut. Es ist die einzige Kirche in Ostfinnmark aus der Zeit vor dem Krieg. Die Kanzel und der Altar aus dem 18. Jh. stammen aus der Kirche in Kiberg. Der Taufstein datiert aus dem 17. Jh. – In *Nyberg* (nw) befindet sich das *Amtmannsgammen-Museum.* Es handelt sich um das Erdhaus (gamme), in dem die Vertreter des Königs in den vergangenen

Vardø Fyrtårn, Gemälde von Peda Balke (Trondheim)

Jh. bei ihren Besuchen in der Gemeinde Nesseby wohnten. Hier kann man eine Sammlung v. Werkzeugen, Hausrat, Angelgerätschaften etc. bewundern. In der Nähe des Museums liegt die Messerschmiede v. *Abraham Michelsen*. - Auf der anderen Seite des Fjords, in *Reppen*, liegt das Haus (1830), in dem der Lehrer Isak Baba (1875-1921) seine Kindheit verbrachte. Er wurde 1906 erster lappischer Repräsentant im Storting (Parlament). - In *Mortensnes* (ö) finden sich in Ringform aufgeschichtete Steine. Es handelt sich vermutlich um einen *Kultplatz* der Lappen. - In *Karlebotn* zwischen Varangerbotn und Reppen hat man eine *Siedlung* aus der Steinzeit ausgegraben.

Polmak (81 km sw): Die *Holzkirche* v. 1853 ist die älteste Kirche in Finnmark. - In *Gollevaroaivve* (n) sind noch die Gräben sichtbar, in denen die Lappen im MA Rentiere fingen. Im 18. Jh. war der Bestand wilder Rentiere so reduziert, daß sie zur Rentierzucht übergehen mußten.

Vardø Finnmark	
Einw.: 3500	S. 248 □ c 1

Vardø ist der älteste Ort in Finnmark. Bereits im Jahre 1307 weihte hier Erzbischof Jørund eine Kirche. Zur gleichen Zeit wurde für Håkon V. eine Festung erbaut: Vardøhus.

Stadtrechte bekam Vardø 1789 gleichzeitig mit Hammerfest. Die Haupterwerbszweige waren Fischfang und Handel mit den Russen. Während des 2. Weltkriegs wurden große Teile des Ortes bei russischen Luftangriffen zerstört.

V. (Varghøy = Wolfshöhe) ist der kälteste Ort in Norwegen und derjenige mit den meisten Sturmtagen.

Vardøhus Festning: Die Festung wurde 1734-38 erbaut mit achteckiger sternförmiger Schanze. Innerhalb des Walls stehen das Kommandantenhaus, die Wache, Magazin, Pulverhaus, Brunnenhaus, Kaserne

und Munitionshaus. Die Festung wurde 1793 stillgelegt, 1800 jedoch wieder in Betrieb genommen, da die Russen an der Küste zu plündern begannen. - Auf dem Festungsgelände liegt das *Vardøhus-Museum*, ein kultur-, natur- und militärhistorisches Museum. Größter Schatz ist der Kongestokk, ein Eichenbalken, den Christian IV., Oscar II., Haakon VII. und Olav V. mit ihrem Namen versehen haben (Christian IV. bereits 1599).
In der Festningsgata 20 liegt die ehem. *Kystvernsbrakke* (»Baracke der Küstenwacht«), ein verputztes Fachwerkhaus mit Torfdach v. 1811.

Vardø Kirke: Die Kirche wurde 1958 geweiht; die Pläne stammten v. Eyvind Moestue*. Ausschmückung v. Jens v. der Lippe* und Margrethe v. der Lippe*.

Vardø-Tunnel: Verbindung v. V. mit dem Festland. Der Tunnel (1982 fertiggestellt, 1983 eingeweiht) ist 2892 m lang. 1700 m davon liegen unter dem Bussesund. Der Tunnel befindet sich bis zu 88 m unter der Wasseroberfläche.

Außerdem sehenswert: *Schulhaus* aus dem 19. Jh. - Vom *Vardøhus Slott* sind nur noch Reste an der O-Seite v. Søndre Våg zu sehen. Vardøhus Slott ersetzte die Festung Håkons V. auf der N-Spitze der Vardøy.

Umgebung

Hamningberg (40 km nw): Fischerort, der nur noch während des Sommers bewohnt ist. Ein Teil der Häuser stammt aus dem 19. Jh.

Hornøy/Reinøy (Inseln nö v. V.): Auf Hornøy liegt der östlichste Punkt Norwegens (31° 10′4″ ö v. Greenwich). Das Leuchtfeuer ist eines der stärksten in Norwegen. Es ist das Motiv des vielleicht berühmtesten Gemäldes des Malers Peder Balke*: »Vardø Fyrtårn« (1832, Nationalgalerie Oslo).

Kiberg (13 km s): Bunkeranlagen, die v. den dt. Truppen während des letzten Krieges erbaut wurden. - *Kibergnes* ist der östlichste Punkt des norweg. Festlandes.

Vardø, Hafenansicht

Vardø, Vardøhus Festning, Kommandantenhaus

Vardø, Vardøhus Festning

Volda
Møre og Romsdal

Einw.: 5000	S. 252 □ C 9

Der Ort liegt am Voldafjord in Sunnmøre. Er wird erstmals 985 erwähnt und war im 18. Jh. ein bedeutendes Handelszentrum.

Volda Kirke: Die kreuzförmige Kirche aus Naturstein wurde 1932 nach Plänen v. Arnstein Arneberg* errichtet. Im Innenraum an der O-Wand ein Fresko v. Hugo Lous Mohr*, »Der siegende Christus«. Die Kanzel, das Chorgitter, die Taufe und die Orgelfassade wurden v. Arne Kinsarvik* nach Plänen v. Arneberg geschnitzt.

Sivert-Aarflot-Museum (Ekset): Museum, das dem Volksaufklärer Sivert Aarflot (1759–1817) gewidmet ist. Zu sehen ist u. a. die Druckerei (die 5. v. ganz Norwegen), die Aarflot 1809 gründete.

Volda Bygdetun (Haueleiet): *Freilichtmuseum* mit 3 historischen Bauwerken.

Umgebung

Gjemmestad Kirke (über Sandane, 60 km s): Holzkirche v. 1692. Sie hatte 2 Vorgängerbauten, eine Stabkirche und eine kreuzförmige Kirche v. 1652, die bei einem Sturm 1690 zerstört wurde. Die gemalte Wanddekoration (Vasen mit weißen und blauen Blumen, Ranken mit roten und blauen Trauben, Himmel mit Sternen und Kometen) stammt aus dem frühen 18. Jh. Die Kanzel ist im Renaissancestil gestaltet, der Brautstuhl entstand 1695. Spätgot. Kronleuchter aus dem 16. Jh. – Zum Fjord hin ein etwa 2 m hohes ma *Steinkreuz.*

Nordfjordeid (36 km s): *Kirche* v. 1849. – Das *Hærmuseum* (Heeresmuseum) liegt an einem im 17. Jh. eingerichteten, seit 1976 nicht mehr benutzten Exerzierplatz.

Sandane (57 km sö): *Nordfjord-Folkemuseum,* kulturhistorisches Museum mit 29 historischen Bauwerken. – Die roman. *Kirche v. Vereide* aus Stein wurde um 1160 erbaut. Der Katechismusaltar (die Bildfläche besteht fast nur aus Schrift) entstand ca. 1580. – *Pfarrhof* v. 1782.

Ørsta (10 km n): *Kirche* v. 1864 mit Altar v. ca. 1520. – *Ivar-Aasen-Museum.* Es ist dem Dichter und Sprachforscher Ivar Aasen (1813–96) gewidmet. Hier findet sich u. a. Aasens Bibliothek. – Das *Aasen-Denkmal* schuf Dyre Vaa*. – Die *Statue* des Dichters Anders Hovden (1860–1947) ist ein Werk v. Anne Grimdalen* (1960).

Gjemmestad Kirke (Volda)

Landschaft bei Voss ▷

Norwegische Bildhauer

Die norwegische Bildhauerei entwikkelte sich erst relativ spät, da es vor der Unabhängigkeit von Dänemark 1814 keine öffentlichen Aufträge gab. Deshalb findet sich auch der überwiegende Teil der Werke des ersten norwegischen Bildhauers Hans *Michelsen** (1789-1859), der ein Schüler des Dänen Bertel Thorvaldsen war, in Stockholm; nur seine »Zwölf Apostel« (1833-39) sind im Dom von Trondheim zu bewundern. Julius *Middelthun** (1820-86) brachte den Spätklassizismus nach Norwegen. Er war nahezu krankhaft selbstkritisch: Von 1874 bis 1883 arbeitete er an der Statue des Juristen A.M. Schweigaard, die heute vor der Universität in Oslo steht. Er war erst zufrieden, nachdem er den Kopf viermal und den Körper dreimal ohne Kleider und einmal mit Kleidern modelliert hatte. Berühmt wurde Middelthun vor allem für seine Porträtbüsten, die des Komponisten Kjerulf (1874) und die des Dichters Welhaven (1863). - Brynjulf *Bergslien** (1830-98) schuf das erste Reiterstandbild in Norwegen, das des Königs Karl Johan vor dem Schloß in Oslo (1868-72). Diese drei Bildhauer stellten die erste Blüte der norwegischen Bildhauerei dar. Mathias *Skeibrok** (1851-96), der 1886-94 die Giebelgruppe der Osloer Universität schuf, ist gegen sie eher unbedeutend. Erst mit Stephan *Sinding** (1846-1922) erscheint wieder ein Bildhauer von Format auf der Bildfläche. Seine Plastik »To Mennesker« (»Zwei Menschen«, 1889) soll Rodin zu seinem »Kuß« inspiriert haben. Sie ist im Nationalmuseum in Oslo zu sehen, wo man sich den besten Überblick über die norwegische Bildhauerei verschaffen kann. Der bekannteste plastische Künstler der Zeit um und nach der Jahrhundertwende ist Gustav *Vigeland** (1869 bis 1943, siehe eigener Artikel, S. 132). Seine vielleicht nicht minder begabten Zeitgenossen Gunnar *Utsond** (1864 bis 1950), dessen Hauptwerk »Helhesten« vor der Seemannsschule (Ekebergsletta) in Oslo steht, Ingebrigt *Vik** (1867-1927) und Wilhelm *Rasmussen** (1879-1965), der überwiegend in Trondheim tätig war, standen in seinem Schatten.

Als die wichtigsten Bildhauer des 20. Jahrhunderts können vielleicht Stinius *Fredriksen** (1902 bis 77), Dyre *Vaa** (*1903), Ørnulf *Bast** (1907-74), Arnold *Haukeland** (*1920), Per *Ung** (*1933) und Nils *Aas** (*1933) gelten.

Åheim (über Nordfjordeid, Maurstad, 81 km sw): Roman. *Jetmundskirke,* 1863 abgebrochen, 1957 wiederaufgebaut. Ein Teil der alten Einrichtung ist erhalten.

Voss Hordaland	
Einw.: 6000	S. 252 □ C 11

Voss liegt idyllisch zwischen den Bergen am Vangsvatn. Spuren erster Besiedelung finden sich aus der Zeit um 200 n. Chr. (u. a. Grabhügel). Der Ort wurde 1940 bei Kriegshandlungen großenteils zerstört. Voss ist der größte Wintersportort in Westnorwegen.

Vangskyrkja: Die got. Steinkirche wurde um 1277 erbaut. König Håkon Håkonsson hatte 1271 seine Zustimmung dazu gegeben. Bemerkenswert ist der Dachreiter, der ebenfalls aus dem MA stammt. Die Mauern des Langhauses sind bis zu 2 m dick. Bei einer Restaurierung 1875-76 wurde ein Teil der ma und barocken Einrichtung vernichtet. Erhalten sind noch die Kanzel im Renaissancestil, der Altar im Barockstil (mit einem Gemälde der Kreuzigung, 1642, v. Elias Fiigenschoug*), der holländische Kronleuchter im Chor aus Messing (1614) und der Taufengel (1820), der bei Taufen v. der Decke gelassen wird. - In der Nähe der Kirche steht das *Olavskreuz,* das an die Christianisierung v. V. (1023) erinnert. Es wurde angeblich vom hl. Olav selbst errich-

Voss, Agatunet, Voss-Folkemuseum, Typischer Westnorwegischer Hof

Voss, Mølstertun, Voss-Folkemuseum

tet. – Die *Bergslien-Steine* erinnern an die Brüder Knud (Maler) und Brynjulf Bergslien* (Bildhauer, er schuf das Reiterstandbild Carl Johans in Oslo) sowie den Sohn Brynjulfs, Nils Bergslien (Maler).

Finnesloftet (1 km w vom Bahnhof): Das älteste profane Holzgebäude in Norwegen wurde um 1250 errichtet.

Lydvaloftet (w Ortsrand): Dieses Holzgebäude ist vermutlich 100 Jahre jünger als der Finnesloft. Der Haupteingang ist mit Schnitzereien verziert.

Voss-Folkemuseum: Das *Volkskundemuseum* besteht aus 2 Höfen: *Mølstertun* liegt oberhalb v. V. (Mølsterveien). Die insgesamt 16 Gebäude sind bis zu 400 Jahre alt. *Nesheimtunet* liegt am Lønavatn, 10 km n. Der Hof besteht aus 13 Gebäuden aus der Zeit zwischen 1688 und 1835.

Außerdem sehenswert: Seilbahn auf den Hangursnolt (660 m). Die Fahrzeit beträgt 4 Minuten.

Umgebung

Eidfjord (Fähre v. Bruravik, 48 km sö): Got. *Steinkirche* (um 1300). Das Waffenhaus (1668) ist aus Holz. Das Gestühl im Innenraum stammt aus der 1. Hälfte des 17. Jh. Kanzel v. 1613, Taufe v. 1680, Altar mit Kreuzigungsszene (Marcus Schnabel*) v. 1765, Brautstuhl v. 1635. Im Chor befindet sich der Grabstein der Rike-Ragna. Die Sage berichtet, daß sie ihren Mann bei Ebbe auf einer Schäre zurückgelassen hatte. Als Sühne ließ sie die Kirche errichten.

Kinsarvik (über Granvin, Fähre v. Kvanndal, 34 km sö): Die roman. *Steinkirche* wurde um 1200 erbaut. Der Chor liegt in n Richtung. 1880 wurde das Bauwerk v. Christian Christie grundlegend restauriert. Mittelalterlicher Taufstein, Kanzel v. 1609, Altar aus dem 18. Jh.

Stalheim (über Vinje, 35 km nö): Touristenort am Ende des Nærøydal. Unterhalb des Hotels liegt der 126 m hohe Wasserfall Stalheimsfoss. – In der Nähe des Hotels das *Stalheim-Museum,* ein privates Freilichtmuseum mit ca. 25 historischen Gebäuden. – Der Dichter Per Sivle (1857–1904) stammte v. einem Hof nö v. Stalheim.

Ullensvang (über Kinsarvik, 44 km s): Got. Steinkirche v. ca. 1200. Die Westverlängerung und der Turm entstanden 1883–84. Der Taufstein und die Glocken sind mittelalterlich. Die Hütte, in der Edvard Grieg

Kinsarvik (Voss), Romanische Steinkirche, Interieur

einige seiner Werke komponierte, steht heute im Garten des Hotels. Auf der gegenüberliegenden Seite des Sørfjord (zu erreichen über Utne) liegt das *Agatun*, ein typisches westnorwegisches Dorf, das auf die Zeit v. Sigurd Brynjulfsson († 1302) zurückgeht. Der Lehnsmann Brynjulfsson ist in Ullensvang begraben.

Øystese (72 km sw): *Kvam-Bygdemuseum* u.a. mit 2 Gebäuden aus dem 17.Jh. – Hauptsehenswürdigkeit ist das *Ingebrigt-Vik-Museum*. Hier sind etwa 140 Skulpturen des Bildhauers Ingebrigt Vik* (1867–1927) ausgestellt.

Ålesund

Møre og Romsdal

Einw.: 35000	S. 252 □ C 9

Ålesund erhielt erst 1848 die Stadtrechte. Der Ort taucht jedoch schon früh in den Annalen der norwegischen Geschichte auf: 1027 hielt sich Olav der Heilige hier auf. Angeblich begann er bei dieser Gelegenheit mit der Christianisierung von Norwegen. Im 14.Jh. war Ålesund einer der größten Handelsplätze an der Küste Norwegens. Diese Blütezeit nahm jedoch mit der Reformation im 16.Jh. ein abruptes Ende.

In der Nacht zum 23.1. 1904 brannte Ålesund nieder. 900 Gebäude wurden zerstört, 10000 Menschen obdachlos. Der Wiederaufbau erfolgte in den Formen des Jugendstils.

Ålesund liegt auf 3 Inseln (Hessa, Nørvøy und Aspøy), die durch Brücken miteinander und mit dem Festland verbunden sind. Die Stadt ist benannt nach dem Sund zwischen Nørvøy und Aspøy und besitzt den größten Fischereihafen Norwegens.

Ålesund Kirke: Die Kirche aus Naturstein wurde 1909 nach Plänen v. Sverre Knudsen* erbaut. An der S-Seite des Chors steht ein quadratischer Turm. Das Innere der

Voss, Vangskyrkja

Ålesund Kirke

Ålesund, Panorama

Die Gebirgswand »Trollvegg« in der Nähe von Åndalsnes

Borgund (Ålesund), Kirche, Portal

Stordal (Ålesund), Kirche

Wilhelm II. –
Ein großer Freund Norwegens

Schon 1889 fand Kaiser Wilhelm II. (1859–1941) den Weg zu den Fjorden der norwegischen Westküste. Er war ein ausgesprochener Naturfreund; und Norwegens dramatische Natur beeindruckte ihn stark. Acht Sommer steuerte er mit seiner luxuriösen Jacht »Hohenzollern« den Romsdalsfjord an. Zusammen mit seinem Gefolge aus deutschen Prinzen, Adeligen und Offizieren ging der Kaiser an Land, und sie fuhren im offenen zweirädrigen Wagen nach Horgheim, einem Ort am Fuß des Romsdalshorn, wo früher die Pferde gewechselt wurden.
Im Garten des Gasthauses nahm die erlauchte Gesellschaft Erfrischungen zu sich. Danach überreichte man dem Kaiser seine Ferngläser, und er sah lange auf die wilden Trolltinder auf der anderen Seite des Tales hinauf. Der gewaltige Abgrund, der später Trollvegg genannt wurde, hatte es ihm angetan. Er gilt als höchste senkrechte Felswand in Europa. Wilhelm II. ist leicht zu verstehen. Trolltindene und Trollveggen sind Höhepunkte der dramatischen norwegischen Natur.
Daß er ein wahrer Freund Norwegens war, bewies er, als ein katastrophaler Brand 1904 die Stadt Ålesund in Asche legte. Er schickte unmittelbar ein ganzes Schiff mit Lebensmitteln, Wolldecken und anderen Gegenständen in diese Stadt in Sunnmøre. Die dankbaren Bürger von Ålesund errichteten dem Kaiser einen Gedenkstein und benannten den Park, in dem er steht, und eine Straße nach ihm.

Kirche (Glasmalereien und Fresken) wurde v. Enevold Thømt*, O. Straume* und Jonas Peson* ausgestaltet.

Ålesund-Museum (Rasmus Rønnebergsga-

Folgende Doppelseite:

Links: Åndalsnes, Geirangerfjord.
Rechts: Rødven Stavkirke (Åndalsnes)

te 16): Die Sammlungen dokumentieren die Stadtgeschichte und die Geschichte der Fischerei (auch in arktischen Gewässern). Beachtung verdient auch die Fotoabteilung.

Akvariet (im Fiskernes Hus): Im Aquarium sind die Fische der norweg. Küste zu sehen.

Außerdem sehenswert: *Aksla,* der Stadtberg v. Å. Man erreicht den Aussichtspunkt über 418 Stufen vom Stadtpark aus. – Im *Stadtpark* ist ein *Gedenkstein* zu sehen, der an die Hilfe erinnert, die der dt. Kaiser Wilhelm II. der Stadt nach dem Brand zukommen ließ. Ebenfalls im Park befindet sich eine *Statue* aus dem Jahre 1911, die den Wikinger Gange-Rolo darstellt. Sie war eine Gabe der Stadt Rouen in Frankreich zur Erinnerung daran, daß sich die Normannen um 911 in der Normandie niederließen. Gange-Rolf (französisch Rollon) war einer der Vorfahren v. Wilhelm dem Eroberer.

Umgebung

Borgund (4 km ö): Hier lag Å. im MA. Die *Steinkirche* wurde in der Zeit um 1250 errichtet und wiederholt ausgebaut. Nach dem Brand im Jahre 1904 wurde sie restauriert. – In der Nähe der Kirche liegt das *Sunnmøre-Museum,* ein Freilichtmuseum mit etwa 40 historischen Gebäuden, einer Fischereiabteilung mit ca. 30 Booten, einer Handwerks- und einer archäologischen Abteilung. Hier finden sich auch Rekonstruktionen des Kvalsundschiffes und des Fjørtoftschiffes, zweier Wikingerschiffe aus dem 7. Jh.

Giske (mit der Fähre, nw): Die roman. *Marmorkirche* der Insel wurde um 1100 als Hofkirche des Giske-Geschlechts erbaut. Die Einrichtung datiert v. 1756. Sie wurde v. einem Bauern der Insel, Jacob Sørenssen Giske-Gaard, angefertigt, der damals 22 Jahre alt war.

Godøy (mit der Fähre, w): Auf der Insel findet sich ein *Grabhügel* aus der Eisenzeit, *Ellefs Røysa.* In der Grabkammer wurden ein Bronzekessel mit Knochen, 2 Becher aus Silberblech, ein goldener Armreif (311 g), ein Goldmedaillon und Reste eines Kamms gefunden.

Kvalsund (auf der Insel Nerlandsøy, 70 km sw): Hier hat man die *Kvalsundschiffe* gefunden, Wikingerschiffe aus dem 7. Jh.

Stordal (über Sjøholt, 59 km sö): Achteckige *Kirche* aus Holz (1789) mit Anbauten für Chor und Waffenhaus. Sie ersetzte eine

Borgund (Ålesund), Sunnmøre-Museum, Haus aus dem 17. Jh.

Stabkirche. Der niedrige Innenraum mit 4 Säulen wurde 1799 v. Andreas Reinholdt* und Vesbjørn Halling* ausgemalt. Renaissancekanzel und Barockaltar. Roman. Kruzifix an der N-Seite der Choröffnung.

Valderøy (mit der Fähre, n): Auf der Insel liegt *Skjonghelleren*, eine 14 m lange Höhle, die bis zu 38 m hoch ist. Sie war in der jüngeren Steinzeit bewohnt.

Åndalsnes Møre og Romsdal	
Einw.: 2200	S. 252 □ D 9

Der Ort am Ende einer Eisenbahnlinie (Raumaban) wurde im April 1940 bei einem deutschen Bombenangriff weitgehend zerstört. Seit 1974 werden hier Bohrinseln hergestellt.

Umgebung

Kors Kirke (19 km sö): Die kleine kreuzförmige Kirche v. 1902 wurde aus dem Material eines Gotteshauses v. 1797 erbaut. Den Altar (1769) schuf Jacob Klukstad*. Renaissancekanzel.

Norddal Kirke (über Valldal, Eidsdal, 64 km sw): Achteckige *Holzkirche* v. 1782 mit Anbau für den Chor. Zentralturm mit Zwiebelkuppel. Die Kanzel stammt aus dem Hochmittelalter, der Altar ist mit einer geschnitzten Kreuzigungsgruppe geschmückt.

Rødven Stavkirke (30 km nw): Auf einer Anhöhe gelegene Stabkirche (oberhalb des Rødvenfjords). Sie ist einschiffig und entstand im 12. Jh. Mittelalterliches Kruzifix.

Tafjord (über Valldal, 70 km sw): 1934 kamen hier bei einem Erdrutsch 41 Menschen ums Leben (Gedenkplatte).

Trollstigen (18 km s): Durch das grüne und fruchtbare Isterdal gelangt man zum Trollstigen. Er ist eine der bekanntesten Paßstraßen in Norwegen und wurde 1936 fertiggestellt.

Trollstigheimen (23 km s): Höchster Punkt (850 m) auf der Strecke v. Å. nach Linge. Der Paß ist v. ca. 15. Oktober bis ca. 1. Juni gesperrt.

Veblungsnes (2 km w): *Grytten Kirke*, achteckige Holzkirche, die im Jahre 1829 erbaut wurde (Svend Halvorsen Aspaas*). Sie birgt einen Altar mit einer naiven Darstellung des Abendmahls. Die Kanzel befindet sich über dem Altar; auf der n Galerie ein ma Kruzifix.

Trollstigen (Åndalsnes)

Register der Fachausdrücke

Ädikula: Wandnische, die zur Aufstellung einer Büste oder Statue dient; meist mit Giebel. →Pfeilern oder →Säulen verziert.
Akanthus: Schmuckelement, das sich vor allem am →korinthischen →Kapitell findet und aus der stilisierten Darstellung eines scharf gezackten, distelähnlichen Blattes entwickelt wurde.
Altar: Opfertisch bei Griechen und Römern. Tisch des Herrn im christl. Glauben. In kath. Kirchen neben dem Hauptaltar oft mehrere Nebenaltäre für verschiedene Heilige, in protestantischen Kirchen meist nur ein Altar.
Altaraufsatz: Schreinartiger Aufbau über dem Altartisch.
Altarauszug: Oberer, abgehobener Teil des →Altaraufsatzes.
Altargerät: Gefäße und Requisiten für die gottesdienstlichen Handlungen am →Altar.
Altarretabel: →Altaraufsatz.
Andachtsbilder: Kleinere Kunstwerke mit Einzeldarstellungen, die an Nebenaltären gezeigt werden und der religiösen Erbauung dienen.
Antependium: Frontverkleidung des Altartisches.
Apsis: Abschluß des →Chors, meist halbkreisförmig. In der Regel Standort des →Altars.
Aquädukt: Wasserleitung, oft als über eine Bogenbrücke geführter Kanal, bei den Römern häufig zu Monumentalbauten entwickelt.
Arabeske: Ein stilisiertes Blattwerk, das als Schmuckmotiv verwendet wird.
Architrav: Steinerner Hauptbalken über den →Säulen.
Archivolte: Bogenlauf über roman. und got. Portalen.
Arcosolium (Arkosolgrab): Bogen- oder Nischengrab in einer Wand mit Tonnengewölbe.
Arkade: Bogen, der v. →Säulen oder →Pfeilern getragen wird. Mehrere Arkaden werden zu Bogengängen zusammengefaßt. Wenn die Arkaden keine Öffnung haben (und nur aus dekorativen Gründen verwendet werden), spricht man v. Blendarkaden.
Atrium: Bei den Römern ein zentraler Raum mit einer Öffnung im Dach, durch die das Regenwasser einfallen konnte. In der christl. Architektur ein Vorhof, der meist von →Säulen umgeben ist, auch Paradies genannt.
Attika: Eine (meist reichverzierte) Wand, die über das →Gesims einer Säulenreihe gemauert wird und das Dach verdecken soll.

Baldachin: Schutzdach über →Altären, Grabmalen, Statuen und Portalen.
Baluster: Kleine bauchige oder profilierte Säule.
Balustrade: Aus →Balustern gebildetes Geländer.
Bandornament: Grundform ornamentaler Gestaltung, seit prähistorischer Zeit verwendet. Höhepunkt im Dekorationsstil der Wikingerzeit.
Basilika: Griech. Königshalle; im Kirchenbau Bezeichnung für eine mehrschiffige Kirche (→Schiff), deren Satteldach über dem Hauptschiff höher ist als die Pultdächer über den Seitenschiffen. Siehe auch →Säulenbasilika und →Pfeilerbasilika.
Basis: Fuß einer →Säule oder eines →Pfeilers, meist breit auslaufend und dekorativ gestaltet.
Bautastein: Gedenkstein ohne Inschrift.
Blattkapitell: Got. →Kapitell, bei dem die Grundform v. feinen Blattornamenten überzogen ist.
Blendarkade: →Arkade.
Blendmaßwerk: →Maßwerk.
Blockbau: Holzbauweise, bei der die Wand aus waagerecht übereinandergelegten Stämmen oder Balken gebildet wird.
Bogenformen: Der Bogen dient zur Überbrückung größerer Spannweiten im Steinbau.
Bogenfries: Ein →Fries in der Form v. Rundbogen (häufig bei romanischen Bauwerken).
Bündelpfeiler: In der Gotik beliebte Pfeilerform (→Pfeiler). Um Kernpfeiler gruppieren sich kleinere und größere Dreiviertelpfeiler.

Chor: Der meist erhöhte und in der Regel ö gelegene Abschluß des Kirchenraumes. Der Chor hat meist nicht die gleiche Breite wie das →Schiff. Er dient zur Aufnahme des →Altars. Im Mittelalter war der Chor oft durch Schranken zum übrigen Kirchenraum abgegrenzt.
Chorgestühl: Sitzreihen für die Geistlichkeit bzw. in Klosterkirchen für die Mönche und Nonnen, zu beiden Seiten des →Chors aufgestellt.
Chorumgang: Ein Gang, der durch die Fortführung der Seitenschiffe entsteht und um den →Chor herumführt.

Dachreiter: Türmchen über dem Dachstuhl.
Dienste: Dünne Säulen oder Rundstäbe, die einer Wand oder einem Pfeiler vorgelagert sind, meist zur Unterstützung des Gewölbes.
Dolmen: Großsteingrabform (→Megalithgräber).
Doppelkapelle: Eine zweigeschossige Kapelle.
Dorische Säulenordnung: →Ordnung, bei der die →Säulen ohne →Basis direkt auf den Boden gesetzt sind und flache, wulstförmige →Kapitelle tragen.
Drachenstil (drakestil): Ornamentaler Stil, der bei der Ausschmückung v. Wikingerschiffen und Stabkirchen Verwendung fand. Im 19. Jh. häufig imitiert.

Empore: Zwischengeschoß; in der Kirche meist Galerie für Sänger und Orgel.
Englischer Gruß: Verkündigung des Engels an Maria.
Epitaph: Gedenktafel oder Gedenkstein an Wand oder Pfeiler, oft über dem Grab des Verstorbenen.
Eremitage: Pavillon in Park- und Gartenanlagen, einsam gelegenes Schloß.
Erker: In sich geschlossener vorspringender Anbau an die Außenwand eines Gebäudes. Oft ein Dekorationselement.
Eselstreppe: Stufenloser Aufgang eines Turms, vermutlich benutzt, um Esel das Baumaterial hinauftragen zu lassen. Sog. Eselstürme an ma Domen.

Faszie: Vorkragende Bänder beim Architrav.
Fayence: Töpferwaren mit Glasurüberzug, benannt nach der italienischen Stadt Faënza.
Fiale: Ziertürmchen in der →Gotik; oft als Bekrönung eines →Strebepfeilers.
Figurenkapitell: Das →Kapitell einer Säule, das zu einer Figur ausgearbeitet worden ist.
Filigranwerk: Ursprünglich Goldschmiedearbeit, bei der Gold- und Silberdraht ornamentartig auf eine Metallunterlage gelötet werden. Auch auf vielfach durchbrochene Schnitzwerke und Stukkaturen übertragen.
Flügelaltar: Der →Altaraufsatz hat ausklappbare, meist reich geschnitzte oder bemalte Flügel.
Fresko: Auf den noch feuchten Kalkputz werden Wasserfarben ohne Bindemittel aufgetragen. Beim Trocknen des Mörtels verbinden sich die Farben besonders haltbar mit dem Putz.
Fries: Schmuckstreifen zum Abschluß oder als Untergliederung einer Wand. Der Fries kann flächig oder plastisch sein, er kann aus Figuren oder →Ornamenten bestehen.

Gaden: In der Architektur Bezeichnung für Obergeschoß.
Galerie: Ein langgestreckter Raum; oft werden →Emporen und Arkadengänge (→Arkade) auch Galerie genannt.

Ganggräber: Großsteingrabform (→Megalithgräber).
Gebälk: Balkensystem eines Holzbauwerks.
Gebundenes System: Quadratisches Schema eines Grundrisses (vorwiegend in roman. Kirchen). Ausgehend v. der quadratischen 6-Vierung sind jeweils gleichgroße Gewölbequadrate in allen Richtungen angefügt. In den Seitenschiffen entsprechen jeweils 2 kleinere Gewölbequadrate den größeren Quadraten des Mittelschiffes.
Gesims: Ein vorspringender Wandabschluß.
Gesprenge: Abschließende Bekrönung des →Altaraufsatzes.
Gewölbe: Bogen- oder haubenförmiger Abschluß eines Raums.
Gotik: Epoche der europ. Kunst und Kultur, die von der Mitte des 12. Jh. bis ins 16. Jh. reicht.
Grisaille: Malerei in verschiedenen Grauabstimmungen.
Gurtbogen: Eine konstruktive und dekorative Unterstützung des Gewölbeabschnitts, die sich rippenartig als Bogen quer zur Längsachse spannt.

Hallenchor: Ein →Chor, der aus mehreren, jedoch gleichhohen →Schiffen besteht.
Hallenkirche: Im Gegensatz zur →Basilika sind Hauptraum und →Seitenschiffe gleich hoch; ohne →Querhaus.
Helm: Der Abschluß eines Turmes.
Hochaltar: Zentraler Hauptaltar einer Kirche.

Immaculata: Die Unbefleckte, Ehrenname Marias.
Intarsia: Einlegearbeit in Holz, Stuck, Stein etc.
Ionische Säulenordnung: →Ordnung, bei der die →Säulen auf einer mehrgliedrigen →Basis stehen und das →Kapitell durch 2 Schneckenbogen charakterisiert ist.

Joch: Grundeinheit des durch →Pfeiler, →Säulen oder →Gurtbogen gegliederten Raumes.

Kalotte: Gewölbte Kuppel in Form eines Kugelabschnitts.
Kamee: Stein oder Edelstein mit erhaben geschnittener Darstellung.
Kämpfer: Steinplatte zwischen →Säule bzw. →Kapitell und Bogen oder Gewölbe.
Kanzel: Erhöhter Platz in der Kirche, v. dem aus die Predigt gehalten wird. Oft v. einem →Baldachin oder einem Schalldeckel überdeckt.
Kapitell: Abschließender kopfartiger Teil einer →Säule. Die Form der Kapitelle ist ausschlaggebend für Stil oder →Ordnung.
Kapitelsaal: Versammlungsraum der Klostergemeinde.
Kartusche: Zierrahmen, mit dem Wappen, Initiale oder Inschriften eingefaßt sind.
Karyatide: →Gebälk tragende Figur.
Kassettendecke: Diese in rechteckige Felder unterteilte Decke ist durch →Ornamente, Bemalung oder anderen Schmuck ausgeprägt.
Kassettengewölbe: Ein v. einer rechteckigen Kassette angeschnittenes →Kloster- oder Haubengewölbe in regelmäßiger Folge.
Kenotaph: Grabmal für Tote, die anderenorts bestattet sind.
Klostergewölbe (Haubengewölbe): Ein kuppelähnliches, waagrecht gerade abschließendes Gewölbe aus Tonnenabschnitten.
Knospenkapitell: Abwandlung des →korinthischen Kapitells in frühgot. Zeit.
Konche: Halbrunder, sich in einen Nebenraum öffnender Raum, besonders Halbkuppel der Apsis.
Konsole: Wandvorsprung, Balkenstütze.
Kopfreliquiar: →Reliquiar in Kopf- oder Büstenform.
Korbbogen: Flachgedrückter Rundbogen.
Korinthische Säulenordnung: Reiche Zierformen kennzeichnen bei dieser →Ordnung die →Kapitelle. Die Basis ähnelt der →ionischen Ordnung

Kragstein: Aus der Mauer herausragender Stein, der als Stütze, als Auflage oder auch nur als Träger für eine Büste dient.
Kreuzgang: Meist gewölbtes, nach innen durch →Arkaden geöffnetes Geviert, das als Umgang im Hof eines Klosters dient und an einer Seite an die Kirche anschließt.
Kreuzgewölbe: Ein →Gewölbe, bei dem sich 2 →Tonnengewölbe rechtwinklig kreuzen. Man unterscheidet das einfache Kreuzgratgewölbe v. dem Kreuzrippengewölbe, bei dem die Schnittkanten durch Rippen verstärkt sind.
Krypta: Unterkirche, Grabraum, meist unter dem →Chor gelegen. Oft sind Kirchen über einer alten Krypta errichtet worden.

Laibung: Fläche des Mauereinschnitts bei Fenstern und Türen.
Langhaus: Hauptteil der Kirche, für die Gemeinde bestimmt. →Chor und →Apsis werden nicht mitgemessen.
Laterne: Kleiner Turm zum Abschluß einer Kuppel, meist reich verziert.
Laubengang: Bogengang, der dem Erdgeschoß eines Baus vorgelagert ist.
Lettner: Wand oder Brüstung zwischen →Chor und →Mittelschiff, die den klerikalen Bereich vom Laienraum trennt.
Loggia: Nach außen geöffnete Säulenhalle eines Bauwerks, häufig im Obergeschoß.
Lünette: Wandbogenfeld über einer Maueröffnung.

Maßwerk: Got. geometrische Zierformen, vor allem für die Ausgestaltung v. Fensterbogen oft verwendet. Liegen die Zierbogen direkt auf der Wand, spricht man v. Blendmaßwerk.
Mausoleum: Ein prächtiges Grabmal, meist in der Form eines Hauses oder Tempels.
Megalithgräber: Auch Hünengräber genannt. Aus großen Steinblöcken oder -platten errichtete Grabbauten, ursprünglich mit einem Erdhügel überdeckt. Zwei Haupttypen, *Dolmengrab,* aus mehreren Trag- und ein bis zwei Decksteinen bestehende Gruft, und *Ganggrab,* aus Wand- und Decksteinen errichtete Grabkammer mit einem Gang, der zur eigentlichen Grabkammer führt.
Memorie: Grabmal.
Mensa: Die Deckplatte des Altars.
Mezzanin: Halb- oder Zwischengeschoß.
Miniatur: Kleinformatiges Bild; handgemalte Bilder in alten Handschriften.
Mittelschiff: Mittleres →Schiff der →Basilika oder der mehrschiffigen →Hallenkirche.
Mönchschor: Jener Teil des →Chores, der den Mönchen vorbehalten ist, oft abgeschlossen.
Monstranz: Schmuckgerät, in dem (meist hinter Glas) die geweihte Hostie gezeigt wird.
Mosaik: Wand-, Boden- oder Gewölbeschmuck, zusammengefügt aus kleinen bunten Steinchen, Glasscherben oder anderen Materialien.

Netzgewölbe: →Gewölbe, bei dem sich die Rippen mehrfach kreuzen. Vor allem zur Zeit der Gotik anzutreffen

Obergaden: Oberer Teil des Mittelschiffes einer Basilika mit Fenstern.
Odeon: Meist rundes Gebäude, in dem musikal. und andere musische Aufführungen stattfinden.
Oktogon: Gebäude mit achteckigem Grundriß.
Oratorium: Kleine Kapelle, die in der Regel nicht für die Öffentlichkeit zugänglich ist, oft dem Chorraum (→Chor) angegliedert.
Ordnung: Architektursystem der Antike, das bestimmte Reihenfolgen vorschreibt, vor allem bei →Säulen (→dorische, →ionische etc.).
Ornament: Regelmäßig sich wiederholende Zierformen.

Wiederkehrende Ornamente sind oft unter anderen Begriffen zusammengefaßt (z. B. →Fries).
Ossuarium: Kasten oder Kästchen aus Holz oder Stein für die Aufbewahrung der Gebeine.

Paneel: Brusthohe Holzvertäfelung.
Pantheon: Den Göttern geweihter Tempel. Nach dem Vorbild des Pantheons in Rom (Rundbau).
Paradies: →Atrium.
Pastophorien: Oberbegriff für die beiden Seitenräume (Diakonikon und Prothesis) in frühchristl. und byzant. Basiliken.
Pfeiler: Stützglied wie die →Säule, doch von recht- oder mehreckigem Grundriß.
Pfeilerbasilika: Die Bogen des →Schiffes der →Basilika liegen auf →Pfeilern.
Pieta: Darstellung der trauernden Maria mit dem Leichnam des Sohnes auf dem Schoß.
Pilaster: →Pfeiler, der aus einer Wand hervortritt (Halbpfeiler), mit →Basis und →Kapitell.
Plinthe: Rechteckige oder quadratische Platte als Unterlage für Säulen und Pfeiler.
Polygon: Vieleck.
Portikus: Von →Pfeilern gestützte Vorhalle.
Postament: Sockel eines Standbildes.
Predella: Unterbau des →Altars.
Presbyterium: Urspr. »Raum der Priester«, heute allgemeine Bezeichnung für den →Chor bzw. die →Apsis einer Kirche.
Profan: Das Gegenteil v. →sakral, also Kunst, die nicht mit dem religiösen Bereich in Verbindung steht. Zu den Profanbauten zählt man z. B. Rathäuser, Burgen, Schlösser, Bürgerhäuser etc.
Propyläen: Die Eingangshalle monumentaler Bauten. Vorbild späterer Bauten waren die Propyläen auf der Akropolis in Athen (entstanden 437 bis 432 v. Chr.).

Quader: Behauener Block aus massivem Stein.
Quadriga: Ein vierspänniger Wagen.
Querhaus oder **Querschiff:** Raum in der Kirche, quer zum →Langhaus (→Basilika).
Querschnitt: Ein gedachter Schnitt quer durch ein Gebäude zur Darstellung der Architektur.

Refektorium: Speiseraum in Klöstern.
Relief: Bildhauerarbeit, bei der die Figuren halbplastisch aus der Fläche herausgeschnitten (Holz) oder gemeißelt (Stein) sind. Je nach der Stärke der Erhebung spricht man v. Flach-, Halb- oder Hochrelief.
Reliquiar: Behälter, in dem die Reliquien eines Heiligen aufbewahrt werden.
Retabel: →Altaraufsatz.
Risalit: Aus der Fluchtlinie vortretender Teil eines Gebäudes, der dessen volle Höhe erreicht.
Romanik: Die zusammenfassende Bezeichnung für die Kunst vom Jahr 1000 bis ins 13. Jh. In ihren Bauwerken ist die Romanik bestimmt v. Rundbogen, ruhigen Ornamenten und einer insgesamt schweren Haltung.
Rosenmalerei: →S. 66.
Runen: Schriftzeichen der ältesten germanischen Schrift, wahrscheinlich im 1. Jh. n. Chr. entstanden; bestehend aus vertikalen und diagonalen Strichen und in Holz, Stein oder Metall geritzt, z. T. mit magischer Bedeutung.
Rustika: Mauern aus →Quadern, deren Schauseite absichtlich unbehauen geblieben ist.

Saalkirche: Stützenfreier Kircheninnenraum, also ohne →Seitenschiff.
Sakral: Kirchlich, geistlich (im Gegensatz zu →profan).
Sakramentshäuschen: Gehäuse zur Aufbewahrung der geweihten Hostien. In der späten →Gotik entstanden zahlreiche Sakramentshäuschen, die teilweise zu bedeutenden Kunstwerken ausgestaltet sind.
Sarkophag: Meist reich verzierter steinerner Sarg.
Satteldach: Von 2 schräg gegeneinander gestellten Flächen gebildetes Dach. Die 2 Giebel befinden sich an den Schmalseiten.
Säule: Im →Querschnitt runde, sich nach oben etwas verjüngende Stütze. Die Gliederung der Säulen wird durch die →Ordnung bestimmt (siehe dagegen →Pfeiler).
Säulenbasilika: →Basilika, die v. →Säulen gestützt wird (im Gegensatz zur →Pfeilerbasilika).
Schalldeckel: →Kanzel.
Schiff: Der Raumteil einer Kirche; daraus einschiffige oder mehrschiffige Kirchen; letztere durch →Säulen oder →Pfeiler aufgeteilt.
Seitenschiff: Seitlich gelegenes →Schiff, durch →Säulen oder →Pfeiler vom Hauptraum der Kirche getrennt.
Sepultur: Für Begräbnisstätten reservierter Kirchenraum.
Sgraffito: Kratzputz.
Sockel: Vorspringender unterer Teil einer Wand, eines →Pfeilers oder einer Säule.
Spiegelgewölbe: Ein langgestrecktes →Klostergewölbe, das im Scheitel mit einer waagrechten Fläche schließt.
Spiralornament: Ornament mit Spirale als Hauptmotiv, häufig in der Bronzezeit.
Sprengwerk: →Gesprenge.
Stabkirche (vgl. auch S. 92): Ein- oder dreischiffige Holzkirche mit einem Konstruktionsgerüst aus senkrecht aufgestellten Stäben und Masten; eigenständiger skandinavischer Kirchentyp, ab dem 11. Jh. üblich.
Stabwerk: Senkrechte Stäbe zur Gliederung got. Fenster und Fassaden (→Maßwerk).
Staffelgiebel: Giebel mit treppenartiger Stufung, auch Treppen- oder Stufengiebel.
Ständerbau: Holzbauweise mit Wänden aus einem senkrechten Stützengerüst.
Steinsetzung: Aus kultischen Zwecken, häufig um Gräber herum, aufgestellte Steinblöcke in der Form von Schiffen (Schiffsetzung, Bootsgrab) oder in Kreisform (Richterring).
Stichkappengewölbe: Ein v. dreieckigen Kugelflächen eingeschnittenes →Tonnengewölbe.
Stratum: Scheibe vom ausgegrabenen Boden, die der Archäologe als sinnvolle Schichtenfolge gruppiert, rekonstruiert und interpretiert.
Strebepfeiler: Die in der Gotik ungewöhnlich großen Fensteröffnungen forderten eine Abstützung der Außenmauern durch →Pfeiler und Halbbogen. Dieses Strebewerk fing den Gewölbedruck auf.
Stuck: Ein leicht formbarer Werkstoff aus Gips, Kalk, Sand und Wasser, der vor allem im 17./18. Jh. zur plastischen Ausschmückung v. Innenräumen gedient hat.
Svalgang (norweg.): Laubengang, häufig an Stabkirchen zu finden.
Synagoge: Jüd. Gotteshaus.

Tabernakel: Altargehäuse für die Hostie.
Tabula ansata: Umrahmung einer Inschrift, bei der an den Schmalseiten des Rahmens 2 Dreiecke angefügt sind.
Talus: Böschung aus gestampfter Erde.
Tambour: Unterbau einer Kuppel, in der Regel zylindrisch oder polygonal.
Terra sigillata: Röm. Gebrauchsgeschirr aus der Kaiserzeit, das sich durch seine hochrote Farbe auszeichnet.
Tesserae: Kleine, meist viereckige Täfelchen, die als Mosaiksteinchen verwendet werden.
Tonnengewölbe: →Gewölbe, das einer Tonne gleicht, die in Längsrichtung durchgeschnitten wird.
Transenna: Durchbrochen gearbeitete Stein- oder Holzplatte als Fensterverschluß frühchristl. Kirchen.
Triptychon: Dreiteiliges Altarbild.
Triumphbogen: Geschmückter Torbogen.
Tumba: Aufbau über einer Grabstelle.
Tympanon: Das Bogenfeld über dem ma Portal.

Vendelstil: Tierstil aus der späten Völkerwanderungszeit (um 500), benannt nach einem Grabfund in Schweden.
Verblendung: Verkleidung v. Bauteilen, die nicht sichtbar sein sollen.
Vesperbild: →Pieta.
Vierung: Die Stelle, an der sich →Lang- und →Querhaus kreuzen.
Vollplastik: Allseits plastisch gearbeitetes Bildwerk (dagegen →Relief).
Volute: Spiralenförmiges →Ornament.

Wehrkirche: Im MA befestigte, teilweise burgartige Kirche mit festem Turm, Umwallung, Schießscharten und Wehrgang im Obergeschoß; in Kriegszeiten Zufluchtsort für die Bevölkerung.
Wikingerschiff: →S. 217.
Würfelkapitell: Aus der Durchdringung von Würfel- und Kugelform entwickeltes →Kapitell der roman. Stilepoche.

Ziborium (auch: Ciborium): Großer steinerner →Baldachin über dem →Altar.
Zodiak: Tierkreis.
Zwerchhaus: Dachhäuschen mit einem Giebel, der quer zum Hauptdach steht.
Zwerggalerie: Gang in der Außenmauer unter dem Dachgesims; nach außen geöffnet und meist reich verziert.

Künstlerregister

A
Aadnes, Peter (1739–92), Maler 65
Aas, Nils (* 1933), Bildhauer 29, 195, 228
Aasen, Knut (* 1936), Architekt 134
Aasnes, Ola B. (* 1914), Architekt 141
Arneberg, Arnstein (1882–1961), Architekt 58, 60, 74, 142, 155, 162, 165, 172, 173, 219, 226
Arnesen, A., Architekt 173
Askevold, Anders (1834–1900), Maler 34
Aspaas, Svend (1736–1816), Baumeister 126, 164, 181, 237
Astrup, Nicolai (1880–1928), Maler 57, 164
Astrup, Thorvald (1876–1940), Architekt 178

B
Backer, Harriet (1845–1932), Malerin 34, 45, 77, 88, 164, 168
Backer, Herman Major (1856–1932), Architekt 23
Balke, Peder (1804–87), Maler 65, 164, 167, 212, 225
Bast, Ørnulf (1907–74), Bildhauer 40, 48, 65, 79, 136, 140, 162, 228
Bech, Henrik (ca. 1718–76), Bildschnitzer 62, 102
Beck, Nils Pedersen (18. Jh.), Architekt 138
Berg, Gunnar (1863–93), Maler 198
Berge, Ole Hermundsson (1768–1825), Rosenmaler 52, 55
Bergslien, Brynjulf (1830–98), Bildhauer 89, 161, 162, 163, 166, 228, 230
Bergslien, Knud (1827–1908), Maler 230
Bergslien, Nils Nilsen (1853–1928), Maler 230
Bergstrøm, C. J. (1828–98), Architekt 199
Berle, Halfdan (1861–1929), Architekt 158
Berner, Finn (1891–1947), Architekt 29
Berulvson, Ingemund (1900–76), Bildhauer 114
Biltsnider, Johan (17. Jh.), Schnitzer 195, 213, 214
Bjorg, Roar (* 1912), Bildhauer 29
Blakstad, Gudolf (* 1893), Architekt 37, 82, 162, 165, 168
Blix, Peder Andreas (1831–1901), Architekt 96, 97, 182
Blix, Thomas (1678–1729), Schnitzer und Maler 141, 146, 156
Blumenthal, Mathias (ca. 1719–63), Maler 34
Boghardt, Borach Sethson (spätes 17. Jh.), Maler 141
Bonnard, Pierre (1867–1947), franz. Maler 175
Borch, Christopher (1817–96) Bildhauer 33, 173, 219
Borg, Lars Jensen († 1710), Bildschnitzer 77, 126
Borgfelt, Asbjørg (1900–76), Bildhauerin 163
Boydler, Johann Gottfried (1780–?), Architekt 188
Bragernes, Nils (frühes 18. Jh.), Maler 106
Breivik, Ragna (1891–1965), Weberin 34
Brun, Christen (1828–1905), Maler 200, 220
Bryn, Finn (1890–1975), Architekt 16, 136, 166
Brøgger, Johan Samuel (1747–93), Maler 60
Buch, Carl Emil (1892–1968), Architekt 170
Bull, Georg Andreas (1829–1917), Architekt 156, 159, 162
Bull, Henrik (1864–1953), Architekt 48, 161, 165, 167
Butenschøn, Ragnhild (* 1911), Bildhauerin 47, 58, 74
Byström, Niklas (1783–1848) schwed. Bildhauer 71
Børjeson, Johan (1835–1901) schwed. Bildhauer 29
Børve, Haldor (1857–1933), Architekt 176

C
Cappelen, August (1827–52), Maler 164
Cappelen, Paul (* 1928), Architekt 136
Chateauneuf, Alexis de (1799–1853), dt. Architekt 155, 158
Christie, Chr. (1832–1906), Architekt 23
Cicignon, Johan Caspar de († 1696), Festungsbaumeister 60, 209
Corot, Camille (1796–1875), franz. Maler 168
Coucheron, Anthony († 1689), Festungsbaumeister 202
Courbet, Gustave (1840–1926), franz. Maler 168
Cranach d. Ä., Lucas (1472–1553), dt. Maler und Holzschnitzer 119

D
Dahl, Hans (1849–1937), Maler 94
Dahl, Harald (1900–1973), Maler 162
Dahl, Johan Christian Clausen (1788–1857), Maler 13, 34, 92, 124, 164, 212
Dahl, Waldemar S. (* 1900), Maler und Bildhauer 58, 63
Dammen, Trygve (1900–73), Bildhauer 126
Degas, Edgar (1834–1917), franz. Maler 168
Delacroix, Eugène (1798–1863), franz. Maler 168
Digerud, Jan (* 1938), Architekt 168
Donali, Sivert (* 1931), Bildhauer 182, 193
Duc, A. P. (1835–1919), Architekt 162
Durban, Arne (* 1912), Bildhauer 85, 141, 162, 163
Døhlen, Annasif (* 1930), Bildhauer 161

E
Eckhoff, Hartvig (1855-1928), Architekt 190, 191, 192
Egedius, Halfdan (1877-99), Maler 164
Eggen, Annar (1897-1977), Maler 195
Eikaas, Ludvig (geb. 1920), Maler 164
Ekman, Ove Laurentius (1847-1921), Architekt 156
Eliassen, Trond (* 1922), Architekt 172
Ellingsen, Peder (1725-1803), Tischler 181
Ender, Axel (1853-1920), Maler 136, 176
Enger, Nils Hansson (18. Jh.), Schnitzer 47
Erdmann, Domenico (1879-1940), Maler 158
Erichsen, Thorvald (1868-1939), Maler 41, 124, 144, 164
Eriksen, Finn (1909-70), Bildhauer 142
Ernst, Johan Conrad (1666-1750), dän. Architekt 23
Espeland, Ottar (* 1913), Bildhauer 45
Espevold, Olav (1887-1977), Bildschnitzer 32
Ezechiel, Gottfried (18. Jh.), Maler 37, 38, 82, 138, 139, 198

F
Fagy, Johan Daniel Irgens (1849-1910), Architekt 33
Fearnley, Thomas (1802-42), Maler 164
Fehn, Sverre (* 1924), Architekt 75
Felde, Hans Jonassen (17. Jh.) Schnitzer 55
Feuning, J. (18. Jh.), Maler 89
Fiigenschou, Elias († ca. 1660), Maler 228
Fischer, Gerhard (1890-1977), Architekt 193
Fjell, Kai (geb. 1907), Maler 164
Fladanger, Ole (1832-71), Bildhauer 52, 156
Flakstad, Nils (1907-79), Bildhauer 75, 76, 162, 163
Fodd, Hans (um 1700), Maler 66
Fougner, Gunnar (* 1911), Architekt 168
Fossum, Sivert, Bildhauer 147
Fredriksen, Stinius (1902-77), Bildhauer 28, 136, 144, 166, 189, 191, 205, 228
Freund, Herman Ernst (19. Jh.), dänischer Bildhauer 26
Frich, Joachim (1810-58), Maler 173
Fürst, Christian (1860-1910), Architekt 18

G
Gedde, Mads Wiel (1900-67) Architekt 144
Gram, Marcus Nielsen (17. Jh.), Schnitzer 141, 214
Greve, Bernhard (1886-1962), Maler 158, 167
Grieg, Halvdan (20. Jh.), Architekt 29
Grieg, Per (1897-1962), Architekt 30
Grimdalen, Anne (1899-1961), Bildhauerin 144, 146, 162, 180, 185, 226
Grimeland, Joseph (* 1916), Bildhauer 162
Gris, Juan (1887-1927), span. Maler 175
Grosch, Christian Henrik (1801-65), Architekt 71, 82, 84, 156, 160, 165, 166, 184, 190, 200, 213, 219, 222
Gude, Hans (1825-1903), Maler 34, 156, 164, 173
Gundersen, Gunnar S. (1921-83), Maler 164
Gunnerud, Arne Vinje (* 1930), Bildhauer 114
Gustavson, Arthur (1895-1968), Bildhauer 198
Guttormsen, Sigvard (spätes 17. Jh.), Schnitzer 122

H
Halleland, Einar (1860-1944), Architekt 82
Halling, Vesbjørn (18. Jh.), Maler 237
Hanno, Wilhelm v. (1826-82), Architekt 140, 156, 158, 162, 184
Hansen, Lars (1809-67), Maler 212
Hansson, Olav (ca. 1750-1820), Rosenmaler 188
Harsdorff, Caspar Frederik (1735-95), dänischer Architekt 211
Haugland, Erik (1894-1965), Bildhauer 191
Haukeland, Arnold (* 1920), Bildhauer 32, 62, 65, 166, 175, 184, 185, 191, 205, 228
Heggelund, Andreas (1860-1916), Bildhauer 139
Heiberg, Jean (1884-1976), Maler 164
Hendriksen, Ulrik (1891-1960), Maler 192
Hendtzschel, Gottfried (ca. 1625-50), Maler 45, 84, 191, 193
Henning, Gerhard (1880-1967), dänischer Bildhauer 34
Hertevig, Lars (1830-1902), Maler 164, 191
Heyerdahl, Hans (1857-1913), Maler 88, 212
Hilt, Odd (* 1915), Bildhauer 63, 205
Hindrum, Ole Jonsen (17. Jh.), Architekt 147, 148, 150
Hjorth, I. O. (1862-1927), Architekt 167
Hofflund, P. D. (1897-1967), Architekt 156
Hougen, Sofus (20. Jh.), Architekt 100
Hovig, Jan Inge (1920-77), Architekt 82, 142, 200
Hurum, Per (* 1910), Bildhauer 40, 65, 162
Hygen, Johan (* 1911), Bildhauer 23
Haavardsholm, Frøydis (* 1896), Malerin, Illustratorin 89, 158

I
Irgens, Kjell, Architekt 28
Isaachsen, Olaf (1835-93), Maler 132

J
Jacobsen, Carl Ludvig (1835-1923), Bildhauer 156, 163
Jacobsen, Joen (1714-68), Architekt 120, 176
Janson, Gunnar (* 1901), Bildhauer 160
Jaspersen, Hans († 1808), Bildhauer 43
Jaspersen, Petter (1737-1801), Bildhauer 43
Jensen, Nicolai (1818-70), Maler 199
Johan Contrafeyer (17. Jh.), Maler 147, 195
Johnson, Kaare Espolin (* 1907), Zeichner 100, 197
Jonsborg, Kåre (1912-77), Maler 62
Jølsen, Jens (18. Jh.), Schnitzer 219

K
Karsten, Lambert Daniel (18. Jh.), Orgelbauer 155
Karsten, Ludvig (1876-1926), Maler 164
Kielland, Gabriel (1871-1960), Maler und Architekt 77, 205
Kielland, Jens Zetlitz (1866-1926), Architekt 27, 84
Kielland, Kitty (1843-1914), Malerin 45
Kihle, Harald (* 1905), Maler 144, 181
Kinsarvik, Arne, Bildhauer 226
Kittelsen, Theodor (1857-1914), Maler 34, 43, 110, 112, 128, 164, 197
Klee, Paul (1879-1940), Maler und Graphiker 30
Klemetsrud, Rolf (* 1900), Maler 146
Klukstad, Jacob (ca. 1715-73), Schnitzer 237
Krag, Herman (1920-82), Architekt 211
Kristiansen, Karl (1886-1971), Maler 184
Krohg, Christian (1825-1925), Maler 34, 42, 119, 156, 162, 164, 168, 212
Krohg, Oda (1860-1935), Malerin 156
Krohg, Per (1889-1965), Maler 27, 162, 164, 166
Krøyer, P. S., Bildhauer 136
Kühnemann, Heinrich (1711-92), Bildschnitzer 208
Kvinlog, Ole Thorson (1773-1857), Maler 134
Kyllingstad, Ståle (* 1903), Bildhauer 44, 88

L

Lammers, Gustav Adolph (1802–78), Geistlicher, Maler und Architekt 56, 101, 176, 208
Landmark, Ole (1885–1970), Architekt 34
Lange, Grete Lein (* 1926), Textilkünstler 193
Langlet, E. V. (1824–98), schwed. Architekt 163
Laurids Snekker (17. Jh.), Schnitzer und Maler 45, 192, 193
Léger, Fernand (1881–1955), franz. Maler 175
Leirdal, Kristofer (* 1915), Bildhauer 37, 100, 205, 208
Lie, Emil (1897–1976), Bildhauer 140, 162
Lindgaard, Jacob Pedersen (1719–89), Maler 120, 121, 219
Linstow, Hans Ditlev Franciscus (1787–1851) 44, 56, 57, 108, 162, 165, 191, 192
Lippe, Fredrik von der (1833–1901), Architekt 37, 190
Lippe, Jens von der (* 1911), Keramiker 225
Lippe, Margrethe von der (* 1913), Keramikerin 225
Listad, Kristen (1726–1802), Architekt 130
Lühr, Waldemar, Architekt 58
Lund, Balle (19. Jh.), Maler 134, 136
Lund, Frederik Konow (1889–1970), Architekt 26, 34
Lund, Kjell Arve (* 1927), Architekt 158, 165
Lunde, Jardar (* 1909), Maler 78, 82, 198
Lunde, Rolf (1891–1928), Bildhauer 124
Løser, Jørgen Gerhard (19. Jh.), Architekt 131

M

Madsen, Ada (* 1917), Bildhauerin 46, 163
Madsen, Sofus (1881–1977), Bildhauer 23, 30, 34, 82
Magnus, Hans, Architekt 78
Maler, Hans (frühes 17. Jh.), Maler 62
Manet, Edouard (1832–83), franz. Maler 168
Matisse, Henri (1869–1954), franz. Maler 168, 175
Mejlander, Bernt, Architekt 140
Mejlander, Eva, Architektin 140
Meyer, Hans Jacob (* 1907), Bildhauer 29
Michaelsen, Johan Carl Christian (ca. 1750–nach 1802), Maler 210
Michalsen, C. (1869–1940), Architekt 160
Michelsen, Hans (1789–1859), Bildhauer 173, 228
Middelthun, Julius O. (1820–86), Bildhauer 158, 166, 228
Midelfart, Willy (1904–75), Maler 41, 162
Mikkelsen, Eilif (* 1926), Bildhauer 57
Miró, Juan (1893–1983), span. Maler 175
Moestue, Eyvind (1893–1977), Architekt 224
Mohr, Bjarne Lous (* 1901), Architekt 77
Mohr, Hugo Lous (1889–1970), Maler 60, 75, 112, 155, 226
Monet, Claude (1840–1926), franz. Maler 168
Moren, Torleif (* 1911), Maler 48
Morseth, Dagfinn (1898–1958), Architekt 126, 144
Moseid, Thorvald (* 1917), Bildhauer 27, 148, 168, 178
Munch, Edvard (1863–1944), Maler 30, 34, 43, 76, 86, 88, 111, 140, 156, 165, 166, 168, 201
Munch, Eggert (1686/87–1764), Maler 62
Munch, Jacob (1776–1839), Maler 164
Munk, Knud, dänischer Architekt 29
Munthe, Gerhard (1849–1929), Maler 34, 160, 164
Munthe, H. (1848–98), Architekt 161
Munthe-Kaas, Hermann (1890–1977), Architekt 37, 82, 165, 167
Myklebust, Einar (* 1922), Architekt 168

N

Nebelong, Johan Henrik (1817–71), dänischer Architekt 33, 173, 175
Nerdrum, Odd (* 1944), Maler 164
Nesch, Rolf (1893–1975), Graphiker 69, 164, 198
Neumann, Peter Leonard (18. Jh.), Baumeister 181
Nielsen, Amaldus (1838–1932), Maler 132
Nielsen, Eivind (1864–1939), Maler 161
Nielsen, Erling (1877–1943), Architekt 38
Nielsen, Nils (17. Jh.), Maler 147
Nielsen, Kai (1882–1924), dänischer Bildhauer 162
Nilsen, Lambertz, Architekt 172
Nissen, Henrik (1848–1915), Architekt 190
Nome, Sigurd (1911–79), Bildhauer 74
Nordan, Jacob Wilhelm (1824–92), Architekt 56, 60, 100, 119, 158
Nordhagen, Olaf (1883–1925), Architekt 27, 62, 144, 178
Norgrenn, Ernst (1839–80), Architekt 39
Norum, Karl (1852–1911), Architekt 198
Nørregaard, Asta (1853–1933), Malerin 63
Naess, Ivar (1878–1936), Architekt 156

O

Olsen, Nils (17. Jh.), Architekt 147
Onsager, Søren (1878–1946), Maler 88

P

Pasco, Duane (* 1932), kanadische Holzschnitzerin 30
Paulsen, Carl E. (1897–1973), Bildhauer 34, 220
Peters, Wilhelm Otto (1851–1935), Maler 58, 111
Petersen, Eilif, Maler 45, 112, 142
Petersen, Peter (1794–1858), Maler 88
Pettersen, Lauritz (16. Jh.), Maler 146
Picasso, Pablo (1881–1973), Maler, Graphiker, Bildhauer und Keramiker 30, 168, 175
Pihl, Abraham (1756–1825), Geistlicher 75
Pinnerud, Erik (1700–62), Schnitzer 77
Pinnerud, Lars (1700–62), Schnitzer 77
Platou, Olav, Architekt 193
Poulsson, Espen (1907–74), Architekt 175
Poulsson, Magnus (1881–1958), Architekt 148, 162, 165, 175, 221

R

Rantzau, Brede (1713–78), Schnitzer und Maler 102
Rasmussen, Wilhelm (1879–1965), Bildhauer 33, 60, 205, 210, 228
Rawert, Henrik (1751–1823), Architekt 188
Reichborn, Johan Joachim (1715–83), dt. Architekt 26, 27
Reiersen, Nils (1878–1950), Architekt 160
Reimers, Egill (1878–1946), Architekt 32
Reimers, Peter (tätig in Stavanger 1607–26), Maler 44, 45, 134, 192
Reinholdt, Andreas (spätes 18. Jh.), Maler 237
Ree, L. H. (1880–1962), Architekt 170
Revhaug, Erik (18. Jh.), Schnitzer 141
Revold, Axel (1887–1962), Maler 27, 58, 82, 142, 162, 164, 166, 175, 197
Ridder, Christopher († 1696), Bildhauer 127
Riise, Sigri Marie (1911–55), Malerin 101
Risøyne, Tore Asbjørnsen (1762–1820), Rosenmaler 132
Ritter, August Samuel (tätig um 1700), Schnitzer aus Lübeck 66, 69
Rodahl, Thorbjørn (* 1926), Architekt 136
Rodin, Auguste (1840–1917), Bildhauer 29
Rohde, Hans Wichmann (1890–1961), Architekt 26
Rolfsen Alf (1895–1979), Maler 46, 158, 162, 195

Ryggen, Hannah (1894-1970), Textilkünstlerin 211
Røed, Fritz (* 1928), Bildhauer
Røvik, Anthon (20. Jh.), Bildschnitzer 60, 74

S
Sager, Hans (18. Jh.), Maler 84
Sandberg, Jens R. (18. Jh.), Maler 214
Sandberg, N. (18. Jh.), Baumeister 47
Sandborg, Thor (* 1942), Graphiker und Bildhauer 222
Savio, Johan (1902-38), lappischer Graphiker 80, 100, 200
Scavenius, Roger (* 1880), dänischer Maler 208
Scheen, O. L. (1890-1979), Architekt 173
Schinkel, Karl Friedrich (1781-1841), dt. Architekt 166
Schirmer, Adolf (1850-1930), Architekt 165, 167
Schirmer, Heinrich Ernst (1814-87), Architekt 74, 156, 158, 159, 162, 165, 168
Schirmer, Herman Major (1845-1913), Architekt 140
Schiøll, Nicolas (* 1901), Bildhauer 40, 121, 158, 162, 205
Schjetne, Tone Thiis (* 1928), Bildhauerin 222
Schnabel, Marcus (18. Jh.), Schnitzer 230
Schou, Einar Oscar (1877-1966), Architekt 29
Schrøder, Abel (17. Jh.), dänischer Schnitzer 85, 219, 221
Schytte-Berg, Hagbarth (1860-1944), Architekt 116, 156, 187
Seland, Alfred (1903-60), Bildhauer 162
Seppänen, Ensio, finnischer Bildhauer 222
Sinding, Stephan (1846-1922), Bildhauer 29, 140, 161, 228
Sinding-Larsen, Holger (1869-1938), Architekt 161, 166, 167
Sivertsen, Lars (18. Jh.), Schnitzer 104
Skeibrok, Mathias (1851-96), Bildhauer 56, 166, 228
Skinnarland, Knud (* 1905), Bildhauer 181
Skraastad, Johannes (1648-1700), Bildschnitzer 77, 90, 126, 183
Skredsvig, Christian (1854-1924), Maler 164
Slaatto, Nils (geb. 1923), Architekt 158, 165
Smith, Anders Lauritzen († ca. 1694), Schnitzer 45, 84, 189
Snekker, Christen (17. Jh.), Bildhauer 84
Snekker, Jens (17. Jh.), Bildhauer 147
Snekker, Laurids (frühes 17. Jh.), Maler und Schnitzer 45, 192, 193
Snekker, Thomas (17. Jh.), Bildhauer 44, 84, 192
Sohlberg, Harald (1869-1935), Maler 34, 164, 168, 182, 212
Solberg, Roald (18. Jh.), Schnitzer 138
Sparre, Victor (* 1919), Maler 140, 184, 190, 193, 198, 200
Stanley, S. C., dänischer Schnitzer 121
Steckmest, B. (1846-1926), Architekt 162
Steen, Knud (* 1924), Bildhauer 88, 158, 184
Stenstadvold, Håkon (1912-77), Maler 164
Stoltenberg, Mathias (1799-1871), Maler 75, 164, 168
Storm, Per Palle (* 1910), Bildhauer 160, 162
Storstein, Aage (1900-83), Freskomaler 37, 41, 162
Stuckenbrock, Joachim Andreas (18. Jh.), Architekt 164
Svor, Anders (1864-1929), Bildhauer 166, 220
Sæter, Ola, Maler 69
Sæterdalen, Jakob (1754-1821), Schnitzer 130
Sætrumsmo, Jark, Bildhauer 147
Sørensen, Henrik (1882-1962), Maler 27, 41, 43, 74, 126, 144, 158, 162, 164, 168, 180, 193

T
Taft, Nils, Architekt 201
Telje, Arje (* 1936), Architekt 134
Thaulow, Frits (1847-1906), Maler 34, 42, 45, 111, 164
Thiis, Greta, Malerin 222
Thomas, Snekker (17. Jh.), Bildschnitzer 44, 84, 192
Thomt, Enevold 233
Thorsen, Trygve (1892-1965), Bildhauer 142
Thrap-Meyer, Henrik (1833-1911), Architekt 112, 160
Tidemand, Adolph (1814-76), Maler 34, 38, 132, 158, 164, 173, 200
Torhamn, Gunnar, Maler 156
Torp, Frederik A. S. (* 1937), Architekt 134
Tråset, Svein (18. Jh.), Baumeister 50
Tverdahl, John (1890-1969), Architekt 208
Tønnesen, Ambrosia (1850-1948), Bildhauerin 23, 27, 30
Tunmarck, Eric Gustav (1729-89), Maler 102, 106

U
Ung, Per (* 1933), Bildhauer 161, 228
Utne, Lars (1862-1922), Bildhauer 161
Utsond, Gunnar (1864-1950), Bildhauer 146, 166, 170, 178, 228

V
Vaa, Dyre (1930-80), Bildhauer 29, 130, 140, 156, 161, 162, 180, 181, 195, 205, 226, 228
Valstad, Otto (* 1862-1950) und Tilly (1871-1957), Künstlerehepaar 173
Van de Velde, Henri (1863-1957), belgischer Architekt 211
Vasshus, Anders (1789-1860), Rosenmaler 114
Vigeland, Arne (* 1900), Bildhauer 73, 114, 163
Vigeland, Emanuel (1875-1948), Maler und Bildhauer 58, 94, 116, 155, 158, 166, 167, 187
Vigeland, Gustav (1869-1943), Bildhauer 26, 29, 30, 114, 121, 132, 134, 163, 166, 168, 170, 205, 212, 220, 228
Vigeland, Per (1904-68), Maler 60, 88, 126, 156, 176, 200, 219, 220
Vigrestad, Magnus (1887-1958), Bildhauer 189
Vik, Ingebrigt (1867-1927), Bildhauer 29, 30, 166, 228, 230
Viksjø, Erling (1910-71), Architekt 124
Visdal, Jo (1861-1923), Bildhauer 45, 121, 156

W
Wahlmann, Lars Israel (1870-1952), schwed. Architekt 156
Weidemann, Jakob (* 1923), Maler 122, 164, 193
Weierholt, Ole Nielsen (1718-92), Schnitzer 218
Welhaven, Hjalmar (1850-1922), Architekt 20
Werenskiold, Dagfin (1892-1977), Maler und Bildhauer 110, 155, 162, 180, 184, 193
Werenskiold, Erik (1855-1938), Maler 34, 156, 164, 168, 197
Wergeland, Oscar (1844-1910), Maler 163
Widerberg, Frans (* 1934), Maler 164
Wingård, Johan (18. Jh.), Maler 83
Wold-Torne, Oluf (1867-1919), Maler 41, 43, 140, 164

Ø
Østbye, Odd (* 1925), Architekt 116

Å
Åbergh, G. (* 1919), schwed. Architekt 162

Ortsregister

Im norwegischen Alphabet stehen die Buchstaben Æ, æ, Ø, ø und Å, å erst nach Z. Die *kursiven* Ortsnamen geben die Reihenfolge nach dem deutschen Alphabet wieder.

A
Åheim → Volda 228
Åkra Kirke → Haugesund 84
Ål → Gol 69
Ålesund 231
Ålhus → Florø 57
Akerøya Fort → Fredrikstad 60
Alstahaug → Mosjøen 139
Alta 15
Alvøy → Bergen 34
Åndalsnes 237
Andebu → Tønsberg 220
Andenes 17
Andøya, Insel → Andenes 17
Arabygdi → Rjukan 180
Årdal → Kristiansand 115
Arendal 18
Ås → Drøbak 44
Åseral → Mandal 134
Åsgårdstrand → Horten 88
Asker → Oslo 173
Askim 19
Åsnes Kirke → Kongsvinger 110
Aurland → Kaupanger 94
Ausevik → Florø 57
Austråt → Trondheim 212
Avadsnes Kirke → Haugesund 82

B
Bærums Verk → Oslo 173
Bagn → Fagernes 50
Balestrand → Kaupanger 94
Balke Kirke → Gjøvik 65
Balsfjord Kirke → Tromsø 201
Bamble Kirke → Porsgrunn 176
Bardal → Steinkjer 194
Begby → Fredrikstad 62
Bergen 20
Berg Kirke → Halden 73
Berg Kirke → Larvik 120
Bjerkreim Kirke → Egersund 44
Bjerkvik → Narvik 142
Bjøllånes → Mo i Rana 136
Bjølstad Gård → Lom 130
Bjørnevatn → Kirkenes 100
Bjørnstadskipet → Sarpsborg 185
Bleik → Andenes 17
Bodin Kirke → Bodø 37
Bodø 37
Bø gamle Kirke → Notodden 144
Bogstad Gård → Oslo 173
Bømlo, Insel → Haugesund 83
(Umgebung: Moster)
Bønsnes Kirke → Hønefoss 89
Borgestad → Skien 187
Borgund → Ålesund 236
Borgund → Kaupanger 94
Borregård Hovedgård → Sarpsborg 185
Borre Kirke → Horten 85
Børsa → Trondheim 213
Borre Kirke → Horten 85
Bøverdalen → Lom 130
Brandstorp → Fredrikstad 62
Brekke Sluser → Halden 73
Brevik → Porsgrunn 176
Brumunddal → Hamar 76
Brusand → Egersund 44
Bud → Molde 138
Bugøyfjord → Kirkenes 100
Buksnes Kirke → Svolvær 198
Buskerud Gård → Drammen 41
Buvik → Trondheim 213
Bygdøy → Oslo 170
Bygland → Kristiansand 114
Bykle Kirke → Kristiansand 114
Byneset Kirke → Trondheim 213
Bærums Verk → Oslo 173
Bø gamle Kirke → Notodden 144
Bømlo, Insel → Haugesund
(Umgebung: Moster) 83
Bønsnes Kirke → Hønefoss 89
Børsa → Trondheim 213
Bøverdal → Lom 130
Bålsfjord Kirke → Tromsø 201

D
Dalen → Rjukan 180
Damsgård → Bergen 34
Dokka → Gjøvik 65
Dolm gamle Kirke → Trondheim 213
Dombås → Lom 130
Dønna, Insel → Mosjøen 139
Dovre → Lom 130
Drivstua → Oppdal 147
Drammen 39
Drangedal → Kragerø 112
Drøbak 42
Drotten → Lillehammer 124
Drøbak 42
Dverberg → Andenes 18
Dypvåg → Tvedestrand 218
Dønna, Insel → Mosjøen 139
Dypvåg → Tvedestrand 218

E
Efteløt Kirke → Kongsberg 104
Egersund 44
Eidanger Kirke → Porsgrunn 177
Eide Kirke → Grimstad 70
Eidfjord → Voss 230
Eidsbugården → Fagernes 50
Eidskog Kirke → Kongsvinger 108
Eidsvåg → Molde 138
Eidsvoll Verk 45
Eidsvåg → Molde 138
Eigerøy Fyr → Egersund 44
Eiktunet Bygdetun → Gjøvik 65
Elgesem → Sandefjord 184
Elingård → Fredrikstad 62
Elverum 47
Enebakk Kirke → Lillestrøm 127
Enningdal → Halden 73

F
Fagerholt → Halden 73
Fagernes 50
Fana → Bergen 34
Fantoft → Bergen 34
Farsund 55
Fauske → Bodø 37
Fåvang Kirke → Lillehammer 124
Feiring → Eidsvoll Verk 46
Ferkingstad Havn → Haugesund 83
Fimreite → Kaupanger 98
Finnsnes → Tromsø 201
Fiskum → Kongsberg 104
Fjære Kirke → Grimstad 70
Flå Kirke → Trondheim 214
Flakstad Kirke → Svolvær 198
Flåm → Kaupanger 94
Flatdal Kirke → Notodden 144
Flekkefjord 56
Flesberg → Kongsberg 104
Florø 57
Flosta Kirke → Tvedestrand 218
Flå Kirke → Trondheim 214
Flåm → Kaupanger 94
Follebu → Lillehammer 124
Førde → Florø 57
Forsøl → Hammerfest 79
Fortun → Kaupanger 96
Foss → Trondheim 214
Fredrikstad 58
Froland → Arendal 18
Førde → Florø 57
Fåvang Kirke → Lillehammer 124

G
Gamle Bergen/Sandviken → Bergen 34
Gamlehaugen → Bergen 34
Garborgheimen → Stavanger 191
Gardermoen → Eidsvoll Verk 46
Garmo → Lom 130
Gartland → Namsos 141
Gaupne → Kaupanger 96
Geilo → Gol 66
Gildeskål Kirke → Bodø 38
Giske, Insel → Ålesund 236
Gjemmestad Kirke → Volda 226
Gjerde Kirke → Haugesund 83
Gjettum → Oslo 175
Gjøvik 63
Godøy, Insel → Ålesund 236
Gokstadhaugen → Sandefjord 184
Gol 66
Gran → Hønefoss 89
Gravhaugene på Vang → Oppdal 148
Grense-Jakobselv → Kirkenes 100
Grimstad 69
Grinder Gård → Kongsvinger 108
Grindheim Kirke → Mandal 132
Grip → Kristiansund 116
Grønligrotten → Mo i Rana 136
Grovane → Kristiansand 114
Grytøya → Harstad 82
Grønligrotten → Mo i Rana 136

H
Haddelandsgrenda → Mandal 134
Hafslund Hovedgård → Sarpsborg 185
Halden 71
Halsa → Kristiansund 118
Hamar 74
Hamarøy, Insel → Narvik 142
Hammerfest 77

Hamningberg → Vardø 224
Hankø → Fredrikstad 62
Haraldshaugen → Haugesund 83
Harkmark Kirke → Mandal 134
Harstad 80
Haslum Kirke → Oslo 175
Hauge → Egersund 44
Haugesund 82
Haugfoss → Drammen 41
Haugnes → Andenes 18
Hedalen Stavkirke → Fagernes 52
Heddal Stavkirke → Notodden 144
Hedenstad Kirke → Kongsberg 104
Hedrum Kirke → Larvik 120
Hegge Stavkirke → Fagernes 52
Hegra → Trondheim 214
Hell → Trondheim 214
Hella → Tromsø 201
Henie-Onstad Kunstsenter → Oslo 175
Henningsvær → Svolvær 198
Hillesøy Kirke → Tromsø 201
Hinnøya, Insel → Harstad 80
Hjerkinn → Oppdal 148
Hobøl Kirke → Askim 19
Hoff Kirke → Gjøvik 65
Hol → Gol 66
Høle Kirke → Stavanger 191
Holmestrand → Horten 85
Holmsbu → Drammen 41
Holt → Tvedestrand 218
Holum Kirke → Mandal 134
Hønefoss 88
Honningsvåg → Hammerfest 79
Hopperstad Stavkirke → Kaupanger 96
Høre → Fagernes 52
Hornes → Sarpsborg 185
Hornøy, Insel → Vardø 224
Horten 84
Høyjord Stavkirke → Tønsberg 220
Høyland Kirke → Stavanger 191
Hurdal Kirke → Eidsvoll Verk 46
Hurum Kirke → Drammen 41
Hustad Kirke → Steinkjer 194
Hvaler Kirke → Fredrikstad 62
Hvitsten → Drøbak 43
Hvittingfoss → Kongsberg 104
Høle Kirke → Stavanger 191
Hønefoss 88
Høre → Fagernes 52
Høyjord Stavkirke → Tønsberg 220
Høyland Kirke → Stavanger 191

I
Idd Kirke → Halden 73
Innset → Oppdal 148

J
Jarlsberg Hovedgård → Tønsberg 220
Jessheim → Eidsvoll Verk 46
Jevnaker → Hønefoss 89
Jøa, Insel → Namsos 141
Jørstadmoen → Lillehammer 124
Jøssingfjord → Flekkefjord 56

K
Kabelvåg → Svolvær 198
Kåfjord → Alta 16
Karasjok → Hammerfest 80
Karlebotn → Vadsø 223
Karmøy, Insel → Haugesund 82
Karmsund Gru → Haugesund 83
Karmøy, Insel → Haugesund 82
Kaupanger 92
Kautokeino → Alta 16
Kiberg → Vardø 224
Kinn, Insel → Florø 58
Kinnarkyrkja → Florø 58
Kinsarvik → Voss 230
Kirkenær → Kongsvinger 108
Kirkenes 100
Kirkenær → Kongsvinger 108
Kjeøya, Insel → Harstad 82
Kjerringøy → Bodø 38
Kjeøya, Insel → Harstad 82
Kjøpmannskjær → Tønsberg 220
Klæbu Kirke → Trondheim 214
Klekken → Hønefoss 89
Kleppe → Stavanger 192
Klevfoss → Hamar 76
Klæbu Kirke → Trondheim 214
Kodal Kirke → Tønsberg 220
Kongsberg 102
Kongsvinger 106
Kongsvoll → Oppdal 148
Kors Kirke → Åndalsnes 237
Kragerø 110
Kråkerøy Kirke → Fredrikstad 62
Kringen → Lom 130
Kristiansand 112
Kristiansund 115
Kråkerøy Kirke → Fredrikstad 62
Kvæfjord → Harstad 82
Kvalsøy, Insel → Tromsø 201
Kvalsund → Ålesund 236
Kvalsund → Hammerfest 80
Kvalsøy, Insel → Tromsø 201
Kvamsøy Kirke → Kaupanger 98
Kvernes → Kristiansund 118
Kvikne → Oppdal 148
Kvinesdal → Flekkefjord 57
Kviteseid → Notodden 146
Kvitsøy Kirke → Stavanger 192
Kvæfjord → Harstad 82
Kåfjord → Alta 16

L
Lærdal → Kaupanger 98
Langesund → Porsgrunn 177
Larvik 118
Leikanger → Kaupanger 98
Leirfall → Trondheim 214
Leka, Insel → Namsos 141
Leksvik → Steinkjer 194
Lerstang → Porsgrunn 177
Levanger → Steinkjer 194
Lillehammer 121
Lillesand → Grimstad 70
Lillestrøm 126
Lindesnes → Mandal 134
Lista Fyr → Farsund 56
Lofoten → Svolvær 197
Logtun Kirke → Steinkjer 194
Lom 127
Lomen Stavkirke → Fagernes 52
Lørenskog Kirke → Lillestrøm 127
Løten Kirke → Hamar 76
Løvøya → Horten 88
Loshamn → Farsund 56
Lundenes → Harstad 82
Lunner Kirke → Hønefoss 89
Luster → Kaupanger 98
Lyngdal → Kongsberg 104
Lyngseidet → Tromsø 202
Lysefjorden → Stavanger 192
Lysekloster → Bergen 34
Lysøy → Bergen 34
Lærdal → Kaupanger 98
Lørenskog Kirke → Lillestrøm 127
Løten Kirke → Hamar 76
Løvøya → Horten 88

M
Mælum Kirke → Skien 188
Mære → Steinkjer 194
Magnor → Kongsvinger 110
Måløy/Selje → Florø 58
Mandal 131
Maridalen → Oslo 175
Masi → Alta 16
Matrand → Kongsvinger 108
Meldal → Oppdal 148
Melhus → Trondheim 214
Midtskogen → Elverum 48
Mikaelshulen → Skien 188
Milde → Bergen 37
Minnesund → Eidsvoll Verk 46
Moelv → Hamar 76
Mo i Rana 134
Molde 136
Morgedal → Notodden 144
Mortensnes → Vadsø 223
Mosjøen 138
Moss 139
Moster → Haugesund 83
Mysen → Askim 19
Mælum Kirke → Skien 188
Mære → Steinkjer 194
Måløy/Selje → Florø 58

N
Nærbø → Stavanger 192
Namsos 141
Narvik 141
Neiden → Kirkenes 101
Nes → Fredrikstad 62
Nes Jernverk → Tvedestrand 218
Nesbyen → Gol 66
Nes Kirke → Notodden 146
Nesland Kirke → Rjukan 180
Nesna → Mo i Rana 136
Nesodden Kirke → Oslo 175
Nesseby → Vadsø 222
Norddal Kirke → Åndalsnes 237
Norderhov → Hønefoss 90
Nordfjordeid → Volda 226
Nordkapp → Hammerfest 79
Nordre Mæla → Skien 188
Nore Stavkirke → Kongsberg 104
Nørholm → Grimstad 70
Notodden 144
Nøtterøy Kirke → Tønsberg 220
Nusfjord → Svolvær 198
Ny-Hellesund → Kristiansund 115
Nyberg → Vadsø 222
Nyrud → Kirkenes 101
Nærbø → Stavanger 192
Nørholm → Grimstad 70
Nøtterøy Kirke → Tønsberg 220

O
Odals Verk → Kongsvinger 110
Ogna → Egersund 45
Øksfjord → Alta 17
Olavsgruva → Røros 183
Oppdal 147
Orkanger → Trondheim 214

Ørnes → Bodø 38
Orre gamle Kirke → Stavanger 192
Ørsta → Volda 226
Oslo 150
Øvre Rendal Kirke → Røros 183
Øydestad Kirke → Arendal 19
Øye Stavkirke → Fagernes 55
Øyslebø → Mandal 134
Øystese → Voss 231
Østre Gausdal Kirke → Lillehammer 126
Øyer Kirke → Lillehammer 126

P
Peska → Alta 16
Polarsirkelen → Mo i Rana 136
Polhøgda → Oslo 175
Polmak → Vadsø 223
Porsgrunn 176

R
Rælingen → Lillestrøm 127
Råde Kirke → Fredrikstad 62
Rakkestad → Sarpsborg 185
Rånåsfoss → Lillestrøm 127
Ranem → Namsos 141
Ratvollen → Røros 183
Raufoss → Gjøvik 65
Rauland Kirke → Rjukan 180
Røhaugene → Haugesund 83
Reinli Stavkirke → Fagernes 52
Reinøy, Insel → Vardø 224
Reinskloster → Trondheim 214
Reinøy, Insel → Vardø 224
Rena → Elverum 48
Rennebu → Oppdal 148
Reppen → Vadsø 223
Ringebu Stavkirke → Lillehammer 124
Ringsaker Kirke → Hamar 76
Risør 177
Risøyhamn → Andenes 18
Rjukan 178
Rødven Stavkirke → Åndalsnes 237
Rognan → Bodø 38
Røldal → Haugesund 84
Rollag → Kongsberg 106
Rolvsøy → Fredrikstad 62
Rønvikfjell → Bodø 38
Rosendal → Haugesund 84
Røros 181
Rørvik → Namsos 141
Røst → Bodø 38
Røyken Kirke → Drammen 42
Rygge Kirke → Moss 140
Rælingen → Lillestrøm 127
Rødven Stavkirke → Åndalsnes 237
Røldal → Haugesund 84
Rønvikfjell → Bodø 38
Røros 181
Rørvik → Namsos 141
Røst → Bodø 38
Røyken Kirke → Drammen 42
Råde Kirke → Fredrikstad 62
Rånåsfoss → Lillestrøm 127

S
Sagelva → Bodø 38
Saggrenda → Kongsberg 106
Saltstraumen → Bodø 38
Sandane → Volda 226
Sande → Drammen 42
Sandefjord 183
Sandnes → Stavanger 192
Sandnessjøen → Mosjøen 139
Sandvika → Oslo 175
Sannidal Kirke → Kragerø 112
Sarpsborg 184
Sauherad Kirke → Notodden 146
Selbu → Trondheim 214
Selje → Florø 58
Seljord Kirke → Notodden 146
Setesdal → Kristiansand 115
Siljan Kirke → Skien 188
Skafså → Rjukan 180
Skage → Namsos 141
Skarnes → Kongsvinger 110
Skarsvåg → Hammerfest 80
Skaun → Trondheim 213
Skavberg → Tromsø 202
Skedsmo Kirke → Lillestrøm 127
Ski → Drøbak 43
Skien 185
Skinnarbøl → Kongsvinger 110
Skiptvet → Askim 20
Skjåk Kirke → Lom 130
Skjeberg Kirke → Sarpsborg 185
Skjee Kirke → Tønsberg 220
Skjerstad → Bodø 38
Skjåk Kirke → Lom 130
Skoger → Drammen 42
Skogn → Steinkjer 195
Skotfoss → Skien 188
Skrautvål Kirke → Fagernes 52
Skrova → Svolvær 198
Skudeneshavn → Haugesund 84
Slagen → Tønsberg 220
Slettebø Gård → Egersund 45
Snåsa → Steinkjer 195
Sogndal → Kaupanger 98
Søgne → Kristiansand 115
Solberg → Sarpsborg 185
Solum Kirke → Skien 188
Son → Drøbak 43
Søndeled → Risør 178
Sørbø Kirke → Stavanger 193
Sør Fron Kirke → Lillehammer 126
Sortland → Andenes 18
Sørum Kirke → Lillestrøm 127
Sostelid → Mandal 134
Søyland → Stavanger 193
Spangereid Kirke → Mandal 134
Spitzbergen → Svalbard 196
Spydeberg → Askim 20
Stalheim → Voss 230
Stange → Hamar 77
Stavanger 189
Stavern → Larvik 120
Stein → Hønefoss 90
Steinkjer 193
Steinvikholm → Trondheim 214
Stend → Bergen 37
Stenneset → Mo i Rana 136
Stiklestad → Steinkjer 195
Stokmarknes → Svolvær 198
Stordal → Ålesund 236
Støren → Oppdal 150
Storskog → Kirkenes 101
Strand → Kirkenes 101
Straumen → Steinkjer 195
Støren → Oppdal 150
Sulitjelma → Bodø 38
Svalbard 196
Svanøy → Florø 58
Svanvik → Kirkenes 101
Svanøy → Florø 58
Svartisen → Mo i Rana 136
Svartskog → Oslo 175
Svinesund → Halden 74
Svolvær 197
Svullrya → Kongsvinger 110
Søgne → Kristiansand 115
Søndeled → Risør 178
Sørbø Kirke → Stavanger 193
Sør-Fron Kirke → Lillehammer 126
Sørum Kirke → Lillestrøm 127
Søyland → Stavanger 193

T
Tafjord → Åndalsnes 237
Tanum Kirke → Larvik 121
Tanum Kirke → Oslo 175
Tautra, Insel → Steinkjer 194
Telavåg → Bergen 37
Tingelstad Kirke → Hønefoss 90
Tingvoll → Kristiansund 118
Tjeldsund → Harstad 82
Tjølling Kirke → Larvik 121
Tjøme Kirke → Tønsberg 221
Tjøtta → Mosjøen 139
Tomta → Fredrikstad 63
Tønsberg 219
Torpo → Gol 66
Toten Museum → Gjøvik 65
Tretten Kirke → Lillehammer 126
Troldhaugen → Bergen 37
Trollstigen → Åndalsnes 237
Trollstigheimen → Åndalsnes 237
Tromøy → Arendal 18
Tromsø 199
Tromøy → Arendal 18
Trondenes Kirke → Harstad 82
Trondheim 202
Trysil → Elverum 48
Tvedestrand 214
Tveit Kirke → Kristiansand 115
Tydal → Trondheim 214
Tynset → Røros 183
Tønsberg 219

U
Ulefoss Herregård → Skien 188
Ullensaker Kirke → Eidsvoll Verk 46
Ullensvang → Voss 230
Ulnes Kirke → Fagernes 52
Undredal → Kaupanger 96
Urnes Stavkirke → Kaupanger 98
Utstein-Kloster → Stavanger 193
Uvdal → Kongsberg 106

V
Vadsø 221
Værne-Kloster → Moss 141
Værnes Kirke → Trondheim 214
Vågåmo → Lom 130
Vågan Kirke → Svolvær 199
Valderøy, Insel → Ålesund 237
Valdinsholmen → Askim 20
Våler → Elverum 48
Våler Kirke → Moss 141
Valle → Kristiansand 115
Valle Kirke → Mandal 134
Valløy Kirke → Tønsberg 221
Vallset Kirke → Hamar 77

Fortsetzung S. 260

Anschluß-Seite 250

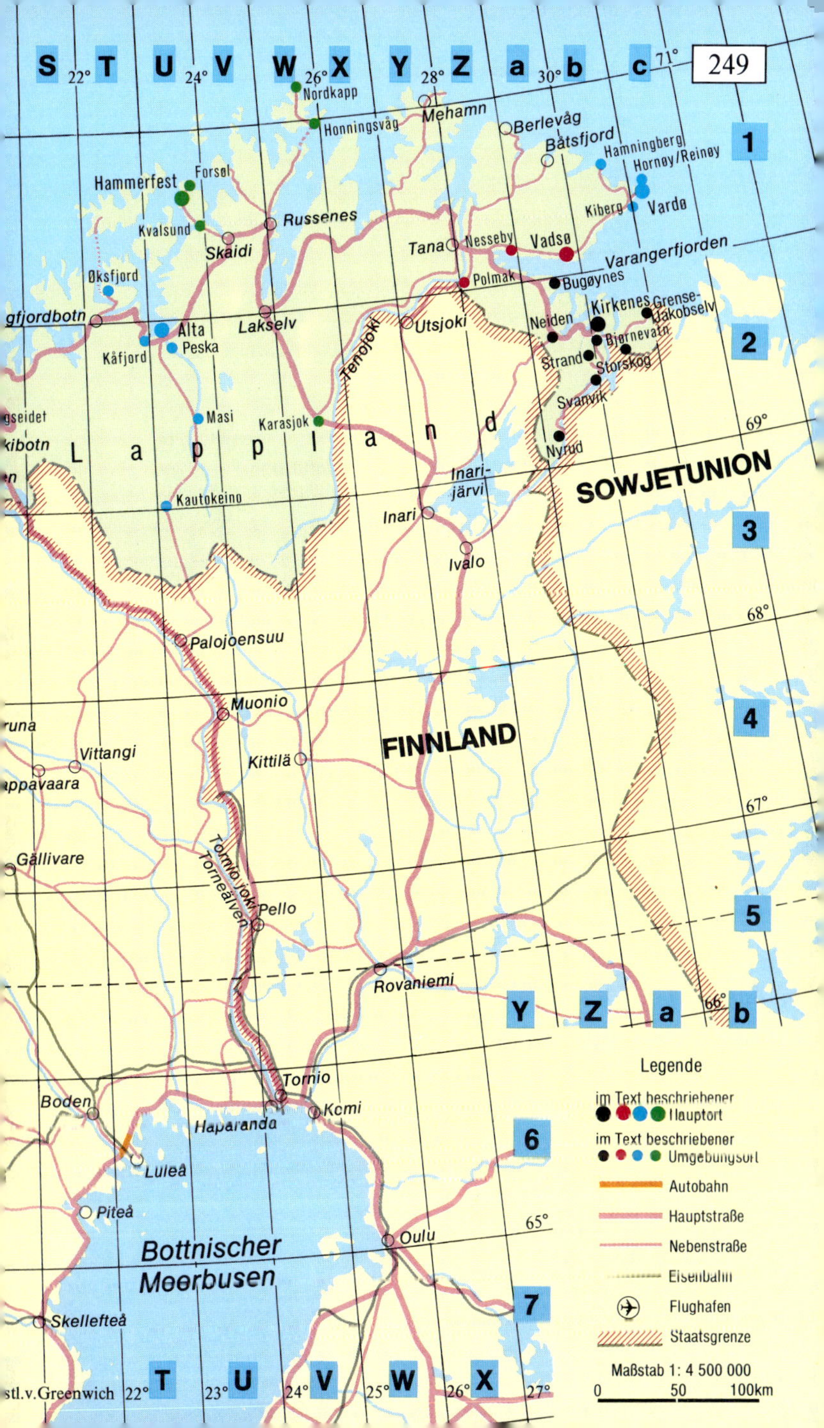
S
T
U
V
W
X
Y
Z
a
b
c
22°
24°
26°
28°
30°
71°
1
2
3
4
5
6
7
Nordkapp
Honningsvåg
Mehamn
Berlevåg
Båtsfjord
Hamningberg
Hornøy/Reinøy
Kiberg
Vardø
Forsøl
Hammerfest
Kvalsund
Skaidi
Russenes
Tana
Nesseby
Vadsø
Varangerfjorden
Polmak
Bugøynes
Øksfjord
gfjordbotn
Alta
Kåfjord
Peska
Lakselv
Utsjoki
Tenojoki
Neiden
Kirkenes
Grense-Jakobselv
Bjørnevatn
Strand
Storskog
Svanvik
Nyrud
gseidet
kibotn
Masi
Karasjok
L a p p l a n d
69°
SOWJETUNION
Inari-järvi
Inari
Ivalo
Kautokeino
68°
Palojoensuu
Muonio
runa
Vittangi
Kittilä
FINNLAND
ppavaara
67°
Gällivare
Tornio joki
Torneälven
Pello
Rovaniemi
66°
Tornio
Boden
Haparanda
Kemi
Luleå
Piteå
65°
Oulu
Bottnischer Meerbusen
Skellefteå
stl.v.Greenwich
23°
25°
27°
Legende
im Text beschriebener Hauptort
im Text beschriebener Umgebungsort
Autobahn
Hauptstraße
Nebenstraße
Eisenbahn
Flughafen
Staatsgrenze
Maßstab 1: 4 500 000
0
50
100km

Anschluß-Seite 254

Anschluß-Seite 255

Anschluß-Seite 256

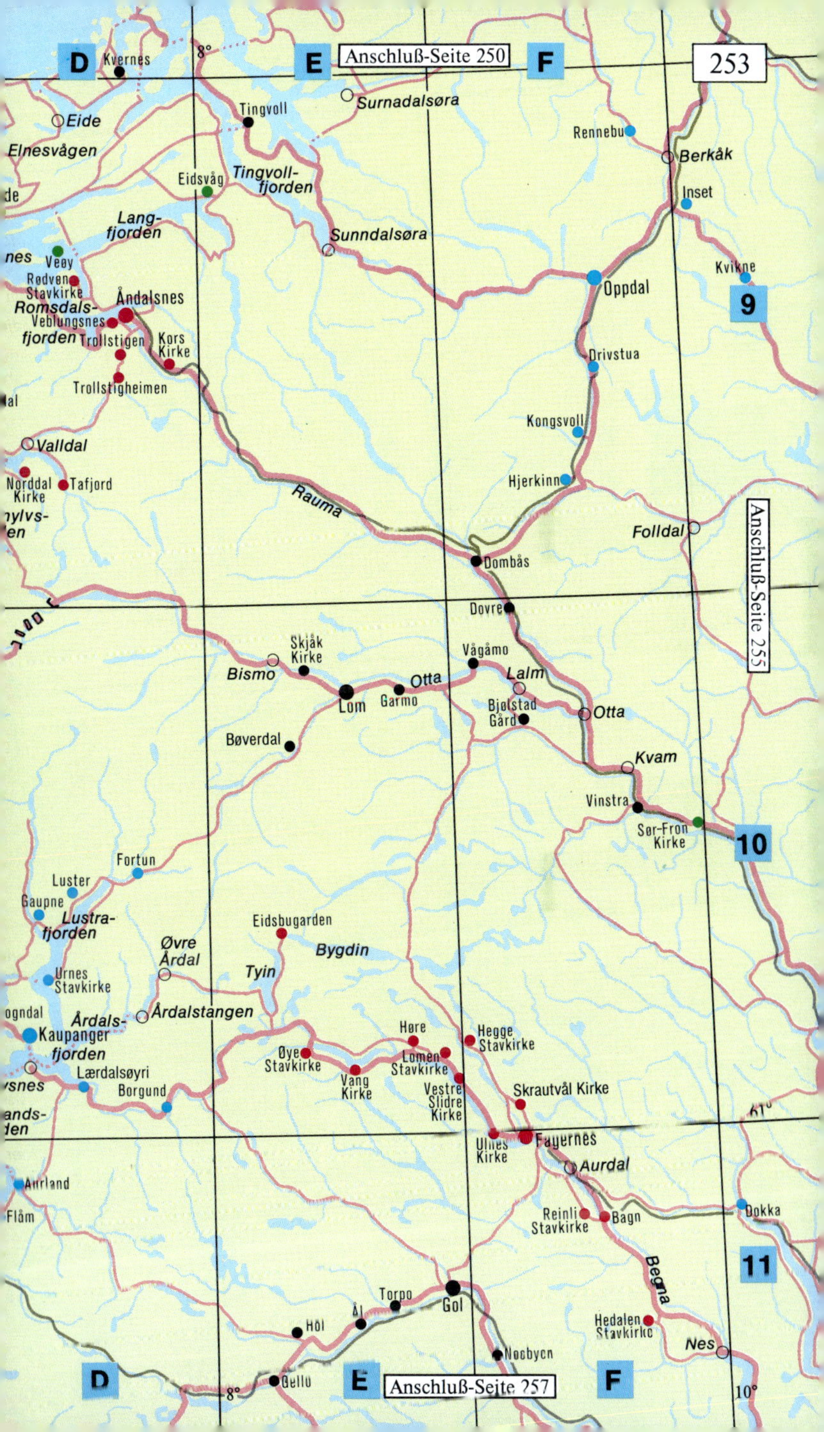
D
E
F
Anschluß-Seite 250
Anschluß-Seite 255
Anschluß-Seite 257
9
10
11
Kvernes
Eide
Elnesvågen
Tingvoll
Surnadalsøra
Eidsvåg
Tingvoll-
fjorden
Lang-
fjorden
Sunndalsøra
Rennebu
Berkåk
Inset
Kvikne
Oppdal
Veøy
Rødven
Stavkirke
Åndalsnes
Romsdals-
fjorden
Veblungsnes
Trollstigen
Kors
Kirke
Trollstigheimen
Drivstua
Kongsvoll
Hjerkinn
Valldal
Norddal
Kirke
Tafjord
Rauma
Folldal
Dombås
Dovre
Skjåk
Kirke
Bismo
Lom
Garmo
Otta
Vågåmo
Lalm
Bjølstad
Gård
Otta
Bøverdal
Kvam
Vinstra
Sør-Fron
Kirke
Fortun
Luster
Gaupne
Lustra-
fjorden
Eidsbugarden
Bygdin
Øvre
Årdal
Tyin
Urnes
Stavkirke
Årdals-
fjorden
Kaupanger
Årdalstangen
Høre
Hegge
Stavkirke
Øye
Stavkirke
Lomen
Stavkirke
Vang
Kirke
Vestre
Slidre
Kirke
Skrautvål Kirke
Lærdalsøyri
Borgund
Ulnes
Kirke
Fagernes
Aurdal
Aurland
Flåm
Reinli
Stavkirke
Bagn
Dokka
Begna
Torpo
Gol
Ål
Hol
Hedalen
Stavkirke
Nes
Nesbyen
Geilo
8°
10°
61°

254
7°
D
Kvernes
8°
E
Anschluß-Seite 250
F
Meld
Bud
Eide
Tingvoll
Surnadalsøra
Elnesvågen
Rennebu
Molde
Eidsvåg
Tingvoll-
fjorden
Lang-
fjorden
Molde-
fjorden
Vestnes
Veøy
Sunndalsøra
Rødven
Stavkirke
Tomra
Romsdals-
Åndalsnes
9
Veblungsnes
Oppd
fjorden
Trollstigen
Kors
Kirke
Stor-
fjorden
Trollstigheimen
Drivstua
Stordal
Stranda
Valldal
Kongsvoll
Sunnylvs-
fjorden
Norddal
Kirke
Tafjord
Rauma
Hjerkinn
Anschluß-Seite 252
Dombås
Dovre
Skjåk
Kirke
Vågåmo
Bismo
Lom
Garmo
Otta
Lalm
Bjølstad
Gård
Otta
Kringen
Bøverdal
Kvar
Vinstra
Sør-F
Kir
10
Fortun
Luster
Gaupne
Lustra-
fjorden
Eidsbugarden
Bygdin
Øvre Årdal
Tyin
Urnes
Stavkirke
Sogndal
Årdals-
Årdalstangen
Kaupanger
fjorden
Høre
Hegge
Stavkirke
Revsnes
Øye
Stavkirke
Lomen
Stavkirke
Lærdalsøyri
Vang
Kirke
Vestre
Slidre
Kirke
Borgund
Skrautvål Kirke
Aurlands-
fjorden
61°
Ulnes
Kirke
Fagernes
Aurdal
Aurland
Flåm
Reinli
Stavkirke
Bagn
11
Begna
Torpo
Gol
Hol
Ål
Hedalen
Stavkirke
Nesbyen
D
Geilo
E
Anschluß-Seite 258
F
7°
8°

Anschluß-Seite 251

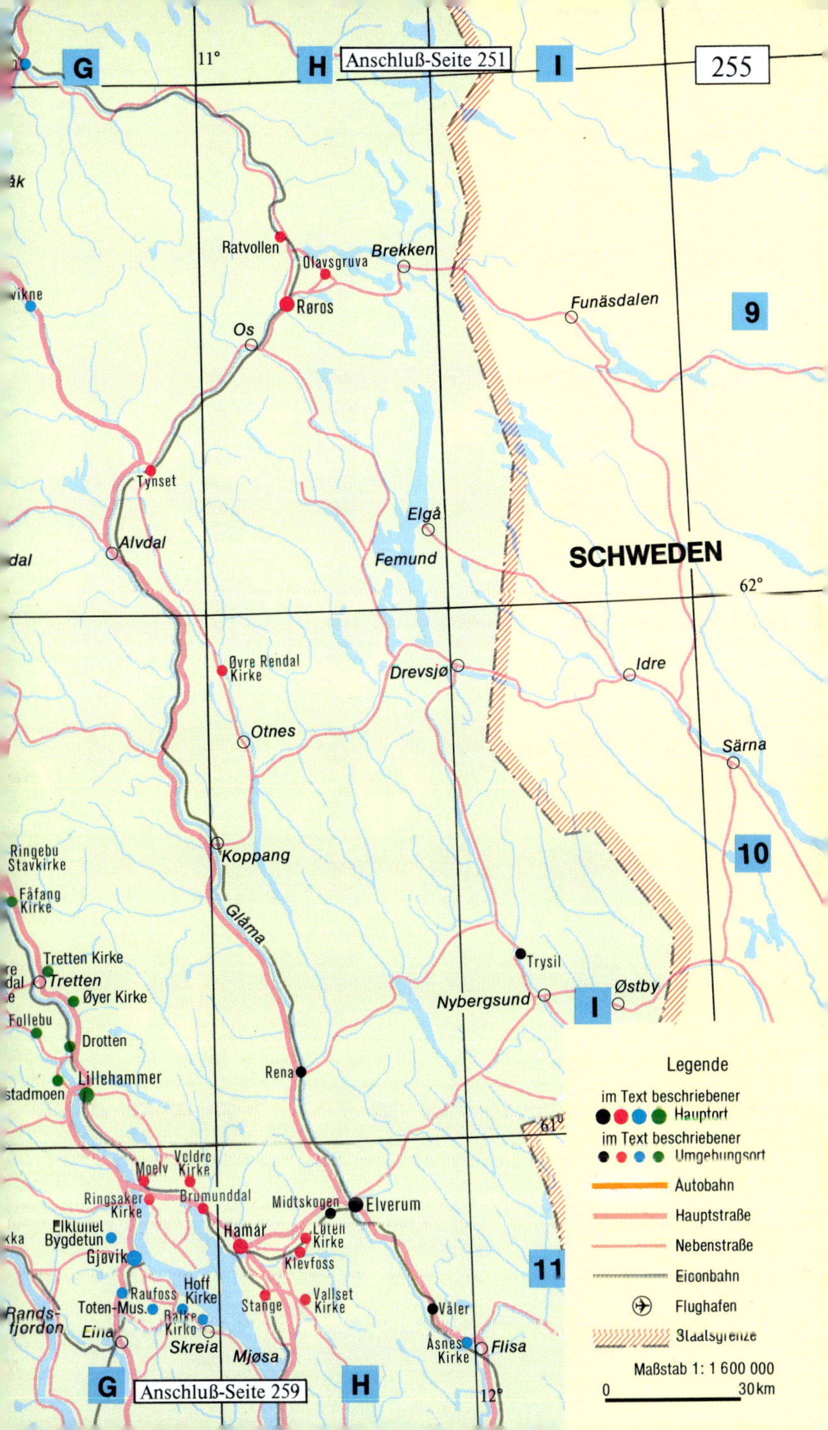

Anschluß-Seite 259

Anschluß-Seite 252

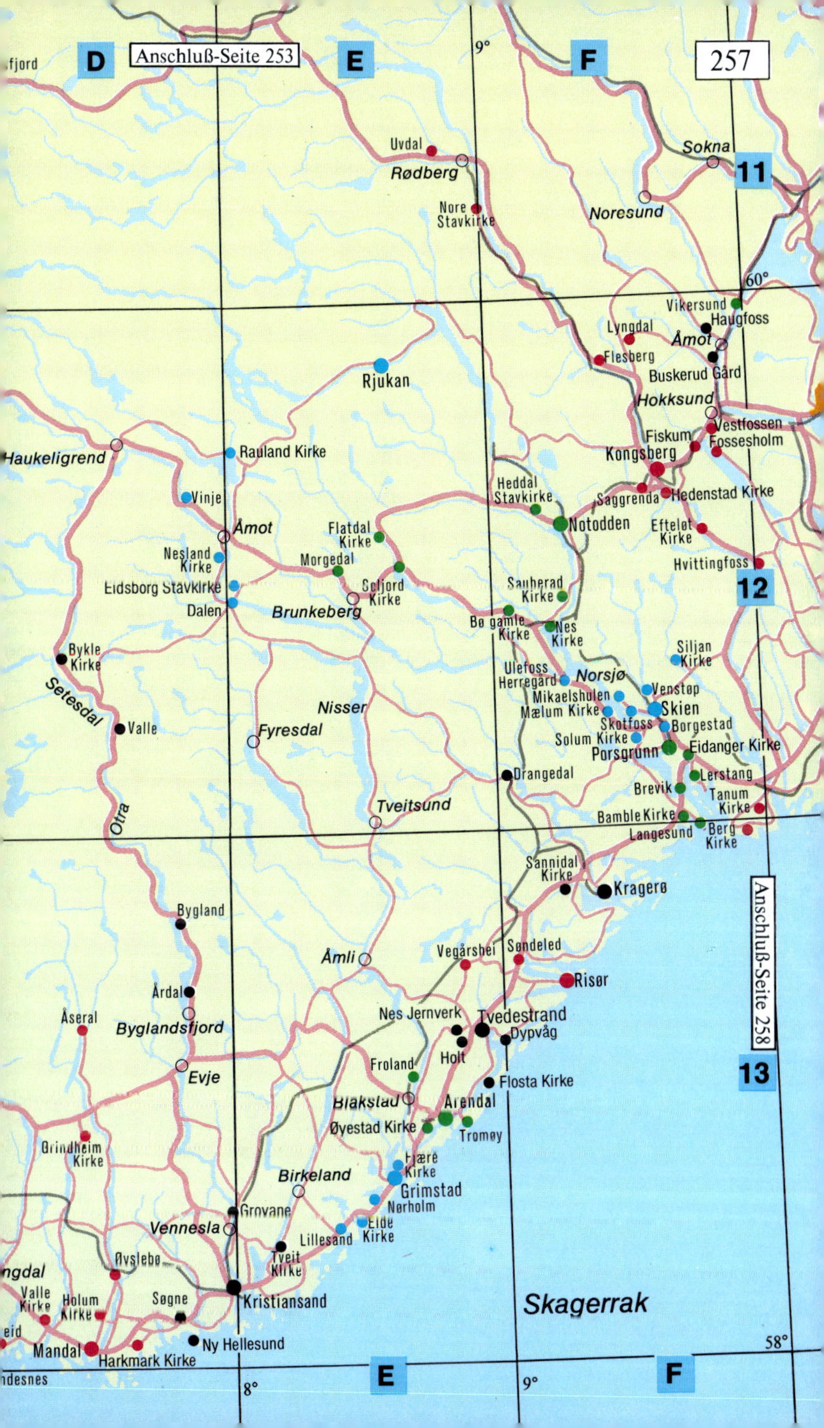
Anschluß-Seite 253
D
E
F
9°
fjord
Uvdal
Rødberg
Nore Stavkirke
Sokna
11
Noresund
60°
Vikersund
Haugfoss
Lyngdal
Åmot
Flesberg
Buskerud Gård
Hokksund
Rjukan
Vestfossen
Fiskum
Fossesholm
Kongsberg
Haukeligrend
Rauland Kirke
Heddal Stavkirke
Saggrenda
Hedenstad Kirke
Vinje
Notodden
Efteløt Kirke
Åmot
Flatdal Kirke
Nesland Kirke
Morgedal
Hvittingfoss
Eidsborg Stavkirke
Seljord Kirke
Sauherad Kirke
12
Dalen
Brunkeberg
Bø gamle Kirke
Nes Kirke
Bykle Kirke
Siljan Kirke
Setesdal
Ulefoss Herregård
Norsjø
Venstøp
Mikaelshulen
Nisser
Skien
Mælum Kirke
Valle
Skotfoss
Borgestad
Fyresdal
Solum Kirke
Porsgrunn
Eidanger Kirke
Drangedal
Lerstang
Brevik
Tanum Kirke
Tveitsund
Otra
Bamble Kirke
Langesund
Berg Kirke
Sannidal Kirke
Kragerø
Anschluß-Seite 258
Bygland
Åmli
Vegårshei
Søndeled
Risør
Årdal
Åseral
Byglandsfjord
Nes Jernverk
Tvedestrand
Dypvåg
Holt
Froland
13
Evje
Flosta Kirke
Blakstad
Arendal
Øyestad Kirke
Tromøy
Grindheim Kirke
Fjære Kirke
Birkeland
Grimstad
Nørholm
Grovane
Vennesla
Lillesand
Eide Kirke
Tveit Kirke
Øvslebø
ngdal
Valle Kirke
Holum Kirke
Søgne
Kristiansand
Skagerrak
eid
Ny Hellesund
58°
Mandal
Harkmark Kirke
ndesnes
E
F
8°
9°

Anschluß-Seite 254

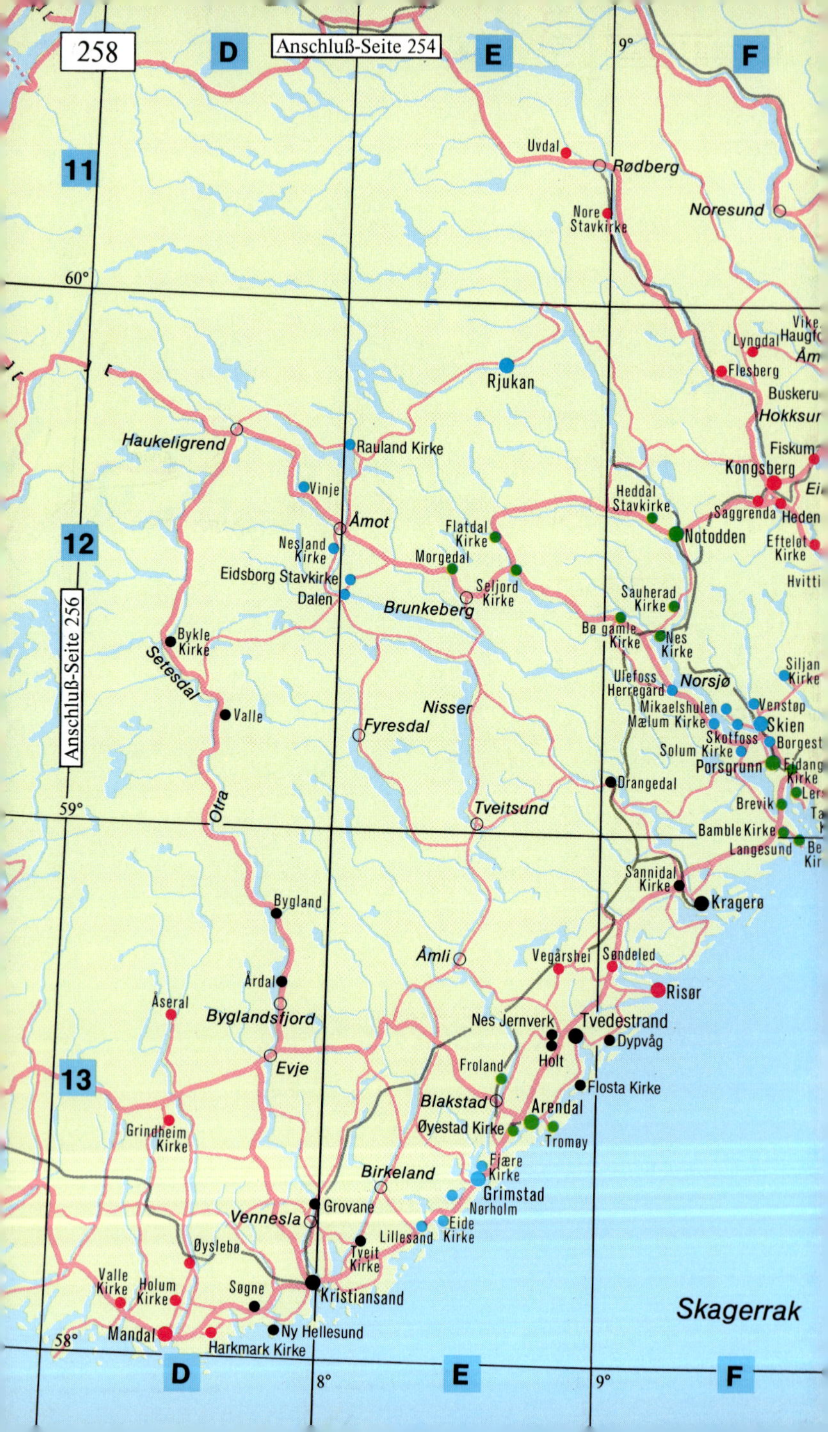

Anschluß-Seite 256

Anschluß-Seite 255

Knaurs Kulturführer
in Farbe
Griechenland

Knaurs Kulturführer
in Farbe
Athen und Attika

Knaurs Kulturführer
in Farbe
Griechische Inseln

Knaurs Kulturführer
in Farbe
Großbritannien und Irland

Knaurs Kulturführer
in Farbe
London
und Umgebung

Knaurs Kulturführer
in Farbe
Heiliges Land

Knaurs Kulturführer
in Farbe
Holland

Knaurs Kulturführer
in Farbe
Italien

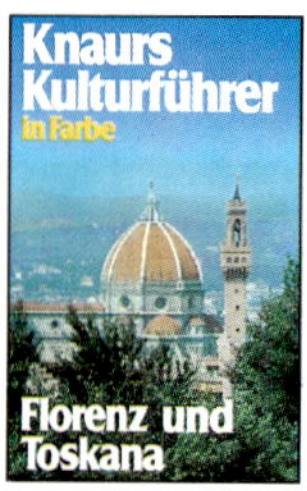
Knaurs Kulturführer
in Farbe
Florenz und Toskana

Knaurs Kulturführer
in Farbe
Rom und Latium

Knaurs Kulturführer
in Farbe
Sizilien

Knaurs Kulturführer
in Farbe
Südtirol

Knaurs Kulturführer
in Farbe
Venedig und Venetien

Knaurs Kulturführer
in Farbe
Jugoslawien